# 中国改革开放史料丛书

# 民营经济发展

陈永杰　主编

中国工人出版社

# 总序

## 铭记改革开放历史
## 奋进新时代新征程

历史是一面镜子，也是一部教科书。重视历史，研究历史，借鉴历史，是中华几千年文明的一个优良传统。当代中国是历史中国的延续和发展，书写着中国人民和中华民族不懈奋斗的宏伟篇章。历史的无穷魅力在于包含了大量丰富的史料。史料是保存历史、记述历史、再现历史的基本素材和重要依据。重视历史的学习、研究和传承，必须重视史料的收集、整理、汇辑。

改革开放是中国人民和中华民族发展史上一次伟大革命，正是这场伟大革命推动了中国特色社会主义事业的伟大飞跃。1978 年底，中国共产党召开具有重大历史意义的十一届三中全会，开启了改革开放历史新时期。从那时以来，中国共产党带领全国人民以一往无前的进取精神和波澜壮阔的创新实践，谱写了壮丽史诗。改革开放 40 多年来，从农村到城市，从生产到投资、流通、分配、消费，从所有制结构到企业形式，从经济领域到生产关系和上层建筑的某些环节，都进行了系统和全面改革，成功实现了从高度集中的计划经济体制到充满活力的社会主义市场经济体制的伟大历史性转变；对外开放从建立经济特区到沿海、沿江、沿边，从东部到中西部地区，再到加入世界贸易组织，从大规模“引进来”到大踏步“走出去”，成功实现了从封闭半封闭到全方位开放的伟大历史性转变。我们在深化经济体制改革的同时，不断深化政治体制、文化体制、社会体制、生态文明体制改革和其他领域改革，不断推进国家治理体系和治理能力现代化。在改革开放推动下，我国经济和社会发展取得了举世瞩目的辉煌成就，实现了人民生活由温饱不足到小康宽裕的伟大历史性转变。事实雄辩地证明，改革开放是决定当代中国前途命运的关键一招，是当代中国发展进步的动力之源，是大踏步赶上时代前进步伐的重要法宝，为实现中华民族伟大复兴提供了充满新活力的体制保障和快速发展的物质条件，中华民族迎来了从站起来、富起来到强起来的伟大飞跃。

现在，我国在广袤大地上全面建成小康社会，正阔步迈向全面建设社会主义现代化国家的新征程。在庆祝中国共产党成立 100 周年大会上，习近平总书记强调，“以史为鉴，可以知兴替。我们要用历史映照现实、远观未来，从中国共产党的百年奋斗中看清楚过去我们为什么能够成功、弄明白未来我们怎样才能继续成功，从而在新的征程上更加坚定、更加自觉地牢记初心使命、开创美好未来”。改革开放以来的岁月将彪炳于中华民族发展的壮丽史册。40 多年来，中国共产党从理论到实践的伟大创造，探索和积累的宝贵经验是党和人民弥足珍贵的精神财富，对于新时代坚持和发展中国特色社会主义有着极为重要的指导意义，应当倍加珍惜。

2022年，党的二十大召开。“中国改革开放史料丛书”的出版，为了铭记改革开放以来的光辉历史过程，收集、保存、传承40多年的宝贵历史资料，也为了以实际行动落实党中央关于加强改革开放史教育的部署要求，展示改革开放历史的史料价值。

这套丛书共有20卷。分别是：《中国社会主义市场经济体制形成与发展》《计划投资体制改革》《农业农村改革》《对外开放》《行政体制改革》《财政税收体制改革》《价格体制改革》《经济特区发展》《城市改革与发展》《国有企业改革》《金融体制改革》《教育体制改革》《收入分配改革》《科技体制改革》《外贸体制改革》《商品与要素市场改革》《就业体制改革》《社会保障体制改革》《民营经济发展》《改革开放大事记》，力求从不同领域、不同角度，全面、系统、客观记录我国改革开放40多年的历史进程，重点收录具有重要价值的史料，特别是历史文献、重要人物和事件、实物和口述史料，以期在服务全面深化改革开放事业、加强改革开放史研究和教育中提供参考、发挥作用。

这套丛书的各卷主编和参与者大多是相关领域知名的专家学者，也是我国改革开放的亲历者、见证者。丛书集结了他们长期亲历和研究我国改革开放的重要成果，凝聚了他们对改革开放伟大事业的深厚情怀和责任担当。中国工人出版社对这套丛书的出版给予了大力支持，集全社之力，不舍昼夜，为本书如期付梓出版不辞辛劳；中国（海南）改革发展研究院作为30多年如一日勇立改革开放潮头、以建言改革为己任的改革智库，为此书的策划、组织和出版作出了重要贡献，彰显出改革智库记录好、传播好改革开放历史的初心使命。我作为这套丛书的编委会主任，在此向为本套丛书付出艰辛努力的各位编委会成员、作者，对中国工人出版社的领导、编辑表示由衷的敬意和感谢！

这套丛书内容时间跨度大，涉及领域多，涵盖方面广，力图史料全面、翔实、准确，任务艰巨。由于时间较紧，难免有不足之处，恳请读者批评指正。

魏礼群

2024 年 3 月

# 前言

《中国改革开放史料丛书——民营经济发展》终于出版了。首先要感谢中国（海南）改革发展研究院牵头精心组织编写这套丛书。同时，还要特别感谢人民日报前主任编辑马立诚、中国人民大学教授高德步、中华工商时报前总编张志勇参与本书编写并作出重要贡献，感谢大成企业研究院徐鹏飞、刘贵浙和葛佳意等同事为本书整理数据资料，感谢大成企业研究院对本书撰写提供的资助。

长期以来，笔者的工作与中国民营经济发展和相关政策制定有一定关系。在国务院原法制局工作期间，参与起草《中华人民共和国城镇集体所有制企业管理条例》等法规；在国务院研究室工作期间，参与起草《国务院关于鼓励支持和引导个体私营等非公有制经济发展的若干意见》等文件；在全国工商联工作期间，直接从事与民营经济相关的工作；在中国国际经济交流中心工作期间，也将部分精力用于民营经济相关研究；退休后，主要在大成企业研究院负责民营经济发展与政策相关的研究工作。

几十年的民营经济研究工作，笔者既为国家民营经济法律政策的不断推进和中国民营经济的快速发展而喜，也为社会长期对民营经济的偏见、民营经济政策的执行不力、民营经济正常发展的遇阻而忧。短时间看，对民营经济是有喜有忧；长时间看，是喜多忧少，或基本是喜。因为，通过改革开放以来 40 多年的发展，民营经济已经在国民经济中起了“五六七八九”的重要作用。若将其放到改革开放 40 多年波澜壮阔、历史空前、世界仅有的大发展背景下看，就知道其历史和现实意义非同小可，怎么高度评价都不为过。在中国历史上、在世界历史上，找不出第二个像中国民营经济和整个中国经济这样高速发展的国家经济。中国民营经济发展可以概括成两句话：改革开放政策彻底改变了民营经济的发展命运；民营经济发展根本改变了中国经济的格局面貌。如果没有党和国家的改革开放方针政策，尤其是如果没有鼓励、支持和发展民营经济的方针政策，就根本不可能有民营经济的今天。为此，民营企业家要深切感恩改革开放新时代。同样，若没有民营经济的快速发展，就没有今日中国经济的快速发展，就没有中国成为世界第二大经济体的今天。为此，整个社会，都要衷心感谢几千万名民营企业家及几亿名民企员工。

民营经济 40 多年来的发展，涉及几千万名企业家和几亿名企业员工，涉及中国经济的大半边天，其中人物无穷、故事无穷、话语无穷、资料无穷。我们的史料收集，只是其中非常小的一部分。不过，局部有时也可反映整体，现象有时也可反映本质。我们希望，通过我们对中国民营经济的政策进程、发展历程、经济数据、大事述说、问题讨论等的资料展示，让社会对民营经济有概要的、真正的了解。由于眼界思维的局限性、资料收集的有限性，本史料肯定有许多不足甚至是错误，敬请读者批评指正。

过去40多年，民营经济大发展改变了中国；今后的25年（到2049年，中华人民共和国成立100周年），民营经济的继续大发展将进一步改变中国。民营经济是人民共同富裕的主要担纲者，是实现中国式现代化的主力军。可以肯定，未来，民营经济将与国有经济、外资经济一道，共同推动实现伟大复兴的中国梦。

陈永杰

2024年6月

# 目录

## 第一部分
# 历程篇

## 第二部分
# 史料篇

## 第一部分

# 历程篇

# 总 论

# 改革开放后民营经济发展概述

▼

我国民营经济在改革开放的历程中逐渐壮大，地位和作用逐步提升。在改革开放初期，作为国民经济的“补充”，民营经济的规模、产值、作用都十分有限。随后的几十年，我国民营经济不论在投资数额、工业产值还是从业人员等方面的增幅都遥遥领先，为我国经济发展作出重大贡献，成为“社会主义经济的重要组成部分”。这种渐进式的推进，减轻了我国转型过程中的摩擦和震动，保持了经济的稳定增长，形成了不同于其他国家的由公有化迅速转向私有化制度变迁的独特路径。

1978 年 12 月，党的十一届三中全会决定将工作重心转移到经济建设上来。40 多年来，中国经济社会面貌发生了翻天覆地的变化。这是中国历史乃至世界历史上从未有过的巨大变革。而推动变化的根本因素是改革开放，推动变化的重要动力之一是民营经济。改革开放彻底改变了中国民营经济的生存命运，民营经济也从根本上改变了中国经济的发展面貌。回顾过去 40 多年的改革历程，可以说，民营经济既富民又兴国，是中国人民从温饱到小康、从基本小康到全面小康，乃至使中国发展成为世界第二大经济体的重要推动力。

需要特别说明的是，我们所言的民营经济，是指除了国有及国有控股经济和外资经济之外的所有经济形式。我国民营经济起于改革开放，兴于改革开放，成于改革开放，壮于改革开放。改革开放激发了蕴藏在千百万创业者身上的无限潜力。我国民营经济的发展进一步突破旧体制、旧法规、旧政策、旧观念的不合理束缚，为改革开放的进一步发展提供了实践创新的方法、路径与成功经验。党和国家又将这些成功经验提炼、概括、总结，上升为新的举措、政策和法规。中国特色社会主义市场经济体制机制的逐步形成、发展和完善，在改革开放政策于经济社会实践，尤其是民营经济发展实践中得以实现。

改革开放 40 多年来，党和国家关于民营经济的基本方针、重要法律与一系列政策发生了根本变化，彻底改变了我国民营经济的命运。

## 一、宪法关于我国发展民营经济的规定及多次变化

《中华人民共和国宪法》是中华人民共和国的根本大法，其规定拥有最高法律效力。中华人民共和国成立后，曾于 1954 年 9 月 20 日、1975 年 1 月 17 日、1978 年 3 月 5 日和 1982 年 12 月 4 日通过四部宪法。现行宪法为 1982 年宪法，并历经 1988 年、1993 年、1999 年、2004 年、2018 年五次修订。这四部宪法，特别是改革开放后的 1982 年宪法，以及进行的五次修订，确定了我国多种经济形式并存的发展模式和私营个体经济形式的基本法律地位与权利，对我国民营经济发展起到了根本的推进与保护作用。

### （一）改革开放前的宪法及修订

1949 年 9 月，中国人民政治协商会议第一次全体会议召开，会议代行全国人民代表大会的职权，通过了具有临时宪法性质的《中国人民政治协商会议共同纲领》（以下简称《共同纲领》）。《共同纲领》作为一部临时宪法，规范的是新中国成立初期新民主主义社会的政治、经济、文化。其中，为适应新中国成立初期经济社会现实与发展的需要，专门做出了关于个体经济、私人经济和资本主义经济的规定。《共同纲领》规定："中华人民共和国经济建设的根本方针，是以公私兼顾、劳资两利、城乡互助、内外交流的政策，达到发展生产、繁荣经济的目的。国家应在经营范围、原料供给、销售市场、劳动条件、技术设备、财政政策、金融政策等方面，调剂国营经济、合作社经济、农民和手工业者的个体经济、私人资本主义经济和国家资本主义经济，使各种社会经济成分在国营经济领导之下，分工合作，各得其所，以促进整个社会经济的发展。[①]"同时还规定："凡有利于国计民生的私营经济事业，人民政府应鼓励其经营的积极性，并扶助其发展。[②]"这些规定，在政治上承认、在法律上保护、在实践上推动了个体经济、私人经济和资本主义经济的发展，为新中国成立初期国民经济的恢复、发展奠定了重要的法律基础。

1954 年 9 月 20 日，第一部《中华人民共和国宪法》在第一届全国人民代表大会第一次会议上通过，被称为"五四宪法"。"五四

① 《中国人民政治协商会议共同纲领》，北京：人民出版社，1952 年版，第 18 页。
② 《中国人民政治协商会议共同纲领》，北京：人民出版社，1952 年版，第 20 页。

宪法”是一部比较完整、系统的宪法。这是中华人民共和国的第一部宪法，是在对《共同纲领》进行修改的基础上制定的。“五四宪法”延续了《共同纲领》关于个体经济与私营经济的基本规定，进一步明确中国的所有制结构，承认并保护个体劳动者所有制与资本主义所有制。“五四宪法”为当时中国的个体劳动者经济与私营资本家经济的生存延续起到了一定的稳定作用。但是，与此同时，全国逐步开展了社会主义“三大改造”运动。1957 年以后，中国的城乡个体经济与城镇的私营资本工商业基本消亡，仅在农村保留一点农民的自留地，在城镇保留极少的个体户。因此，在随后的宪法修改中，基本取消了“五四宪法”关于个体经济与私营经济的相关规定，仅对存在的极少数个体劳动进行了规定。

1975 年 1 月 17 日，第二部《中华人民共和国宪法》在第四届全国人民代表大会第一次会议上通过，被称为“七五宪法”。受“文化大革命”的影响，“七五宪法”缺乏宪法的许多基本构件。

1978 年 3 月 5 日，第三部《中华人民共和国宪法》在第五届全国人民代表大会第一次会议上通过，被称为“七八宪法”。“七八宪法”受“文化大革命”的影响，有关个体劳动者的规定与“七五宪法”完全一样。

### （二）改革开放后的宪法及修订

改革开放以来，随着我国个体私营经济的恢复与快速发展，宪法的有关规定也做出了相应的修订与改变，从根本上保障并促进了我国个体私营经济长期稳定的发展。

1982 年宪法奠定了改革开放后经济政治社会文化发展的最重要法律基础。之后的宪法修订，均为局部修订。其中修订程度最大的是关于个体私营经济的相关规定，主要是重新承认并逐步强化我国个体私营经济的重要地位，从 1982 年宪法承认个体私营经济是“社会主义公有制的补充”，到 1999 年的宪法修订明确其是“社会主义市场经济的重要组成部分”，再到 2004 年的宪法修订强调“公民的合法的私有财产不受侵犯”。

2018 年，全国人民代表大会将“致力于中华民族伟大复兴的爱国者”作为爱国统一战线的重要组成部分，“社会主义事业的建设者”正式列入宪法。而“建设者”主要指“民营科技企业的创业人员和技术人员、受聘于外资企业的管理技术人员、个体户、私营企业主、中介组织的从业人员、自由职业人员等社会阶层”①。这些人员基本都属于民营经济领域人员。

## 二、我国民营经济发展历程的阶段划分

回顾我国民营经济发展的历程，大致分为四个阶段。

### （一）民营经济初步发展阶段（1978—1992 年）：中国经济发展的有益补充

从党的十一届三中全会决定把工作重心转移到经济建设上，到 1992 年邓小平南方谈话，确立市场经济改革的发展方向，国家开始允许个体私营经济存在和发展。个体私营经济几乎从零起步，逐步发展成为我国经济的有益补充。

---

①《中华人民共和国宪法》，北京：人民出版社，2018 年版，第 17 页。

1978年12月，党的十一届三中全会明确提出“把全党工作的着重点和全国人民的注意力转移到社会主义现代化建设上来”[①]。1982年新修订的宪法明确规定：“在法律规定范围内的城乡劳动者个体经济，是社会主义公有制经济的补充。[②]”1984年10月，党的十二届三中全会作出《中共中央关于经济体制改革的决定》，强调积极发展多种经济形式，指明“坚持多种经济形式和经营方式的共同发展，是我们长期的方针，是社会主义前进的需要”[③]。

1978年底，全国城镇个体工商业的从业人员仅为14万人。到1992年底，全国个体工商户1534万户，私营企业13.96万户；在城镇就业人员中，私营企业从业人员98万人，个体商户740万人；城镇集体与股份合作单位从业人员1444万人。在全国对外贸易出口中，乡镇企业出口总额为1192亿元，占全国的26.8%。在A股上市公司中，民营公司17家，占总数的1/3以上。

## （二）民营经济快速增长阶段（1992—2001年）：中国经济“三分天下有其一”

从1992年党中央确立市场经济改革方向，到2001年中国加入世界贸易组织（WTO），一系列促进个体私营企业发展的法规政策不断出台，促进了我国民营经济的快速发展。民营经济从国民经济的补充逐步发展为国民经济的重要组成部分。在国民经济部分重要

① 《中国共产党第十一届中央委员会第三次全体会议公报》，北京：人民出版社，1978年版，第4页。

② 《中华人民共和国宪法》，《中华人民共和国国务院公报》，1982年20期。

③ 《中共中央关于经济体制改革的决定》，北京：人民出版社，1984年版，第33页。

指标中，我国民营经济已是“三分天下有其一”。

1992 年 10 月，党的十四大报告提出，“在所有制结构上，以公有制包括全民所有制和集体所有制经济为主体，个体经济、私营经济、外资经济为补充，多种经济成分长期共同发展，不同经济成分还可以自愿实行多种形式的联合经营”[①]。1997 年 9 月，党的十五大报告提出调整和完善所有制结构，强调“公有制为主体、多种所有制经济共同发展，是我国社会主义初级阶段的一项基本经济制度……集体所有制经济是公有制经济的重要组成部分”[②]。1999 年，宪法的第十一条修改为：“在法律规定范围内的个体经济、私营经济等非公有制经济，是社会主义市场经济的重要组成部分。国家保护个体经济、私营经济的合法的权利和利益。国家对个体经济、私营经济实行引导、监督和管理。[③]”

1993 年，全国个体工商户 1767 万户，私营企业 23.4 万家；城镇个体户从业人员 930 万人，私营企业从业人员 186 万人；全国乡镇企业出口总额 2350 亿元，占全国出口总额的 39%；民营上市公司 40 家，占全国上市公司总数的 26%。截至 2001 年底，全国个体工商户 2433 万户，私营企业 202.85 万家；城镇就业人员中，个体工商户 2131 万人，私营企业从业人员 1527 万人（不含股份公司中

① 江泽民：《加快改革开放和现代化建设步伐 夺取有中国特色社会主义事业的更大胜利——在中国共产党第十四次全国代表大会上的报告》，北京：人民出版社，1992 年版，第 23—24 页。
② 江泽民：《高举邓小平理论伟大旗帜 把建设有中国特色社会主义事业全面推向二十一世纪——在中国共产党第十五次全国代表大会上的报告》，北京：人民出版社，1997 年版，第 22—23 页。
③《中华人民共和国宪法修正案》，《中华人民共和国全国人民代表大会常务委员会公报》，1999 年 02 期。

的私营法人控股公司中的就业人员），二者占城镇就业人员总数的15.2%；全国乡镇企业从业人员13086万人，其中私营企业、个体工商户共3817万人。在全国固定资产投资中，仅农村私营个体投资额就达5430亿元，占14.6%；集体经济投资5279亿元，占14%；全国规模以上工业企业中，私营工业企业（不含股份公司中的私营控股企业）36218家，占21.1%，集体与股份合作企业41882家，占24.5%，加上规模以下工业（绝大多数为民营企业），占全国工业的比例更高；全国私营工业总产值8761亿元，占全国规模以上工业总产值的9.2%，集体与股份合作工业总产值13047亿元，占17.7%。加上规模以下的企业，民营工业产值占比超过1/3。

### （三）民营经济全面发展阶段（2001—2012年）：中国经济的“半壁江山”

从2001年中国加入WTO、全面对外开放，到2012年党的十八大前的全方位深化改革、扩大开放，宪法明确国家依照法律规定保护公民的私有财产权和继承权。党中央提出两个“毫不动摇”*方针，推动民营经济全面快速发展。在国民经济许多重要指标中，民营经济逐步发展壮大，成为我国经济的“半壁江山”。

* 两个“毫不动摇”，即“必须毫不动摇地巩固和发展公有制经济”，“必须毫不动摇地鼓励、支持和引导非公有制经济发展”。

2002年11月，党的十六大报告提出，“必须毫不动摇地鼓励、支持和引导非公有制经济发展。个体、私营等各种形式的非公有制经济是社会主义市场经济的重要组成部分，对充分调动社会各方面的积极性、加快生产力发展具有重要作用。……坚持公有制为主体，促进非公有制经济发展，统一于社会主义现代化建设的进程中，不能把这两者对立起来。各种所有制经济完全可以在市场竞争中发挥各自优势，相互促进，共同发展”[①]。2004年，宪法第十一条修改为：“国家保护个体经济、私营经济等非公有制经济的合法的权利和利益。国家鼓励、支持和引导非公有制经济的发展，并对非公有制经济依法实行监督和管理。[②]”2007年10月，党的十七大报告提出，“坚持平等保护物权，形成各种所有制经济平等竞争、相互促进新格局。……推进公平准入，改善融资条件，破除体制障碍，促进个体、私营经济和中小企业发展。以现代产权制度为基础，发展混合所有制经济”[③]。

截至2012年底，全国企业法人828.67万人，私人控股企业法人655.20万人，占全国企业法人总数的79.1%；全国城镇就业人口37102万人，其中私营企业从业人员7557万人（不含股份公司中的私营法人控股公司中的就业人员），占全国城镇就业人口的20.4%；全国非农就业人口中，私营个体占60%以上；民间投资223982亿元，占全国固定资产投资的59.8%；全国规模以上工业中，民营企业数量占55.1%，营业收入占31%，利润占32.6%，加上规模以下工业（绝大多数为民营企业），民营工业占比更高；全国出口总额中，民营企业占37.6%；全国海外投资存量中，非国有企业占40.2%；全国A股上市公司中，民营企业占52%。

① 江泽民：《全面建设小康社会　开创中国特色社会主义事业新局面——在中国共产党第十六次全国代表大会上的报告》，北京：人民出版社，2002年版，第25页。

② 《中华人民共和国宪法》，《人民日报》，2004年3月16日。

③ 胡锦涛：《高举中国特色社会主义伟大旗帜　为夺取全面建设小康社会新胜利而奋斗——在中国共产党第十七次全国代表大会上的报告》，北京：人民出版社，2007年版，第25—26页。

## （四）民营经济作用地位根本提升阶段（2012 年迄今）：中国经济“三分天下有其二”

党的十八大以来，党中央明确“各种所有制经济依法平等使用生产要素、公平参与市场竞争、同等受到法律保护”[①]。与此同时，我国全面推进民营经济法律政策以及执行的改进与改善，使民营经济地位、作用得到根本提升。在我国国民经济大量主要指标中，民营经济已是“三分天下有其二”，并向高质量发展阶段转变。

2013 年，党的十八届三中全会做出《关于全面深化改革若干重大问题的决定》，提出“公有制为主体、多种所有制经济共同发展的基本经济制度，是中国特色社会主义制度的重要支柱，也是社会主义市场经济体制的根基。公有制经济和非公有制经济都是社会主义市场经济的重要组成部分，都是我国经济社会发展的重要基础”[②]。

2018 年 11 月 1 日，习近平总书记在民营企业座谈会上指出，“民营经济是我国经济制度的内在要素，民营企业和民营企业家是我们自己人。民营经济是社会主义市场经济发展的重要成果，是推动社会主义市场经济发展的重要力量，是推进供给侧结构性改革、推动高质量发展、建设现代化经济体系的重要主体，也是我们党长期执政、团结带领全国人民实现‘两个一百年’奋斗目标和中华民族

① 胡锦涛：《坚定不移沿着中国特色社会主义道路前进　为全面建成小康社会而奋斗——在中国共产党第十八次全国代表大会上的报告》，北京：人民出版社，2012 年版，第 21 页。
②《中共中央关于全面深化改革若干重大问题的决定》，北京：人民出版社，2013 年版，第 7—8 页。

伟大复兴中国梦的重要力量。在全面建成小康社会、进而全面建设社会主义现代化国家的新征程中，我国民营经济只能壮大、不能弱化，不仅不能‘离场’，而且要走向更加广阔的舞台”[①]。这反映了党和国家对民营经济的地位、作用与贡献的高度赞扬与充分肯定。

截至2018年底，全国私营企业占全部企业法人单位的84%，加上其他民营企业，占比达90%以上；全国城镇就业人口中，私营企业就业人员（不含股份公司中私营法人控股公司的就业人员）13952万人，个体就业人员10440万人，二者占全国就业人口的56%，加上其他民营企业，占比达80%以上；全国固定资产投资中，民间投资占62%；全国规模以上工业中，私营企业数量占58.2%，加上规模以下工业（绝大多数为民营企业），占全国工业的比例更高；全国出口总量中，民营企业占48%；全国对外投资存量中，非国有企业占52%；全国税收总量中，民营企业占56.8%。

到2020年，民营企业法人单位占全国企业法人单位的98%，民营企业从业人员占城镇就业人口的83%，民营企业资产占全国非金融类企业资产的50%，民间投资占全国投资的57%，规模以上民营企业营业收入占全国规模（限额）以上企业营业收入的60%，民营经济税收占全国税收的55%以上，民营企业进出口规模占全国进出口总额的49%，民营企业占全国规模以上企业研发投入的60%左右、新产品销售收入的65%左右、发明专利申请的50%以上，民营企业500强的资产、营收和利润相当于全国企业

---

① 习近平:《在民营企业座谈会上的讲话》,《人民日报》，2018年11月2日。

500强的资产总额的15%、营收总额的30%、利润总额的48%。

总之，不论从数量、体量还是能量上看，民营经济已是我国经济的最大主体。这一格局今后基本也不会改变。

## 三、民营经济深刻改变中国社会结构

40多年的民营经济发展，非常深刻地改变了中国的政治、社会和文化发展结构。从以下四个方面简要描述。

### （一）深刻改变中国社会的阶层结构

改革开放以来，以个体、私营经济为主的非公有制经济发展，推动形成了新的社会阶层人士群体。“新的社会阶层人士”主要包括四大群体：一是私营企业和外资企业的管理人员和技术人员；二是各类社会组织从业人员，包括律师、会计师、评估师、税务师、专利代理人等提供知识性产品服务的社会专业人士，以及社会团体、基金会、民办非企业单位从业者；三是自由职业人员；四是新媒体从业人员。

新的社会阶层人士的身份特征有几个主要特点：许多人是从工人、农民、干部和知识分子中分离出来的；他们中相当一部分是知识分子；他们主要集中在非公有制领域；该阶层聚集了中国大部分高收入者；他们的职业和身份具有较大不稳定性；他们的政治诉求逐步增强；他们中绝大多数是非中共人士；新社会阶层具有不断扩大的趋势。

21世纪初的新社会阶层人数大约有5000万人，但加上在相关行业的所有从业人员，总人数约1.5亿人，他们掌握或管理着

10 万亿元左右的资本，使用着全国半数以上的技术专利，直接或间接贡献了全国近三分之一的税收，每年吸纳了半数以上新增就业人员。

## （二）深刻改变了中国社会的组织结构

中国的单位法人，分为企业法人、机关法人、事业法人、社会团体和其他法人。企业法人是直接从事第一、第二、第三产业的生产经营单位；机关法人多为党政国家机关，均属于国有；事业法人、社会团体和其他法人，多从事于服务行业，按经费来源和管理者性质分为国有、集体和私营（个人）。改革开放之前，就像没有私人企业一样，中国几乎没有私人的事业单位和社会团体。改革开放以后，国家逐步放开了民间与私人举办事业单位、社会团体的权利，一大批由非国有、非传统集体和私人或私营机构举办的事业单位、社会团体单位和其他法人单位快速发展，目前，其法人机构数量和从业人员数量已经占同类单位的大半和一半左右。

## （三）深刻改变了中国政治组织的组成结构

民营经济已经占据我国经济的大半壁江山，新的社会阶层人士已经超过 3 亿人。这些企业组织与相关人士，分布在国民经济的方方面面，分布在微观经济的每一个角落，分布在各类经济、政治、社会和文化生活的各个大大小小的单位与环节，他们必然在经济、政治、社会、文化组织的各个方面、各个环节、各个角落，扮演着不同的角色、发挥着不同的作用。这既是各类组织自身发展及体现其广泛代表性的需要，也是新的社会阶层人士进一步得到社会认可、显示自身社会价值的需要。

全国各级党政工团等重要政治、经济、社会组织中都有不同数量的民营企业家代表。一些优秀民营企业家，有的进入了各级党代会成为非公人士党代表，有的进入各级人大成为非公人士人大代表，有的进入各级政协成为非公人士政协委员，还有不少民营企业家进入了各级共青团、妇联组织以及八大民主党派的各级组织。各级工商联及其所属的各类商会，更是以民营企业家为主的社会团体组织。

### （四）深刻改变了社会文化产业的发展格局

文化及相关产业指为社会公众提供文化产品和文化相关产品的生产活动的集合。文化及相关产业包括新闻信息服务、内容创作生产、创意设计服务、文化传播渠道、文化投资运营、文化娱乐休闲服务、文化辅助生产和中介服务、文化装备生产、文化消费终端生产 9 个大类。

改革开放以来，特别是进入 21 世纪以来，民营企业机构单位发展十分迅速，目前已经成为中国电影、电视、戏剧、工艺美术、休闲娱乐等各类文化产品与服务的主要提供者。

## 四、民营经济发展显著推进世界经济增长

改革开放以来，中国经济高速发展，创造了世界经济增长史上的奇迹。40 多年来，中国经济各项重要指标都高速增长。其增长速度之快，增长总量之大，增长之稳定，增长时间之长，都是中国历史和世界历史上没有过的。而在这个过程中，民营经济发展作出了巨大的贡献。民营经济发展从根本上改变了中国经济格局，中国

经济发展深深改变了世界经济面貌。

### （一）中国经济发展深深改变世界经济面貌

1978 年，中国GDP总量为 3678.7 亿元，人均GDP为 385 元。2021 年，中国GDP总量为 114.367 万亿元，人均GDP为 80976 元。若按当年数值计算，中国GDP总量 43 年总共增长了 310 倍，年均增长 14.5%；人均GDP增长了 209 倍，年均增长 13.6%。若按可比价格计算，中国GDP总量 43 年总共增长了 43.4 倍，年均增长 9.5%；人均GDP增长了 29.4 倍，年均增长 8.5%。

1978 年，中国规模以上工业企业资产总计为 4525 亿元，2020 年为 126.76 万亿元；1978 年，中国工业增加值为 1621.4 亿元，2020 年为 31.31 万亿元，实际年均增长 10.3%。

2010 年，中国就已经成为世界第二大经济体，当年经济总量相当于美国的 1/2。2021 年，中国经济总量 114 万亿元，折合成美元为 17.7 万亿美元，相当于 2021 年美国经济总量 23 万亿美元的 3/4，超过了 2021 年欧盟 17 万亿美元的经济总量，占 2021 年世界经济总量 94.94 万亿美元的 18.6%。近十多年来，中国经济的增长对世界经济增长的贡献率达到 30%以上。中国经济发展深深改变了世界经济面貌。

### （二）中国民营经济发展显著推进世界经济增长

在我国经济总量中，60%以上为民营经济创造；在我国经济增量中，80%以上为民营经济创造。中国民营经济发展从根本上推进了中国经济，乃至世界经济的发展。

### 1．中国改变世界贸易格局，民营经济贡献巨大

进出口贸易额是衡量一个国家对外经济交往能力与地位的最重要指标。改革开放初期，中国外贸进出口总额小，占世界外贸的比重更小。随着改革开放的深入与扩大，特别是2001年中国加入WTO之后，中国对外贸易突飞猛进，进出口总额高速发展，迅速成为世界贸易大国。在这一伟大历史进程中，民营企业发挥了巨大作用。20多年来，民营企业外贸总额占全国的比重逐年上升，现在已经成为中国外贸的最大主体，为中国成为第一贸易大国作出了巨大贡献。

### 2．中国改变世界外汇储备格局，民营经济贡献巨大

外汇储备是一国外贸和对外投资的重要基础，是一国国力强大的重要标志。改革开放以来，中国的外汇储备由少增多。我国现已成为世界外汇储备的第一大国。

中国外汇储备的两大主要来源，一是外资企业对中国境内的投资，二是外贸进出口的顺差。近十多年来，民营企业逐步成为我国最大出口主体，其带来的贸易顺差，已经逐步超过了全国贸易顺差的总额，成为中国对外贸易顺差的最大贡献者，甚至可以说是绝对贡献者。民营企业进出口的顺差总额及其占全国贸易顺差总额的比重，2010年为2120美元和117%，2020年为7188亿美元和134%。

### 3．中国改变世界对外投资格局，民营经济贡献巨大

改革开放至2010年以前，中国是国际投资的净流入国，即境外对中国的投资大于中国对境外的投资。之后，中国对外投资快速增长，在2015年前后，中国成为国际投资的净流出国，即中国海外投资大于境外对中国的投资。其中，非国有的对外投资增长十分迅速，现在已经占半壁江山。

#### 4．中国改变世界企业500强格局，民营企业贡献显著

企业强则国家强。企业是国家经济实力的支撑与脊梁。一个国家的世界500强企业的数量与体量，是衡量这个国家在世界经济竞争中的实力的重要指标。进入21世纪以来，中国大型企业的实力、质量和竞争力日益增强，中国500强企业中的前列企业，开始逐步进入世界500强企业行列，数量逐年增加，排序年年提高。20年来，民营企业也逐步崭露头角，并逐步在中国500强企业和世界500强企业中夺得地位，数量逐年增加，排序也年年提高。

## 五、中国民营经济未来展望

### （一）未来10年

中国经济的高速发展主要源于国有、民营、外资经济这“三驾马车”的共同奋力拉动。经过多年的发展，“三驾马车”经济本身的比重结构也已发生了重大变化，形成了新的经济局面。国有、民营、外资经济总量都有不同程度但十分巨大的增长。国有经济创造的GDP占比由10年前的50%左右，下降为30%左右；民营经济GDP占比由10年前的不足40%，上升为60%多；外资经济GDP占比由10年前的15%左右，下降为10%左右。2020年，中国GDP达到100万亿元，未来10年，中国经济仍可能保持5%～6%的中等增长速度，2030年GDP总额可能超过160万亿元。

未来10年，国有经济、民营经济和外资经济将保持中等速度发展。其中，随着国家对民营经济发展的政策调整与优化，民营经济仍将以略高于全国经济的速度得以发展。民营经济占全国经济的比重，可能由目前的60%，提升至65%左右。从效率效益看，各

类规模以上民营企业的资产营收率和资产利润率仍将有所下降，但劳动生产率将不断提高，营收利润率基本保持稳定。

### （二）未来30年

从现在起到2050年的近30年，是中国真正发展成为世界强国、富国的30年。展望未来30年，民营经济地位作用将进一步提高，将更加强中国、强民族。

从自身发展来看，在未来30年的强国路上，民营经济要保持比较优势，发挥现有优势，创造新的优势，形成新的综合优势。

未来30年民营经济发展，必须进一步发挥仍然具备的比较优势，努力创造新的比较优势，形成新的综合比较优势，为中国成为世界一流强国作出新的更大贡献。

民营企业家与民营企业，一要牢固树立与充分发扬中国企业家精神；二要保持和完善适应市场经济变化的灵活机制；三要完善内部治理结构，建立既符合国际规则又具中国优秀文化特色的现代企业制度；四要坚持全行业、全中国和全世界的宽阔眼界与战略思维；五要重视人力资本管理，善聚与善用科技、管理与技能三类人才；六要紧跟世界科技发展前沿与强化自主创新并重并行；七要充分有效利用国内与国际两个市场两种资源；八要对员工、社会、国家和世界负责任。

从作用影响来看，在未来30年的强国路上，民营经济发展空间巨大、作用巨大，将进一步强民族、强国家。

改革开放40多年来，民营经济为民富民、兴国裕国，为中国人民全面小康、为中国成为世界第二经济大国作出了历史性的巨大贡献。中国未来30年，民营经济进一步富国家、富民族，强国家、强民族，将继续为中国发展成为世界第一经济大国、世界一流经济强国、世界前列富国作出新的巨大贡献。

未来30年中国经济发展空间——GDP总量可能再翻两番：从2020年起到2050年，中国经济仍可能保持4%~5%的年增长率，那么，中国GDP将还有3倍左右的增长空间，中国经济总量将再翻两番。

未来30年民营经济发展空间——总量可能再增长4倍：目前民营经济大约占中国GDP的2/3，10年后民营经济可能占中国GDP的3/4，即达到75%左右，今后可能长期基本稳定在这个比例范围。如此一来，中国民营经济在未来30多年的发展中，还有4倍以上增长空间。

未来30年科技与产业发展——超越人类过去历史的巨变：未来30～50年，人类科技创新成果在质和量上都将超过目前人类科技成果的全部积累，人类将面临一场改变自身的科技革命。企业是科技创新与新兴产业的主体，民营企业是主体中的主体。民营企业在未来30年的科技革命与产业革命中发展空间无限广阔。有条件的民营企业要做最大努力，进行一流投入、采用一流机制、吸引一流人才、创造一流科技、生产一流产品、开展一流服务，将自己打造成中国一流、世界一流的创新型企业，为中国成为世界科技创新强国作出应有的贡献。

# 第一章
# 改革开放根本改变民营企业命运

▼

以市场经济代替计划经济，以多种经济形式共同发展代替国有经济一家独大，以对外开放代替闭关锁国，是影响中国改革开放的三大根本性政策转变，并与民营经济发展高度相关。三大根本性政策转变深刻蕴含了民营经济发展政策转变，而民营经济政策转变也充分推动和实现了三大根本性政策转变。改革开放 40 多年来，党和国家关于民营经济的方针政策和法律法规的制定与改进，大大推动了民营经济的发展。

## 第一节　民营企业发展的初始阶段

### 一、党中央发展民营经济方针政策的不断完善

党的十一届三中全会精神为改革开放的起步奠定了思想与政策的前提，也为改革初期城乡个体经济的自发产生与发展创造了认识基础与实践空间。党和国家进行拨乱反正，并把工作重点从以阶级斗争为纲转移到社会主义现代化建设上来。同时，国家对小商小贩和民族资产阶级落实政策。1979 年 11 月，党中央批准在全国范围

内进行一次个体工商业者和资本家的身份区别工作，明确前者就是劳动者。根据这次区别后的统计，原来属于劳动者的约 70 万人，原来是资本家、资本家代理人的约有 16 万人。在这 16 万人当中，绝大多数也已经改造成了劳动者。因此，党中央决定，原工商业者改变资本家成分，按其职业，担任干部的就是干部，和工人一样参加生产劳动的就是工人，恢复他们的薪金，归还其中一部分人被占用的私房，适当调整他们的工作等。

以党的十一届三中全会召开为标志，中国进入改革开放新时期。40 多年来，以党中央提出的方针政策为重要节点，中国的改革开放一步一个脚印、一个阶段接一个阶段地向前迈进。改革开放中一个特别突出的变革，就是党中央关于民营经济方针、政策、制度的逐步改变：由过去的完全否定，转变为承认民营经济具有补充地位，明确其具有重要地位，承认其是中国基本经济制度的重要方面，进一步转变为全面支持民营经济发展。由此，中国大地上形成了多种经济形式共同发展的全新局面。

1979 年 9 月，党的十一届四中全会通过《中共中央关于加快农业发展若干问题的决定》，指出“自留地、自留畜、家庭副业和农村集市贸易，是社会主义经济的附属和补充，决不允许把他们当作资本主义经济来批评和取缔”[①]。这就为个体私营经济的发展清除了思想障碍，开辟了道路。1979 年，中共中央、国务院提出恢复和发展个体工商业、允许多种经济形式存在的方针。采取这一方针，不仅是为了搞活经济，也是为了广泛地开辟劳动就业渠道。

① 《中共中央关于加快农业发展若干问题的决定》，载中共中央文献研究室：《三中全会以来重要文献选编》（上），北京：人民出版社，1982 年版，第 185 页。

1980年8月，中共中央下发《关于转发全国劳动就业会议文件的通知》，鼓励和扶持城镇个体经济的发展。1981年6月，党的十一届六中全会通过《关于建国以来党的若干历史问题的决议》(以下简称《决议》)。《决议》首次明确提出，“国营经济和集体经济是我国基本的经济形式，一定范围的劳动者个体经济是公有制经济的必要补充。必须实行适合各种经济成分的具体管理制度和分配制度。必须在公有制基础上实行计划经济，同时发挥市场调节的辅助作用”[①]。1981年7月，国务院发布《关于城镇非农业个体经济若干政策性规定》，支持鼓励个体经济的发展，并在雇工问题上提出具体规定：“个体经营户，必要时，经过工商行政管理部门批准，可以请1—2个助手；技术性较强或者有特殊技术的，可以带2—3个最多不超过5个学徒。[②]”这在当时引发很大的社会争论。如何对待雇工和剥削问题，在当时是在社会主义条件下发展非公有制经济必须正确认识和处理的一个原则问题。

## 二、乡镇企业成为中国民营企业最早的温床

由于政策鼓励，以及家庭联产承包责任制带来的变化，农村个体经济迅速发展起来。农村大量的农业剩余劳动力为了寻求就业渠道，一部分人从乡镇来到城市从事个体经济活动，另一部分人在“离土不离乡”的国家政策引导下，就地从农业转向非农产业，有

① 《关于建国以来党的若干历史问题的决议》，《人民日报》，1981年10月7日。
② 《国务院关于城镇非农业个体经济若干政策性规定》，《中华人民共和国国务院公报》，1981年16期。

的自己从事各类经营活动，有的进入各类乡镇企业。乡镇企业异军突起，不仅原有的乡镇和村组集体企业得到迅猛发展，农民私人兴办或联户合办的企业也迅速发展起来，并且很快成为乡镇企业的主力军，农村剩余劳动力从土地上转移出来，为农村致富和逐步实现现代化，以及整个经济的改革和发展开辟了新道路。同时，农村出现了专业户及其协作联合体，流通领域出现了长途贩运、私人购买汽车跑运输、私营服务业和个体工商户。包产到户为中国私营经济的复苏和发展提供了机会，这实际上是新时期中国个体私营经济的萌芽。事实上，中国的民营企业家很多来自农村，又从农村走向城市。可以说，农村包产到户成效显著，而乡镇企业成为中国私营企业和民营企业最早的温床。

相关法律规章和制度政策相继出台，使得国家在发展个体工商经济上的态度日益明朗，这对于个体工商经济的恢复和发展起到了有力的推动作用。在短短三年内，全国城乡个体工商业从业人员从1978 年底的 14 万人发展到 1981 年 227.9 万人。

## 三、承认城乡劳动者个体经济的地位和作用

1982 年 9 月，党的十二大报告提出，由于我国生产力水平总的来说还比较低，很不平衡，在很长的时期内需要多种经济形式的同时存在。在农村和城市，都要鼓励劳动者个体经济在国家规定范围内和工商行政管理下适当发展，作为公有制经济的必要的、有益的补充。同时强调，我们的全部经济工作，我们的一切方针、政策、计划、措施，都必须立足于统筹安排，兼顾国家、集体、个人三者利益，把中央、地方、部门、企业和劳动者的积极性都充分调

动起来，科学地组织起来，使之发挥出最有效的作用。这是促进社会主义经济全面高涨的最重要的途径。党的十二大报告打破了过去个体经济局限于城镇的状况，正式承认城乡的劳动者个体经济是公有制经济的必要的、有益的补充。

在党中央以经济建设为中心的号召的推动下，各地城乡个体经济逐渐发展起来，为解决就业和丰富城乡市场发挥了重要作用。1983 年，党中央下发《关于当前农村经济政策的若干问题》，要求对私营经济实行“不宜提倡，不要公开宣传，也不要急于取缔”的三不政策，事实上是对私营经济采取了宽容、保护的政策。

## 第二节　民营经济的快速成长时期

### 一、发展民营经济的方针政策基本形成

民营经济是中国经济改革的一个重要窗口，其发展历程和中国经济体制改革息息相关。1984 年 10 月，党的十二届三中全会通过《中共中央关于经济体制改革的决定》，确立了“计划经济为主、市场调节为辅的原则”，强调“要在自愿互利的基础上广泛发展全民、集体、个体经济相互之间灵活多样的合作经营和经济联合，有些小型全民所有制企业还可以租给或包给集体或劳动者个人经营。坚持多种经济形式和经营方式的共同发展，是我们长期的方针，是

社会主义前进的需要”[①]。第一次系统地阐述了党在现阶段对发展个体私营经济的基本指导方针。从此，我国开启了以城市为重点的经济体制改革阶段，拉开全面推进经济体制改革的序幕。党发展民营经济的方针政策已经基本形成。民营经济也伴随着经济体制改革进入了全面推进时期。

党的十二届三中全会发布《中共中央关于经济体制改革的决定》后，个体经济快速发展，私营经济开始出现，个体私营经济发挥的经济与社会作用更加扩大，中央方针政策及时跟进与调整，正式承认私营经济是公有制经济必要的和有益的补充。这为个体私营经济在更多地区、更多领域、更大范围发展提供了政策依据，也由此催生了一批“万元户”，成为中国的先富人群。

到了 1985 年，我国启动城市经济体制改革，原本在“夹缝”中生存和发展的乡镇企业，有了更为广阔的市场。从此以后，乡镇企业从农村走向城市，又由城市走向世界，产业结构也发生了重大变化，由“五小工业”和“拾遗补阙”向具有高度专业化的重工业和高新技术产业发展，并向第三产业转移。

## 二、私营经济是存在雇佣劳动关系的经济成分

1987 年 10 月，党的十三大明确提出，“在公有制为主体的前提下继续发展多种所有制经济。……在不同的经济领域，不同的地

---

① 《中共中央关于经济体制改革的决定》，北京：人民出版社，1984 年版，第 33 页。

区，各种所有制经济所占的比重应当允许有所不同”[①]。大会首次使用了“私营经济”的概念，标志着民营经济正式登上中国经济的舞台。党的十三大报告充分认识到个体私营经济的性质，即“私营经济是存在雇佣劳动关系的经济成分。但在社会主义条件下，它必然同占优势的公有制经济相联系，并受公有制经济的巨大影响。实践证明，私营经济一定程度的发展，有利于促进生产，活跃市场，扩大就业，更好地满足人民多方面的生活需求，是公有制经济必要的和有益的补充”[②]。

这一时期的民营经济发展呈现以下特点：一是“戴红帽子”现象，个体工商户和私营企业戴上“红帽子”，成为合法的集体企业。二是区域分布不平衡，主要集中在沿海省份和开放城市。三是民营经济多种发展方式并存，不仅有个体经济，还有私营经济和乡镇企业。四是行业分布，主要集中在工业、手工业、运输业和建筑业。[③]

---

① 《沿着有中国特色的社会主义道路前进——在中国共产党第十三次全国代表大会上的报告》，《人民日报》，1987 年 11 月 4 日。

② 《沿着有中国特色的社会主义道路前进——在中国共产党第十三次全国代表大会上的报告》，《人民日报》，1987 年 11 月 4 日。

③ 张宗和：《中国现阶段非公有制经济研究》，北京：经济管理出版社，2000 年版，第 172 页。

# 第三节　民营经济的调整时期

## 一、私营经济发展出现回落

从 1988 年下半年起，我国经济环境由宽松转向偏紧。1988 年国家价格“闯关”，引发全国范围内经济过热，加上乡镇企业无序发展带来的各种问题逐渐增加，于是国家开始治理经济环境，整顿经济秩序。一时间，社会上对私营经济的发展出现了一片反对之声。有的地方在全国性的税收大检查中，对个体工商户、私营企业惩处过重。在这种情况下，个体经济和私营经济的发展受到挫折，出现较大的回落。

## 二、民营经济在曲折中调整

1989 年 10 月，在庆祝中华人民共和国成立 40 周年之际，党中央强调对于私营经济的方针：“一是要鼓励他们在国家允许的范围内积极发展；二是要利用经济的、行政的、法律的手段，加强管理和引导，做到既发挥它们的积极作用，又限制其不利于社会主义经济的消极作用。[①]”从而肯定了个体私营经济存在和发展的必要性。

1990 年 12 月，党的十三届七中全会通过《中共中央关于制定国民经济和社会发展十年规划和“八五”计划的建议》(以下简称《建议》)，强调“坚持以社会主义公有制为主体的多种经济成分并

---

① 《江泽民总书记在庆祝中华人民共和国成立 40 周年大会上的讲话》,《中华人民共和国国务院公报》，1989 年 18 期。

存的所有制结构，发挥个体经济、私营经济和其他经济成分对公有制经济的有益的补充作用，并对它们加强正确的管理和引导”[①]。《建议》进一步明确深化经济体制改革的主要任务，即继续坚持以公有制为主体，适当发展其他经济成分，形成适合我国现阶段生产力水平的所有制结构。

在这一阶段，我国的民营经济虽拥有合法地位，但由于不利的政治和政策环境，仍徘徊在较低水平。民营经济出现了先下滑、然后缓慢上升的情况。1989—1991 年，私营企业的开户数、从业人员数、注册资金和营业额增长比较平稳。尽管如此，通过与同期的其他所有制企业的有关数据进行对比，发现私营企业的增长速度还是相对较快的，虽然私营企业的户数、注册资金、从业人员的增长速度慢于外资企业，但明显快于国有企业和集体企业。

① 《中共中央关于制定国民经济和社会发展十年规划和“八五”计划的建议》，《中华人民共和国国务院公报》，1991 年 02 期。

# 第二章
# 民营经济从“补充”到“重要组成部分”

▼

从邓小平南方谈话到党的十六大胜利召开，是中国改革进程中具有十分重大意义的十年，更是中国民营经济发展最具突破性的十年，民营经济驶入快车道。在市场竞争中，民营经济充分发挥自身优势，与其他经济成分一起，相互促进，共同发展，并逐步成为社会主义市场经济的重要组成部分。民营经济还是吸纳就业的主渠道和国有经济战略性调整的重要依托，对经济发展和社会稳定起到积极的作用。

## 第一节　民营经济迎来第二次发展高潮

### 一、多种经济成分长期共同发展

1992 年 1 月 18 日—2 月 21 日，邓小平在武昌、深圳、珠海和上海等地视察时，再次强调改革开放方向，肯定个体私营经济的发展。邓小平指出，“计划多一点还是市场多一点，不是社会主义与资本主义的本质区别。计划经济不等于社会主义，资本主义也有计划；市场经济不等于资本主义，社会主义也有市场。计划和市场都是经济手段”[①]。他还明确提出“三个有利于”的著名论断。这就进一步扫除了意识形态障碍，为个体私营经济的发展开辟了更加广阔的道路。

1992年10月，党的十四大召开，明确我国经济体制改革的目标是建立社会主义市场经济体制。十四大报告指出，“经济体制改革的目标，是在坚持公有制和按劳分配为主体、其他经济成分和分配方式为补充的基础上，建立和完善社会主义市场经济体制”[②]。这一论断反映了社会经济发展的需要，标志着社会主义初级阶段所有制结构理论和政策的初步形成，解除了公有与私有的对立。

党的十四届三中全会通过《中共中央关于建立社会主义市场经济体制若干问题的决定》(以下简称《决定》)，把党的十四大提出的经济体制改革目标和基本原则具体化，进一步强调“鼓励个体、私营、外资经济发展”，制定了社会主义市场经济体制的总体规划，是20世纪90年代进行经济体制改革的行动纲领。《决定》提出，“在积极促进国有经济和集体经济发展的同时，鼓励个体、私营、外资经济发展，并依法加强管理。随着产权的流动和重组，财产混合所有的经济单位越来越多，将会形成新的财产所有结构。就全国来说，公有制在国民经济中应占主体地位，有的地方、有的产业可以有所差别”[③]，并提出了“混合所有”的“新财产所有结构”

① 邓小平：《在武昌、深圳、珠海、上海等地的谈话要点》，《邓小平文选》(第三卷)，北京：人民出版社，1993年版，第373页。
② 江泽民：《加快改革开放和现代化建设步伐 夺取有中国特色社会主义事业的更大胜利——在中国共产党第十四次全国代表大会上的报告》，北京：人民出版社，1992年版，第14页。
③《中共中央关于建立社会主义市场经济体制若干问题的决定》，北京：人民出版社，1993年版，第9页。

的论断，为以个体私营经济为主体的民营经济的进一步快速发展奠定了新的方针政策基础。

此后，我国陆续出台一系列与民营经济发展相关的政策。1993年4月，国家工商总局发布《关于促进个体私营经济发展的若干意见》，放宽了民营经济的经营范围、经营方式并简化了登记手续。1993年12月，国务院出台《关于金融体制改革的决定》，要求积极稳妥地发展合作银行体系，加强为中小企业等的金融服务。

## 二、下海经商热潮涌起

南方谈话极大地点燃了民众的经商意识与热情，全国上下掀起一股经商热潮。不少人辞掉公职，投身商海。民营经济无论从数量上还是规模上均呈现如雨后春笋般竞相增长的态势。在党中央一系列鼓励民营经济发展的政策指导下，全国各地也相继出台了各种有利于民营企业发展的具体措施和办法，民营经济迅速进入新的发展高潮。但是，1996年下半年到1997年，由于买方市场的形成和内需不足的出现，民营经济进行调整，发展速度放慢。

1995年9月，党的十四届五中全会讨论通过《国民经济和社会发展“九五”计划和2010年远景目标的建议》，强调“国家对不同所有制的企业一视同仁，依法征税形成平等竞争环境”[①]。为了规范经济运行中不断增加的大量合伙企业，1997年2月，第八届全国人民代表大会常务委员会第二十四次会议审议通过《中华人民

① 《中共中央关于制定国民经济和社会发展“九五”计划和2010年远景目标的建议》，《中华人民共和国国务院公报》，1995年25期。

共和国合伙企业法》(以下简称《合伙企业法》)。由于个体私营经济大量采用合伙的形式，因此《合伙企业法》的颁布实施对个体私营经济的发展起到重要的促进和规范作用。

## 第二节　非公有制经济作为我国社会主义市场经济的重要组成部分

### 一、混合所有制的提出

1997 年 9 月，党的十五大报告强调“公有制为主体、多种所有制经济共同发展，是我国社会主义初级阶段的一项基本经济制度”①，同时指出“非公有制经济是我国社会主义市场经济的重要组成部分。对个体、私营经济等非公有制经济要继续鼓励、引导，使之健康发展”②。这一具有根本性意义的重大政治与经济判断，为个体私营等非公有制经济的发展开辟了更广阔、更长远、更深刻的发展空间。第一次把私营经济纳入社会主义的基本经济制度之内，提出混合所有制的概念，明确非公有制经济在社会主义市场经济中的重要地位。党的十五大报告明确阐述了社会主义初级阶段有中国特

① 江泽民:《高举邓小平理论伟大旗帜 把建设有中国特色社会主义事业全面推向二十一世纪——在中国共产党第十五次全国代表大会上的报告》，北京：人民出版社，1997 年版，第 22 页。

② 江泽民:《高举邓小平理论伟大旗帜 把建设有中国特色社会主义事业全面推向二十一世纪——在中国共产党第十五次全国代表大会上的报告》，北京：人民出版社，1997 年版，第 24 页。

色社会主义的经济，就是在社会主义条件下发展市场经济，不断解放和发展生产力。党的十五大把对个体私营经济等非公有制经济的认识，提高到一个崭新的、前所未有的高度。至此，我们党和国家便完成个体私营经济是社会主义经济的“必要补充”到“重要组成部分”的飞跃。

经过改革开放20多年的发展，我国个体私营经济的总体规模日益扩大，外商投资经济也快速发展，非公有制经济已经占国民经济较大比重，并逐渐适应实体经济微观基础的重大变化。从产业构成来看，民营经济在第一、第二产业中所占比重逐步提高，从传统的劳动密集型产业领域逐步转向技术密集型产业领域。传统家族制企业经营模式遭受挑战，企业加快兼并重组，产权结构逐渐多元化，治理结构得到优化。企业资本结构发生变化，民营经济开始借助金融资本发展，产业资本和金融资本相互融合。同时，企业经营观念也悄然发生变化，质量和品牌意识增强，人力资本得到重视。

## 二、亚洲金融危机下的中国民营经济

1997年，金融风暴席卷亚洲。保持宏观经济稳定是我国当时政策的头等任务。在这一阶段，党中央根据不断发展变化的社会现实，创造性地提出新的政策理念。具体到个体私营经济，政策在党的十五大基础上有了进一步的发展。

1997年，第八届全国人民代表大会常务委员会第二十四次会议审议通过《合伙企业法》；第九届全国人民代表大会常务委员会第十一次会议审议通过《中华人民共和国个人独资企业法》（以下简称《个人独资企业法》)。这两部法律与民营经济和民营企业的发展密切相关，对中小微民营企业的两种主要形式：合伙和个人独资作出详细规定，无论在法律位阶、立法内容还是适用范围等方面均超越了《私营企业暂行条例》。

《合伙企业法》确立的有限合伙制度所具有的独特价值，在一定程度上弥补了公司制度的不足，进一步丰富了民营经济的形式。有限合伙所包含的人资两合的特点与有限责任和无限责任的结合为传统合伙企业带来新的发展。有限合伙中，有限合伙人不参加合伙事务的经营和管理，而由普通合伙人从事合伙事务的经营和管理，因此，有限合伙的经营管理权相对集中，并且专业化程度比较高。同时，有限合伙的组织结构也较简单，不像公司那样需要股东会、董事会、监事会等组织机构，因此合伙事务的决策程序也简单、灵活。正是因为有限合伙的经营管理权相对集中、灵活、高效，适应了瞬息万变的市场和高新技术产业发展的要求，有限合伙这一企业组织形式充满了活力与生机。

《个人独资企业法》规定："本法所称个人独资企业，是指依照本法在中国境内设立，由一个自然人投资，财产为投资人个人所有，投资人以其个人财产对企业债务承担无限责任的经营实体。[①]"《个人独资企业法》的颁布实施，不仅是个体私营经济发展的必然结果，而且是个体私营经济进一步发展的必然要求，也有利于个体私营经济的发展。可以说，《个人独资企业法》的颁布实施，是我国个体私营经济法律制度发展史上具有里程碑意义的一件大事。

---

① 《中华人民共和国个人独资企业法》,《中华人民共和国最高人民检察院公报》, 1999年05期。

由于亚洲金融危机的冲击，我国民营企业也受到了巨大影响。随着全国经济的软着陆，民营经济发展速度也相对放缓，高速发展中积累的问题逐渐暴露出来，比如产权不清所带来的弊病等，民营企业进入短暂的调整时期。很多民营企业纷纷改制，并开始在管理机制改革方面进行积极探索。

与此相对应，外经贸部决定从 1999 年 1 月 1 日起，对符合条件的私营生产企业或科研院所赋予自营进出口权。根据新规定，具备下列两个条件的私营生产企业或科研院所（包括高新技术企业）可直接向所在外经贸主管部门申请自营进出口权：注册资本和净资产均在 850 万元以上；销售业绩，即私营生产企业的年销售收入、出口额必须连续两年达到 5000 万元和 100 万美元（机电行业生产企业为 3000 万元和 50 万美元）以上，私营科研院所年销售收入要在 300 万元以上。1999 年《中华人民共和国证券法》的实施对民营企业的发展起到积极的推动作用，为民营企业改制上市创造了更好的环境。民营企业通过收购兼并等多种形式间接上市取得实质性进展。

# 第三章

# 21 世纪迎来民营经济大发展

▼

进入 21 世纪，民营经济的发展促使党和国家持续推进体制机制改革，不断创新完善民营经济发展的政策，优化发展环境，逐渐形成促进民营经济发展的法治环境、市场体制环境和良好社会环境，由此推动了全面深化改革进程，推动我国实现由计划经济体制向社会主义市场经济体制的转变。

## 第一节　民营企业成为经济增长新的亮点

### 一、中国加入世贸组织对民营经济的影响

2001 年 12 月，中国正式加入世界贸易组织。“入世”既推进了中国改革进程，也标志着开放进入一个新的发展阶段。我国民营企业如何走出去，参与国际竞争，成为这一阶段的焦点。但国内外环境对民营企业的发展和投资仍多有禁区，如基础设施、金融、教育、文化、医疗、保险等领域。给民营企业以“国民待遇”，成为民营经济领域中最受关注的问题。2002 年之后，民营经济已经成为国民经济增长的新亮点，其规模不断扩大，增速高于国有经济，

工业总产值比重已大于国有经济成分。

在民营企业中，中小企业面临许多困难和问题，特别是与大企业相比，在获得资金、技术、人才和信息等方面面临更多更大的困难，这就使得中小企业在市场竞争中处于劣势。伴随着我国加入世界贸易组织，中小企业面临着更为激烈的市场竞争。2002 年 6 月，第九届全国人民代表大会常务委员会通过《中华人民共和国中小企业促进法》（以下简称《促进法》）。《促进法》是为了改善中小企业经营环境，保障中小企业公平参与市场竞争，维护中小企业合法权益，支持中小企业创业创新，促进中小企业健康发展，扩大城乡就业，发挥中小企业在国民经济和社会发展中的重要作用。《促进法》将服务体系建设作为促进、扶持、服务中小企业发展最有效的手段，重点强调中小企业公共服务和融资服务两大服务体系建设。一是国家建立健全社会化的中小企业公共服务体系。二是支持建立融资服务体系。[①] “融资难”问题一直是中小企业发展的主要障碍，畅通包括普惠金融体系、多层次资本市场体系、担保融资制度、中小企业政策性信用担保体系成为《促进法》的亮点。

## 二、鼓励各种所有制经济共同发展

2002 年 11 月，党的十六大报告强调，“必须毫不动摇地巩固和发展公有制经济；必须毫不动摇地鼓励、支持和引导非公有制经济发展。个体、私营等各种形式的非公有制经济是社会主义市场

① 《中华人民共和国中小企业促进法》，《人民日报》，2002 年 7 月 1 日。

经济的重要组成部分，对充分调动社会各方面的积极性、加快生产力发展具有重要作用”[①]。十六大报告中，有关个体、私营等各种形式的非公有制经济是社会主义市场经济的重要组成部分的表述，是对以往提法的进一步发展和完善，也更凸现了个体私营经济的重要作用。报告还明确指出，“坚持公有制为主体，促进非公有制经济发展，统一于社会主义现代化建设的进程中，不能把这两者对立起来。各种所有制经济完全可以在市场竞争中发挥各自优势，相互促进，共同发展”[②]。这就进一步明确了个体私营经济的地位，为民营经济发展创造了稳定的环境，并为个体私营经济参与公平竞争提出了更为具体明确的措施，从而有利于落实市场经济的基本原则，实现不同所有制经济之间的公平竞争。

2007 年 10 月，党的十六届三中全会通过《中共中央关于完善社会主义市场经济体制若干问题的决定》(以下简称《决定》)，提出“大力发展国有资本、集体资本和非国有资本等参股的混合所有制经济，实现投资主体多元化，使股份制成为公有制的重要实现形式”[③]。《决定》同时强调，“大力发展和积极引导非公有制经济。个体、私营等非公有制经济是促进我国社会生产力发展的重要力量。清理和修订限制非公有制经济发展的法律法规和政策，消除体制性障碍。放宽市场准入，允许非公有资本进入法律法规未禁止进入的基础设施、公用事

① 江泽民：《全面建设小康社会 开创中国特色社会主义事业新局面——在中国共产党第十六次全国代表大会上的报告》，北京：人民出版社，2002 年版，第 25 页。

② 江泽民：《全面建设小康社会 开创中国特色社会主义事业新局面——在中国共产党第十六次全国代表大会上的报告》，北京：人民出版社，2002 年版，第 25 页。

③《中共中央关于完善社会主义市场经济体制若干问题的决定》，北京：人民出版社，2003 年版，第 14 页。

业及其他行业和领域。非公有制企业在投融资、税收、土地使用和对外贸易等方面，与其他企业享受同等待遇。支持非公有制中小企业的发展，鼓励有条件的企业做强做大。非公有制企业要依法经营，照章纳税，保障职工合法权益。改进对非公有制企业的服务和监管”[①]。《决定》极大地拓宽了公有制经济与民营经济融合的空间，在很大程度上为民营经济的长远发展去除了制度障碍。

2005 年 2 月，国务院发布《关于鼓励支持和引导个体私营等非公有制经济发展的若干意见》(以下简称“非公经济 36 条”)，明确提出，“放宽非公有制经济市场准入；加大非公有制经济的财税金融支持；完善对非公有制经济的社会服务；维护非公有制企业和职工的合法权益；引导非公有制企业提高自身素质；改进政府对非公有制企业的监管；加强对发展非公有制经济的指导和政策协调”[②]。可以说，“非公经济 36 条”是我国首部关于非公有制经济发展的全面、系统的政策性文件，标志着民营经济发展的新起点。文件公布后，各地高度重视，积极贯彻落实。截至 2005 年底，全国各省市累计出台贯彻实施意见共计 13 件，相关法规及政策性文件达 200 件以上。同时，国务院相关部门相继出台具体措施和配套办法 17 件，改进政府监督和管理工作，扩大市场准入。民营经济开始向更大的领域发展。[③]

① 《中共中央关于完善社会主义市场经济体制若干问题的决定》，北京：人民出版社，2003 年版，第 14—15 页。

② 《国务院关于鼓励支持和引导个体私营等非公有制经济发展的若干意见》，《人民日报》，2005 年 2 月 25 日。

③ 程路：《中国民营经济 2001—2005》，《中华工商时报》，2006 年 2 月 5 日。

# 第二节　民营经济发展的制度跃迁

## 一、“两个毫不动摇”与“两个平等”

党的十七大继续坚持国家在发展个体私营经济方面的一贯主张，重申“两个毫不动摇”的政策，并且加入了“两个平等”的新内容。“两个平等”指法律意义上物权层面的平等，也是在竞争地位上的平等，同时强调“推进集体企业改革，发展多种形式的集体经济、合作经济。推进公平准入，改善融资条件，破除体制障碍，促进个体、私营经济和中小企业发展。以现代产权制度为基础，发展混合所有制经济”①。把促进个体和私营经济的发展与促进中小企业的发展并列起来。

## 二、促进中小企业健康发展并鼓励民间资本

党中央一如既往地重视民营企业的发展壮大。党的十七大之后，《中华人民共和国物权法》《中华人民共和国反垄断法》等诸多经济方面的法律相继颁布实施，在很大程度上促进了市场秩序的完善。在以往政策和法律法规的基础上，中央又及时出台相关的扶持性政策措施，加大财税、信贷等扶持力度，改善中小企业经营环境，中小企业生产经营出现了积极变化。2009 年 9 月，国务院

① 胡锦涛：《高举中国特色社会主义伟大旗帜 为夺取全面建设小康社会新胜利而奋斗——在中国共产党第十七次全国代表大会上的报告》，北京：人民出版社，2007 年版，第 26 页。

发布《关于进一步促进中小企业发展的若干意见》，强调“中小企业是我国国民经济和社会发展的重要力量，促进中小企业发展，是保持国民经济平稳较快发展的重要基础，是关系民生和社会稳定的重大战略任务”[①]，明确促进中小企业健康发展的相关政策措施。2009—2010 年，国务院相继出台《关于小型微利企业有关企业所得税政策的通知》和《关于进一步做好中小企业金融服务工作的若干意见》，进一步支持民营企业的发展。财政部和国家税务总局决定自 2011 年 11 月 1 日起提高增值税和营业税的起征点。这些政策法规，有利于发挥中小企业在促进市场竞争、增加就业机会、推动国民经济发展和保持社会稳定等方面的积极作用。

2010 年 5 月，国务院颁布《关于鼓励和引导民间投资健康发展的若干意见》（以下简称“新 36 条”），“新 36 条”强调，“鼓励民间资本进入基础产业和基础设施、市政公用事业和政策性住房建设、社会事业、金融服务、商贸服务、商贸流通、国防科技工业六大领域”[②]。“新 36 条”是继 20 世纪 80 年代的家庭联产承包责任制、20 世纪 90 年代实施市场经济体制和实行国有企业改革后，中国民营经济发展改革进程中的又一次重大制度跃迁。切实放宽市场准入，促进公平竞争，激发民营经济发展的活力，标志着中国民营经济发展的制度和政策环境迎来根本性改善。

① 《国务院关于进一步促进中小企业发展的若干意见》，中国政府网，2009 年 9 月 22 日。
② 《国务院关于鼓励和引导民间投资健康发展的若干意见》，《人民日报》，2010 年 5 月 15 日。

# 第四章
# 新时代民营经济的转型升级与高质量发展

▼

世界处于百年未有之大变局，这一态势加速了中国经济发展。我国深入推进新旧动能转换，推动构建全面开放新格局，积极发展混合所有制经济，宏观政策上坚持稳中求进的大背景下，民营经济迎来实现更高质量发展的战略机遇期。中国民营企业深刻认识面临的发展形势，积极把握发展的战略机遇，实现更高质量发展。

## 第一节　民营经济高质量发展迎来战略机遇

我国经济面临增长速度换档期、结构调整阵痛期和前期刺激政策消化期“三期叠加”的前所未有的复杂局面。国际金融危机的深层次影响不断显现，世界经济复苏明显放缓，国内经济下行压力加大，企业生产经营遇到较大困难。中国民营经济加快转变经济发展方式，调整经济结构，转型升级刻不容缓。

## 一、党的十八大以来党中央对非公有制经济制度进一步完善

2012 年 11 月，党的十八大报告提出“要加快完善社会主义市场经济体制，完善公有制为主体、多种所有制经济共同发展的基本经济制度，完善按劳分配为主体、多种分配方式并存的分配制度，更大程度更广范围发挥市场在资源配置中的基础性作用，完善宏观调控体系，完善开放型经济体系，推动经济更有效率、更加公平、更可持续发展”①。概括来讲，党的十八大报告主要从以下四个方面完善了党的非公有制经济理论：第一，提出中国特色社会主义制度的理论，公有制为主体、多种所有制经济共同发展的基本经济制度是中国特色社会主义制度的重要组成部分。第二，以全面建成小康社会为主题，全面建成小康社会的基本要求之一便是完善公有制为主体、多种所有制经济共同发展的基本经济制度。第三，强调保证各种所有制经济依法平等使用生产要素、公平参与市场竞争、同等受到法律保护。第四，非公有制经济领域党建工作受到进一步重视，成为基层党建工作的重要内容。

2013 年 11 月，党的十八届三中全会通过《中共中央关于全面深化改革若干重大问题的决定》（以下简称《决定》）。《决定》以全面深化改革为主题，展开完善基本经济制度的部署，坚持权利平等、机会平等、规则平等，激发非公有制经济活力和创造力，提出

① 胡锦涛：《坚定不移沿着中国特色社会主义道路前进 为全面建成小康社会而奋斗——在中国共产党第十八次全国代表大会上的报告》，北京：人民出版社，2012 年版，第 18 页。

新的一系列发展民营经济的指导方针，将党的十八大关于非公有制经济发展的基本理论进一步完善。具体来讲，《决定》对非公有制经济地位和作用的新认识主要体现在：首先，强调“公有制为主体、多种所有制经济共同发展的基本经济制度，是中国特色社会主义制度的重要支柱，也是社会主义市场经济体制的根基。公有制经济和非公有制经济都是社会主义市场经济的重要组成部分，都是我国经济社会发展的重要基础”①。这一定位为新阶段支持非公有制经济健康发展奠定了理论基础。《决定》还强调“必须毫不动摇鼓励、支持、引导非公有制经济发展，激发非公有制经济活力和创造力”②。这是根据我国经济正处于转型升级关键时期的判断而提出的新指导方针，有利于加快转变经济发展方式，充分释放创新驱动发展新动力。其次，鼓励、支持和引导非公有制经济健康发展的新要求。《决定》提出“建立公平开放透明的市场规则。实行统一的市场准入制度，在制定负面清单基础上，各类市场主体可依法平等进入清单之外领域。探索对外商投资实行准入前国民待遇加负面清单的管理模式”③，并鼓励发展非公有资本控股的混合所有制企业以及有条件的私营企业建立现代企业制度。

2015 年 10 月，党的十八届五中全会通过《中共中央关于制定国民经济和社会发展第十三个五年规划的建议》（以下简称《建

① 《中共中央关于全面深化改革若干重大问题的决定》，北京：人民出版社，2013 年版，第 7—8 页。
② 《中共中央关于全面深化改革若干重大问题的决定》，北京：人民出版社，2013 年版，第 8 页。
③ 《中共中央关于全面深化改革若干重大问题的决定》，北京：人民出版社，2013 年版，第 12 页。

议》)，要求“十三五”规划必须紧紧围绕实现全面建成小康社会的奋斗目标来制定，强调要实现“十三五”时期发展目标，破解发展难题，厚植发展优势，必须牢固树立并切实贯彻创新、协调、绿色、开放、共享的新发展理念。贯彻新发展理念的部署涉及非公有制经济融资、市场准入、公共服务体系建设、结构调整以及行政审批事项等多方面内容，着力部署解决非公有制经济发展中存在的困难和问题。《建议》提出“优化劳动力、资本、土地、技术、管理等要素配置，激发创新创业活力，推动大众创业、万众创新，释放新需求，创造新供给，推动新技术、新产业、新业态蓬勃发展，加快实现发展动力转换”[①]。这有利于稳定创业群体预期，形成良好的创业氛围。党的十八届五中全会鼓励民营企业依法进入更多领域并引入非国有资本参与国有企业改革，更好激发非公有制经济活力和创造力，为我国国有经济与民营经济关系的进一步发展指明方向。

* “三个没有变”即非公有制经济在我国经济社会发展中的地位和作用没有变，我们鼓励、支持、引导非公有制经济发展的方针政策没有变，我们致力于为非公有制经济发展营造良好环境和提供更多机会的方针政策没有变。

## 二、“两个毫不动摇”与“三个没有变”

2016 年 3 月 4 日，习近平总书记出席中国人民政治协商会议第十二届全国委员会第四次会议并发表重要讲话，重申“两个毫不动摇”。同时，他还提出“三个没有变”*。习近平总书记在讲话中再次阐明公有制经济与非公有制经济的相互关系，指出“我们强调把公有制经济巩固好、发展好，同鼓励、支持、引导非公有制经济发展不是对立的，而是有机统一的”，“公有制经济和非公有制经济

① 《中共中央关于制定国民经济和社会发展第十三个五年规划的建议》，北京：人民出版社，2015 年版，第 10 页。

都是社会主义市场经济的重要组成部分，都是我国经济社会发展的重要基础”[①]。习近平总书记强调坚持权利平等、机会平等、规则平等，激发非公有制经济活力和创造力。这次讲话表明了党的一贯立场，回应了社会重大关切，向全社会释放了清晰无误的信号。习近平总书记还从“两个健康”的角度对非公有制经济人士提出要求和期望，他指出，“非公有制经济要健康发展，前提是非公有制经济人士要健康成长”[②]，广大非公经济人士要珍视和维护好自身社会形象，做爱国敬业、守法经营、创业创新、回报社会的典范。

## 三、十八大以来推进非公有制经济发展的具体措施

### （一）加大对小微企业的金融支持

2013 年 8 月，国务院办公厅下发《关于金融支持小微企业发展的实施意见》（以下简称《实施意见》），强调“两个不低于”*的小微企业金融服务目标。《实施意见》从七个方面对小微企业金融支持做出具体要求，即丰富和创新小微企业金融服务方式；强化对小微企业的增信服务和信息服务；积极发展小型金融机构；拓展小微企业直接融资渠道；切实降低融资成本；加大对小微企业金融服务的政策支持力度；全面营造良好的小微金融发展环境。[③]我国后

* “两个不低于”指在风险总体可控的前提下，确保小微企业贷款增速不低于各项贷款平均水平、增量不低于上年同期水平。

① 习近平：《毫不动摇坚持我国基本经济制度推动各种所有制经济健康发展》，《人民日报》，2016 年 3 月 9 日。
② 习近平：《毫不动摇坚持我国基本经济制度推动各种所有制经济健康发展》，《人民日报》，2016 年 3 月 9 日。
③《国务院办公厅关于金融支持小微企业发展的实施意见》，中国政府网，2013 年 8 月 12 日。

续的小微企业金融支持政策基本沿此《实施意见》的部署展开。

2014 年 1 月，中国人民银行联合科技部、银监会、证监会、保监会、知识产权局发布《关于大力推进体制机制创新 扎实做好科技金融服务的意见》，以促进科技和金融的深层次结合为目标，要求大力培育和发展服务科技创新的金融组织体系，鼓励各类金融机构为科技企业提供金融服务。[①]

2015 年 9 月，中国人民银行发布《关于全面推进中小企业和农村信用体系建设的意见》（以下简称《意见》），要求在前期各地工作成效与经验的基础上，全面推进中小微企业和农村信用体系建设。[②]《意见》的提出和贯彻落实有利于改善地区信用环境，助守信，惩失信，推进普惠性金融发展，有利于一定程度上解决中小企业融资问题。

*“三个不低于”即对小微企业贷款增速不低于各项贷款平均增速、小微企业贷款户数不低于上年同期户数、小微企业申贷获得率不低于上年同期水平。

这一阶段，虽然国家相继出台了一系列措施，也取得了一定成效，但融资难依然是民营中小微企业面临的突出问题。2016 年 7 月 1 日，国务院办公厅发布《关于进一步做好民间投资有关工作的通知》（以下简称《通知》），明确提出“三个不低于”*的要求。《通知》强调要坚决查处银行涉企乱收费，运用新技术创新融资模式，满足中小微企业资金需求，推进大型商业银行对中小微企业业务。[③]《通知》把 2013 年的“两个不低于”发展为“三个不低于”，

① 《关于大力推进体制机制创新 扎实做好科技金融服务的意见》，科技部网站，2014 年 1 月 7 日。

② 《中国人民银行关于全面推进中小企业和农村信用体系建设的意见》，人民银行网站，2015 年 9 月 25 日。

③ 《国务院办公厅关于进一步做好民间投资有关工作的通知》，《中华人民共和国国务院公报》，2016 年 20 期。

突出小微企业贷款获得率。

### （二）放宽市场准入，激活民间投资活力

2013 年 5 月，国务院批转发改委《关于 2013 年深化经济体制改革重点工作的意见》，要求清理有碍公平竞争的政策法规，制定政府投资条例、企业投资项目核准和备案管理条例，鼓励社会资本投资城乡基础设施、公共服务项目的政策和相关机制，并指定各项工作任务的责任部门。[①]

2014 年 9—12 月，国家相继发布了《关于推广运用政府和社会资本合作模式有关问题的通知》《关于创新重点领域投融资机制鼓励社会投资的指导意见》《关于开展政府和社会资本合作的指导意见》。这些文件全面地部署了社会资本通过PPP模式进入基础设施及公共服务领域建设经营和获得收益的相关问题，为PPP模式的推广提供了实践指导。

### （三）营改增改革为企业减税

为了建立健全有利于科学发展的税收制度，2011 年 11 月，财政部与国家税务总局联合下发《营业税改征增值税试点方案》，先在上海开展交通运输业和部分现代服务业营改增试点，12 万户企业纳入试点范围，3 个月内整体减轻税负 20 亿元。从 2012 年 8 月开始，交通运输业和部分现代服务业营改增试点范围向其他省市扩大，截至 2013 年 2 月，纳入试点范围的纳税人已超过 100 万户，

① 《关于 2013 年深化经济体制改革重点工作的意见》，《中华人民共和国国务院公报》，2013 年第 16 号。

试点一年减税 426.3 亿元，整体减税范围超 90%，中小企业税负降 40%。[①] 2013 年 5 月，国务院批转发展改革委《关于 2013 年深化经济体制改革重点工作意见的通知》，提出在全国开展交通运输业和部分现代服务业营改增试点。自当年 8 月 1 日起，交通运输业和部分现代服务业“营改增”试点在全国范围内推开。全国试点首月即减税 130 亿元，2013 年营改增试点减税规模超过 1400 亿元。截至 2014 年底，全国营改增试点纳税人共计 410 万户，而且营改增试点已覆盖交通运输、邮政、电信业三大行业和研发技术、信息技术、文化创意、物流辅助、有形动产租赁、鉴证咨询、广播影视等 7 个现代服务业。自 2012 年试点以来，营改增三年累计减税 3746 亿元，超过 95%的试点纳税人因税制转换带来税负不同程度下降。[②]

## 四、构建新型政商关系

### （一）做好非公有制经济人士统战工作

2015 年 5 月，中央统战工作会议在北京举行。会上，习近平总书记指出，促进非公有制经济健康发展和非公有制经济人士健康成长，要坚持团结、服务、引导、教育的方针，一手抓鼓励支持，一手抓教育引导，关注他们的思想，关注他们的困难，有针对性地进行帮助引导，引导非公有制经济人士特别是年轻一代致富思源、富而思进，做到爱国、敬业、创新、守法、诚信、贡献。[③]

---

① 李丽辉、宋嵩：《营业税改征增值税牵一发动全身》，《人民日报》，2013 年 2 月 18 日。
② 吴秋余：《营改增三年减税 3746 亿元》，《人民日报》，2015 年 1 月 29 日。
③《习近平出席中央统战工作会议并发表重要讲话》，中国政府网，2015 年 5 月 20 日。

2015 年 9 月，党中央出台关于统一战线工作的第一部党内法规《中国共产党统一战线工作条例（试行）》（以下简称《条例》），对党的最新统战理论进行详细阐述。《条例》整合规范了党在各领域统战工作的方针政策，关于非公有制经济人士统战工作理论也提升到新的高度。具体来讲，党的非公有制经济人士统战工作的主要内容有四个方面："一是开展理想信念教育，引导非公有制经济人士增强对中国特色社会主义的信念、对党和政府的信任、对企业发展的信心、对社会的信誉；二是引导非公有制经济人士依法诚信经营，了解反映非公有制经济人士诉求，帮助其依照法定程序维护合法权益；三是畅通非公有制经济人士有序政治参与渠道，帮助提高议政建言水平；四是引导非公有制经济人士投身光彩事业和公益慈善事业，积极履行社会责任。[①]"

2016 年 3 月 4 日，习近平总书记在中国人民政治协商会议第十二届全国委员会第四次会议中就构建新型政商关系作出重要阐述，他指出，新型政商关系，概括起来说就是"亲""清"两个字。习近平总书记从领导干部和民营企业家两方主体的角度进一步作出解释：在"亲"这一层面，他强调，"对领导干部而言，'亲'就是要坦荡真诚同民营企业接触交往，特别是在民营企业遇到困难和问题的情况下更要积极作为、靠前服务，对非公有制经济人士多关注、多谈心、多引导，帮助解决实际困难，真心实意支持民营经济发展。……对民营企业家而言，所谓'亲'，就是积极主动同各级党委和政府及部门多沟通多交流，讲真话，说实情，建诤言，满腔

① 《中国共产党统一战线工作条例（试行）》，《人民日报》，2015 年 9 月 23 日。

热情支持地方发展”[1]。在“清”这一层面，习近平总书记强调，对领导干部而言，“所谓‘清’，就是同民营企业家的关系要清白、纯洁，不能有贪心私心，不能以权谋私，不能搞权钱交易”[2]。对民营企业家而言，“所谓‘清’，就是要洁身自好、走正道，做到遵纪守法办企业、光明正大搞经营”[3]。习近平总书记立足全面从严治党的背景，对领导干部和民营企业家两方面提出要求，领导干部不能搞权钱交易，民营企业家要守法经营。

### （二）加强非公有制企业党建工作

2012年5月，中共中央办公厅印发《关于加强和改进非公有制企业党的建设工作的意见（试行）》，对非公企业党建作出全面部署，对组织领导也作出比较详细的规定，要求党委组织部门发挥统筹协调职能，加强对非公企业党建的工作指导，统战、商务、工商、财政、工商联以及纪检等单位要从各自职能出发，协同组织部门开展工作。[4]

截至2012年7月底，全国各类非公企业党组织已覆盖近100万家企业。2013年11月28日，国家工商总局组织召开全国工商系统推进非公有制企业党建工作经验交流会，总结近年来全国工商系统推进非公企业党的建设工作的情况和经验，对新阶段的非公企

① 习近平：《毫不动摇坚持我国基本经济制度推动各种所有制经济健康发展》，《人民日报》，2016年3月9日。
② 习近平：《毫不动摇坚持我国基本经济制度推动各种所有制经济健康发展》，《人民日报》，2016年3月9日。
③ 习近平：《毫不动摇坚持我国基本经济制度推动各种所有制经济健康发展》，《人民日报》，2016年3月9日。
④《关于加强和改进非公有制企业党的建设工作的意见（试行）》，《人民日报》，2017年1月9日。

业党建工作作出部署。要求以推进非公企业特别是个体户、小微企业和专业市场党建工作为重点，抓紧建立党组织，积极推进党的组织和党的工作“两个全覆盖”。

2014 年，中央编办正式赋予工商总局非公党建工作的职能。在此之后，全国工商系统确立了“围绕发展抓党建，抓好党建促发展”的总体思路，把党的建设与企业发展紧密结合起来，既重党和国家的集体利益，也照顾到非公企业发展要求。各地工商部门立足职能，积极推进非公企业党建工作，以身作则，通过本系统内部创先争优的成效推进非公经济主体创先争优。各地工商部门选派得力干部到非公企业担任党建工作指导员，发展壮大企业党员队伍。在指导党建工作中，工商部门采取寻找“口袋党员”、培养入党积极分子、引导流动党员亮明身份等办法提升企业党员意识，对其进行组织整合，增强广大企业党员的组织归属感。

## 第二节　党的十九大对非公有制经济理论的新发展

党的十九大站在新时代的高度，深刻回答了新时代坚持和发展中国特色社会主义的一系列重大理论和实践问题。党的十九大报告就鼓励支持民营经济发展作出许多新的重大论述，为我国民营经济持续健康发展指明了方向。

# 一、党的十九大为民营经济持续健康发展指明方向

## （一）重申“两个毫不动摇”，支持民营经济发展

2017 年 10 月，党的十九大报告指出，“必须坚持和完善我国社会主义基本经济制度和分配制度，毫不动摇巩固和发展公有制经济，毫不动摇鼓励、支持、引导非公有制经济发展”[①]。同时强调，“支持民营企业发展，激发各类市场主体活力”[②]。我国民营经济是改革开放以来在党的方针政策指引下从无到有、从小到大、由弱到强发展起来的。这既表明我们党对民营企业认识的逐步深化，又对民营企业为改革开放和经济社会建设作出的贡献给予充分肯定，是中国特色社会主义道路自信、理论自信、制度自信和文化自信的重要体现，必将激励我国广大民营企业为决胜全面建成小康社会作出新贡献。党的十九大在基本经济制度层面确立民营经济不可或缺的理论定位，将民营经济在社会主义经济发展中的地位提升到前所未有的高度。同时高度重视民营企业和民营企业家的作用。民营企业成为最具活力和创造力的市场主体。随着国家经济改革步伐加快及各项支持政策的出台，民营企业迅猛成长，在推动经济稳定健康发展、促进改革创新、优化产业结构，以及增加就业、改善民生和维护社会稳定等方面的作用与日俱增。

---

① 习近平：《决胜全面建成小康社会　夺取新时代中国特色社会主义伟大胜利——在中国共产党第十九次全国代表大会上的报告》，北京：人民出版社，2017 年 10 月，第 21 页。

② 习近平：《决胜全面建成小康社会　夺取新时代中国特色社会主义伟大胜利——在中国共产党第十九次全国代表大会上的报告》，北京：人民出版社，2017 年 10 月，第 34 页。

## （二）提出要加强对中小企业创新支持与传统产业优化升级

党的十九大报告指出，“深化科技体制改革，建立以企业为主体、市场为导向、产学研深度融合的技术创新体系，加强对中小企业创新的支持”①。随着我国劳动力、土地、资源、原材料等生产要素成本的上升，环境承载能力已经达到或接近上限。我国经济已由高速增长阶段转向高质量发展阶段，正处在转变发展方式、优化经济结构、转换增长动力的攻关期。在这种情况下，传统企业要实现持续健康发展，必须顺应发展大势，结合自身所处的行业发展和企业自身实际，走转型优化升级之路。我国民营企业90%以上是中小微企业。近年来，我国制造业低成本优势逐渐递减，处于价值链低端的产品竞争日趋激烈、产能过剩问题日益突出，依靠技术创新实现提质、增效、升级，成为中小企业发展的必由之路。实践证明，无论是大中型企业还是小微型企业，谁能在技术创新方面取得突破，谁就能率先赢得市场、赢得先机。特别是在全球酝酿新的产业和技术革命的背景下，新兴互联网的产业化、所有产业的互联网化，使各类市场主体站在了同一条起跑线上，谁在技术上获得领先优势，就能迅速发展成为有较强竞争力的企业。当前，世界新一轮科技革命和产业变革正在孕育兴起，许多中小企业充分发挥创新能力强、机制灵活、市场敏锐度高的优势，紧紧依靠技术创新，主动对接国际先进技术水平，在市场比较低迷的情况下，仍显示出较强

---

① 习近平：《决胜全面建成小康社会 夺取新时代中国特色社会主义伟大胜利——在中国共产党第十九次全国代表大会上的报告》，北京：人民出版社，2017年10月，第21页。

的生机和活力。要按照党的十九大精神，引导中小企业加大研发投入力度，努力掌握关键核心技术和自主知识产权，特别是要通过技术创新带动产品创新和生产经营模式创新，努力将价值链向研发、标准制定、销售服务等方面拓展，发挥科技创新在全面创新中的引领作用，不断开发新技术、涉足新领域、推出新产品，通过产品创新引领消费创新。

## （三）进一步激发和保护企业家精神

2017 年 9 月，中共中央、国务院印发《关于营造企业家健康成长环境弘扬优秀企业家精神更好发挥企业家作用的意见》（以下简称《意见》），充分体现以习近平同志为核心的党中央对企业家群体、企业家精神、企业家作用的高度重视。《意见》提出一系列重要理论观点、政策举措和制度安排，把民营企业家作为企业家队伍的重要方面，对做好民营企业家教育引导工作提出了明确要求。[①] 党的十九大报告指出，“激发和保护企业家精神，鼓励更多社会主体投身创新创业。建设知识型、技能型、创新型劳动者大军，弘扬劳模精神和工匠精神，营造劳动光荣的社会风尚和精益求精的敬业风气”[②]。党的十九大报告再次强调激发和保护企业家精神，对于全社会营造尊重企业家、尊重纳税人、尊重创新创业者的良好环境，有效激发市场主体活力，促进经济社会平稳健康发展具有十分

---

① 《中共中央 国务院关于营造企业家健康成长环境弘扬优秀企业家精神更好发挥企业家作用的意见》，《中华人民共和国国务院公报》，2017 年 28 期。

② 习近平：《决胜全面建成小康社会 夺取新时代中国特色社会主义伟大胜利——在中国共产党第十九次全国代表大会上的报告》，北京：人民出版社，2017 年 10 月，第 31 页。

重要的意义。

2018 年 11 月 1 日，习近平总书记在民营企业座谈会上强调，“在全面建成小康社会、进而全面建设社会主义现代化国家的新征程中，我国民营经济只能壮大、不能弱化，不仅不能‘离场’，而且要走向更加广阔的舞台”①。2020 年 10 月，党的十九届五中全会昭示我国即将迈入新发展阶段，并明确提出要加快构建新发展格局。作为深化供给侧结构性改革、推动高质量发展、建设现代化经济体系的重要主体，我国民营经济也要立足新时代，发展新基础，确立新目标，找到新空间，促进自身健康持续稳定发展，为实现中华民族伟大复兴的中国梦作出新贡献。

## 二、新时代民营经济的发展基础与环境发生新变化

### （一）民营经济的发展基础更扎实

进入新时代以来，我国民营经济体量越来越大，实力越来越强，活力越来越足，形成了扎实的发展基础。从企业规模上看，百亿级、千亿级民营大企业增加，在 2020 年中国民企 500 强榜单中，我国已有 10 家民营企业营业收入超过 3000 亿元，高于往年水平，入围门槛突破 200 亿元。② 民营企业的竞争力有了质的飞跃。基于科技发展、政策引导等因素，越来越多的民营企业进入高新技术领域和新兴领域，部分在行业细分领域已处于领跑地位，一些独

① 习近平：《在民营企业座谈会上的讲话》，《人民日报》，2018 年 11 月 2 日。

② 赵展慧、齐志明、韩鑫：《民营经济走向更加广阔的舞台》，《人民日报》，2020 年 11 月 27 日。

角兽企业掌握的关键核心技术，处于国际领先水平。

## （二）民营经济的发展环境发生新变化

党的十九届五中全会通过的《中共中央关于制定国民经济和社会发展第十四个五年规划和二〇三五年远景目标的建议》（以下简称《建议》）指出，“我国发展环境面临深刻复杂变化。当前和今后一个时期，我国发展仍然处于重要战略机遇期，但机遇和挑战都有新的发展变化”[①]。一是国内经济发展步入新常态、新阶段。中国特色社会主义进入新时代，我国社会主要矛盾已经转化为人民日益增长的美好生活需要和不平衡不充分的发展之间的矛盾，为民营经济未来发展提供了重要的时代背景。我国经济由高速增长阶段转为高质量发展阶段，供给侧结构性改革不断深化，全新技术和新兴业态不断崛起，建设现代化经济体系成为我国经济发展的核心任务，为民营经济未来的发展提出了任务导向。[②]“十四五”时期，民营经济必须立足这些新机遇和新挑战，明晰定位，找准方向，才能实现高质量发展。二是国际环境错综复杂。当今世界正经历百年未有之大变局，新一轮科技革命和产业变革深入发展，国际力量对比深刻调整，同时经济全球化遭遇逆流和回头浪，单边主义、保护主义甚嚣尘上。这些都进一步增加了外部环境的不稳定性、不确定性，甚至对全球政治格局和国际关系、全球化进程和全球经济治理体系都

① 《中共中央关于制定国民经济和社会发展第十四个五年规划和二〇三五年远景目标的建议》，北京：人民出版社，2020 年 11 月，第 3 页。
② 高培勇：《深刻认识“我国已进入高质量发展阶段”》，《光明日报》，2020 年 8 月 18 日。

会带来一系列深刻影响。民营经济要实现更高质量、更有效率、更加公平、更可持续、更为安全的发展，就必须坚定扩大对外开放，准确把握国内外形势，抢抓机遇，做好应对新矛盾新挑战的准备，在危机中育先机，于变局中开新局。

### （三）“十四五”时期民营经济发展的新目标

2020年8月，习近平总书记主持召开经济社会领域专家座谈会时强调，“‘十四五’时期是我国全面建成小康社会、实现第一个百年奋斗目标之后，乘势而上开启全面建设社会主义现代化国家新征程、向第二个百年奋斗目标进军的第一个五年，我国将进入新发展阶段。我们要着眼长远、把握大势，研究新情况、作出新规划”[①]。在新发展阶段，中国民营经济继续抢抓机遇，深化转型升级，实现高质量发展，并在社会、政治、文化、生态等方面发挥重要作用，在中华民族伟大复兴进程中作出贡献。

## 第三节　中国大型民营企业向社会企业转变

改革开放以来，我国民营企业不断发展壮大，现已成为社会主义市场经济的重要组成部分和经济社会发展的重要基础。作为社会主义市场经济的重要组成部分和重要基础，民营企业在本质属性上与中国特色社会主义市场经济制度是根本一致的。其中的一个重要

① 《习近平主持召开经济社会领域专家座谈会并发表重要讲话》，2020年8月25日。

表现是，一些大型民营企业正在发展成为社会企业。这类正在向社会企业转变的民营企业和企业家，在内在性质与外在基本特征上，已经与中国过去的一般私营企业与资本家有着十分明显的区别。民营企业向社会企业转变，是现代市场经济与现代公司制度发展规律影响的结果，是中国特色社会主义市场经济制度影响的结果，是中国优秀传统文化与价值观影响的结果。国家与社会，应当高度重视民营企业的变化趋势，高度重视部分民营企业正在进行的逐步向社会企业的转变，高度重视由此给中国经济、政治与社会带来的重大与深远的影响，进而把握好趋势，制定好政策，引导好发展。

## 一、大型民营企业内在性质悄然变化

进入 21 世纪以来，中国民营经济和民营企业家出现了四个大的变化。一是企业家财富积累巨大。二是很多企业家财富观念发生重大改变。很多企业家愿意将财富更多地用于他人、社会。三是很多企业家更加理性地考虑财富安排。面对几十亿元、几百亿元、几千亿元的资产，一些民营企业家正在重新考虑如何更合理与更智慧地安排自己掌握的财富。四是很多企业家投身慈善事业。对于不少大型民营企业的企业家来讲，财富越积累，企业规模越大，用于个人与家庭消费的比例就越小，用于公益慈善、回馈社会的比例就越大。相当一批企业家已经将支持与参与社会公益慈善作为人生重要价值追求。

受上述变化趋势的深刻影响，部分大型民营企业的内在性质与外在基本特征正在悄然发生变化，正在由私人家族性质的企业逐步向社会化性质的企业转变。这种转变，是社会主义市场经济条件下中国大型民营企业发展的一个自然演变结果。这些企业，在本质属性上，与过去的私营企业有重大区别，也与西方私人家族公司有重大区别；但这些企业与人们理解的集体企业又有许多相似之处，也与实行混合制改革的国有控股公司有许多相似之处。这些企业或机构，其分布是跨行业、跨地区的，是全国性的，有的甚至是跨国的。这类企业的社会股东中的法人机构股东，有私营公司法人，有国有控股公司法人，有混合公司法人，有外资企业法人，有境外企业法人，等等。这类社会企业中的不少企业，其股东的公众性、广泛性与社会性，甚至也可以说它的公有性，远远超过一般的集体企业公司，也明显超过市县级的国有控股企业，甚至超过省级一般性国有控股企业。这类企业，若仍将其视为私营企业，用传统的私营经济观念来衡量，已经明显与社会现实不符，与客观发展趋势不符。从某种意义上讲，主要是从企业的公众性、社会性与企业的公有性在相当大程度上具有一致性的意义上讲，这类企业实际上是一种“准公有企业”，是一种“新型的公有制企业”。

## 二、民营企业向社会企业转变的重大意义

中国的民营企业向社会企业转变，是最近十多年才出现的，其范围还限于部分大型民营企业之内，其影响还很有限。但从发展趋势和未来影响来看，这种转变的经济、社会、政治、文化意义重大。

**1. 有利于推进民营企业做大做强、做好做长**

社会企业中公司股权的社会化，从根本上突破了私人（家族）资本的自身内在局限，无限地扩大了企业的资本来源，为私人（家族）企业转变为公司制企业、转变为上市公司、转变为跨国公司创

造了根本条件。社会企业中的公司管理层人员来源社会化，从根本上解决了私人（家族）自身管理人才来源、数量与质量的局限性问题，推动公司内部职能分工合理化、管理专业化与科学化，为公司扩大经营与员工规模、延伸产业链条、多层级系统管理、跨产业跨地区跨国管理创造了根本条件。社会企业中的管理层持股与员工持股，企业利润按股分红，将企业大股东利益与管理层（股东与管理者）利益和员工（股东与劳动者）利益进一步紧密结合，形成利益共同体，为构建和谐的企业内部关系创造了重要条件。社会企业中公司股权的社会化、机构化，以及企业更加注重承担各类社会责任，促进了公司正确处理各种外部关系，包括与社会机构股东关系、商业客户关系、消费者关系、社区关系、政府关系等，进一步形成与他们的和谐社会关系。纵观西方成功的大公司，即做大做强做长的公司，基本上都是社会化程度很高的公司。中国民营企业向社会企业转变的过程，也是走向这样公司的发展过程。

**2. 有利于发展混合经济、优化所有制结构**

中国企业改革的一条重要路径是发展混合经济，即发展混合所有制企业。发展混合所有制企业，既包括国有企业吸收个人资本、私人企业资本、外资企业资本和社会机构资本建立国有控股与不控股但持大股的混合企业，也包括民营企业吸收国有资本、集体资本、外资资本、社会机构资本建立私营控股或无控股者的混合企业。从实质意义上讲，这两类混合企业，都在相当程度上是发展中的社会企业。前者是国有资本吸收各类社会资本，成为国有控股或主导的社会企业，后者是私人资本吸收各类社会资本，成为私人控股或主导甚至是非私人的社会机构主导的社会企业。两类社会企业的发展，都有利于混合经济的发展，有利于优化我国的所有制结构，有利于从根本上消除单一国有制经济与单一私营经济带来的经济社会上的发展问题与矛盾。通过发展混合经济，发展社会企业，今后，中国企业的所有制结构可能是：在国有经济中，国有独资企业是少数，国有控股的混合企业较多，国有不控股但起主要作用或发挥第一重要作用的混合企业更多；在私有经济中，小型企业基本上全是私人独资企业，中型企业多数和部分大型企业是私人独资或控股企业，相当部分大型企业是私人控股的社会企业，还有部分大型企业是私人不控股但起主导作用或发挥第一重要作用的社会企业；在非国有、非私有经济中，相当一部分大型企业是由各类非国家非集体非个人的社会机构控股或起主导作用的社会企业。从长期发展来看，这样的企业所有制结构，是最符合中国社会主义市场经济发展规律与内在要求的最优的企业所有制结构。

**3. 有利于改善社会收入分配关系、缩小贫富差距**

收入分配关系失衡、贫富差距大，是当今中国较为突出的矛盾之一。究其原因，既来源于垄断行业、垄断企业的管理人员与普通正式员工的收入明显高于其他行业、其他企业，也来源于私人企业利润与私人财富的超常快速增长。发展社会企业，通过实行员工持股，推行股权公众化与社会化，使员工能够分享企业利润，使社会公众能够分享企业发展成果，进而提高普通员工与普通社会公众的收入所得，改善社会第一次收入分配关系。

**4. 有利于促进民营企业承担更大社会责任**

追求利润最大化是市场经济条件下私营企业的自然特性，由此带来社会对私营企业的自私性、逐利性的广泛批评。发展社会企业，通过提倡与强化社会企业更大更多地承担社会责任，可以有效地推动私营企业主、公司私人大股东更加注重控股股东利益与其他股东利益，特别是社会小股东利益的一致性，更加注重企业利益与员工利益关系的一致性，更加注重企业利益与社区利益的一致性，更加注重企业利益与社会利益和国家利益的一致性，真正把企业发展利益建立在公平大小股东利益、保障员工利益、增进社区利益、维护社会与国家利益的基础之上。

5. **有利于推动慈善捐赠，发展社会公益事业**

改革开放至21世纪初，中国公益慈善事业发展迅速，民营企业在这方面的表现越来越突出，贡献越来越大，已经成为社会公益慈善捐赠的主体。其中发挥作用大的往往都是正在向社会企业转变的大型民营企业。此类民营企业，比一般民营企业更加重视积极承担社会责任，企业家个人（家族）的财富观、价值观也正在发生重大转变，他们更加看重参与社会公益慈善捐赠对个人（家族）人生价值的提升与实现的重大意义。许多民营企业，特别是正在向社会企业转变的大型民营企业，通过各种形式的企业与个人捐赠，极大地促进了我国社会公益慈善事业的发展，明显促进了社会扶贫事业的发展、农村精准扶贫的实现，从而在改善社会第三次收入分配关系、改变社会贫富差距扩大趋势上发挥着重要作用。

## 三、积极推动大型民企向社会企业转变

大型民营企业向社会企业转变，许多方式、途径与做法还在探索与发展过程之中。国家与社会要积极支持、保护和鼓励社会企业发展，为其健康发展提供良好的环境条件。

1. **高度重视发展社会企业的重要性**

中国部分大型民营企业正在向社会企业转变，前述五个方面的

经济社会意义正在逐步显现，政治、文化与国际意义也将逐步显现。国家有关部门要高度重视、认真研究这一转变过程及其产生的对我国经济、社会、文化政治的重大影响，适应其客观变化趋势与发展规律，及时采取科学政策，予以合理引导。

2. **鼓励民营企业积极推行员工持股制度**

员工持股是民营企业向社会企业转变的重要途径，已经在部分大型民营企业中有了成功的实践。但是，目前民营企业推行员工持股，许多缺乏必要规范，方式方法各种各样，有的办法简单粗糙，有的随意性较强，有的只限少数高管人员持股。为推进国有企业改革，国家出台了国有企业改制中推行员工持股的专门政策。相应地，国家应当根据民营企业的特点，制定民营企业员工持股的相关政策，引导民营企业规范有序地实施员工持股计划。要把员工持股与保持员工队伍稳定结合起来，推动员工在企业长期持股与长期工作。对用员工工资收入购买企业股份进行长期员工持股的，可采取税前抵扣办法予以鼓励。

3. **推动养老金持股大型民营企业**

运用养老金进行公司股权投资，既可保值增值，又可改善公司治理结构。这在西方国家已经有一套成功做法、成熟经验、完整制度，值得我国借鉴。近十多年来，我国养老金对上市公司进行股权投资已经取得重大进展，基本都实现了保值增值。今后，养老金要扩大对大型民营企业的股权投资，一方面，要提高对上市公司中民营企业投资的比重，另一方面，对未上市的长期效益好、信誉佳的知名民营企业，也可进行股权投资。要发挥养老金在支持与推动重点行业关键领域发展中的作用，对一些在产业发展上有重大影响、在关键领域起领航作用的民营企业，可进行较大份额的股权投资。达到一定份额后，还可派出董事，参与企业管理，更大地发挥作用。

4. **鼓励机构投资者持股大型民营公司**

机构投资者投资持股，对扩大公司资本规模、完善公司治理结构、提高公司战略决策水平、稳定公司发展预期等都有重大作用，中外公司发展的历史都证明了这一点。这对正在向社会企业转变的大型民营企业意义尤其重要。除养老基金机构外，国家要制定政策，支持与鼓励国有的产业投资基金机构、社会的风险投资基金机构、各类公募与私募基金机构、各种信托投资机构，参股、持股、持大股，甚至控股大型民营企业，这将进一步降低民营企业的个人（家族）色彩，扩大企业的公众性与社会性，推动企业以更高的眼界、更广的视野、更深的思维谋划企业发展，推动企业做大做强、做好做长。

5. **鼓励国有与民营相互融合建立社会企业**

随着国有企业推行混合所有制改革，部分大型民营企业向社会企业转变，这两类企业相互参股持股、相互融合成新型的混合企业，这也是一种社会企业。它既可突破单纯国有与单纯民营的局限，又可发挥国有与民营各自的优势。这类混合的社会企业，可能是未来中国特色社会主义市场经济微观主体中的重要且活跃的一员。国家要鼓励这类企业的发展，将发展这类企业作为推进国有企业混合制改革和推进民营经济发展的一条途径，提出针对性政策，鼓励其发展。

6. **发挥民营企业在社会公益慈善事业中的重大作用**

民营企业已经成为我国社会公益慈善事业发展的重要主体，在全国公益慈善捐赠中，民营企业已经占有大半壁江山。在民营企业参与社会公益慈善事业中，社会性强、公众性强的民营企业，比起其他一般民营企业，其参与社会公益慈善事业的积极性、主动性往往更高，其实际的贡献力度与额度往往也更大。国家要大力支持与重点鼓励这类民营企业在公益慈善方面发挥更大作用。要允许这类企业比较自由与自主地创办慈善基金、慈善机构，充分尊重其独立自主权、自由发展权，禁止一切非法行政干预。对在公益慈善捐赠中贡献大、影响广、声誉高的企业与企业家，国家与社会要表彰其大善行为，使其享有崇高声誉。

**7. 完善财产继承法律、支持家族财产的社会性承继**

随着社会的发展，特别是社会企业的发展，投身公益慈善事业的企业家将日益增多。个人（家族）和企业涉及的捐赠金额，少则几百万元、几千万元，多则可能几亿元、几十亿元、几百亿元甚至上千亿元。这对个人、家族、社会与国家来说应当是一件大好事情。但是，当前面临着如何科学合理地处理这类事情，比如这类财产，特别是企业股权，如何捐、捐给谁，捐后谁来管、如何管，国家对此应有什么样的支持与监管政策，等等。目前，个人与企业的做法各式各样。作为一个新生事物，应当允许其进行各种形式的探索。作为影响越来越大的一种积极社会现象，要超越家庭财产继承法律的界限，支持与鼓励个人（家族）财产的社会性承继，国家要及时研究与制定支持、保护与合理监管政策，推动其健康发展。

**8. 在社会舆论上支持民营企业向社会企业发展**

在不少大型民营企业已经或正在走向公众化、社会化的今天，要通过各种舆论工具，传播与展示这些企业的发展变化。这些大型民营企业已经与过去的私人企业有重大区别：他们是经济发展的重要贡献者，社会就业的重要贡献者，产业发展的重要贡献者，国家税收的重要贡献者，人民共同富裕的重要贡献者，公益慈善事业的重要贡献者。他们在推动投资公平、分配公平、社会公平上，都发挥着不可替代的作用。

## 第四节　民营经济发展的经验总结与政策建议

### 一、民营企业家财富集聚的主要原因

我国民营经济的快速发展，得益于改革开放；我国民营企业财富的增长，同样得益于改革开放。我国民营企业资产的运用、财富的去向，投资于发展，贡献于国家，总体是走向社会，用之于人民的。

#### （一）民营企业家的主要来源构成

我国民营企业家的主要来源包括：

（1）个体工商户。20 世纪 80 年代和 90 年代，中国个体户大量出现，私营企业也随之出现。1981 年，全国个体工商户 183 万家，户均资金 300 元。当时全国无一家私营企业。1990 年，全国私营企业 9.81 万家，投资者 22.4 万人，户均注册资本 9.7 万元，属于小本经营。2000 年，全国私营企业 176.2 万家，投资者 395.4 万人，户均注册资本 75.5 万元。平均资本经营规模 10 年增长近 7 倍。这 176.2 万家私营企业，老板的主要来源是原来的个体工

商户，部分是乡镇企业改制为私营企业，原厂长经理成了企业老板。总体看，规模以上私营企业，有相当一部分是从个体工商户白手起家者，规模以下私营企业，多半是从个体户起家者。

（2）国有、集体企业厂长经理等管理人员。20 世纪 90 年代中期及进入 21 世纪后，乡镇企业和城镇集体企业大量改制为股份合作制和私营企业。部分国有小企业通过租赁、承包，最后也逐步改制为以厂长经理等管理人员为主要持股人的民营企业。据全国工商联在 21 世纪初的抽样调查，全国私营企业老板中大约有 1/3 的人来自原来的乡镇企业、城镇集体企业和小型国有企业。在此期间，也有部分国有企业、城镇集体企业和乡镇企业的管理人员、技术人员和工人，自己下海经商创业成为民营企业老板。

（3）党政机关及事业单位下海经商人员。20 世纪 90 年代中期至进入 21 世纪后，下海经商潮流兴起，不少国有机关事业单位人员下海重新就业，有的自己创业后成为民营企业老板。

（4）海外归来人员。进入 21 世纪以来，特别是中国加入WTO以后，海外大量的科技人员回国，其中相当大部分进入民营企业，有的人逐步开始自己创业，成为企业老板。目前，相当一部分民营科技企业的企业主与主要合伙人，都是海归人员。

### （二）民营企业家财富积累集聚的主要原因

中国民营企业家财富迅速积累与集聚，主要原因有三个。

#### 1. 抓住两大创富机会

两大创富机会即政策机会与市场机会。改革开放以来的 40 多年，国家对个体私营经济发展和私人合法财产保护的法律政策，从逐步承认，到鼓励支持，再到全面推进。许多个人看到了、理解了、行动了，并且抓住了这一政策机会，投身创业经营，开始并逐步积累财富。

20世纪80年代和90年代，中国经济处于物资相对短缺、市场供不应求时期。中国个体户和民营企业老板，在这样的创业时期，经营企业易买易卖，比较容易赚钱，企业财富容易较快积累。

**2. 付出两大创富劳动**

两大创富劳动即艰辛的创业劳动和智慧的管理劳动。这是中国企业家精神的最大体现。中国的大多数民营企业家，特别是20世纪80年代和90年代兴起的企业家，大多是白手起家，都经过个人极为困难与极为艰苦的创业过程。不少企业家善于学习企业管理、人才管理、技术开发、市场营销等专业知识，将企业规模不断扩大，企业家的管理才能与智慧得以充分展现，企业家管理劳动的市场价值得以迅速提高。

**3. 获得四大创富红利**

四大创富红利即人口红利、资源红利、环境红利和资本红利。人口红利带来大量的低廉劳动成本。中国人口多，劳动力市场供大于求，劳动力价格低廉。因此，在企业生产价值创造的一次分配中，劳动工资成本的比重相对较低，税收比重相对较高，资本利润比重相对更高。

在20世纪80年代至21世纪初期十年的30年间，民营企业家正处在创业的初期和中期，中国的物资供应虽然短缺，但土地与矿产资源相对较多，民营企业从国家和其他单位拿到的土地、矿产等资源的市场价格普遍较低，从国有与集体企业改制时获得的企业资产与资源（机器设备、车间厂房、工厂土地等）的评估价值普遍较低。随着经济发展，中国的土地矿产资源、企业资产与资源的价值大幅度增值，民营企业之前获得的和之后积累的企业资产，随之得以迅速地大幅度地增值。

民营企业充分利用了低廉的环境成本，享受了中国的“环境红利”。中国40多年的经济快速发展，给中国的自然生态环境带来了巨大影响。按照经济学的基本常识，企业生产经营对环境带来的负面影响，即为环境成本，企业应当为此成本支付补偿。但是，由于中国经济的快速发展，人们对环境成本影响和企业应当为此支付补偿的认识，以及环境保护和环境成本补偿政策法律的制定，都滞后于发展，政策法规的执行更是滞后于实际。由此给各类企业，包括民营企业带来了环境红利——企业因少支付甚至不支付环境成本而获得利益。在中国改革发展的40多年的前期和中期，这种环境红利比较大，各类企业都能够获得。由于民营企业的环境负面影响相对较大，其获得的环境红利也相对较多。

在市场经济条件下，投入资本要获得正常利润收入，投入风险资本要获得风险利润收入。国家资本、集体资本、外商资本与个人资本相比较，个人资本的风险更大，其风险收入往往也更大。随着民营企业资本的日益扩大，资本收入和增值也日益扩大，民营企业的资本财富日益积累与集聚，企业家个人的股份日益增值，分红日益增大，个人财富迅速大规模积累。

## 二、民营经济长期发展若干政策建议

### （一）高度重视民营经济发展新影响

一方面，通过调整收入分配制度与政策，在国民收入的一次分配中，下大决心调整劳动工资收入、企业资本利润和国家财政税收三者比重结构，显著提高劳动工资收入的比重，重点是较大幅度地提高低收入人群的工资收入，特别是要扩大民营企业员工的中等收入人群；同时，在国民收入的二次分配中，加大国家财政资金及社会保障资金对社会低收入人群和贫困人员的支出，加大对广大农村中的贫困人群的支出。另一方面，完善法律政策，建立良好制度，形成有效机制，切实发挥国民收入第三次分配的重大作用，引导、鼓励与支持先富起来的人群，主要是民营企业家与企业高管人员，特别是那些十亿、百亿、千亿富豪，合理安排拥有的巨额财富，自觉主动、广泛积极地参与社会公益慈善事业，扶持、帮助社会的弱者、贫者、困者。

当前，中国企业家慈善大行动渐成趋势，其对缩小贫富两个极端差别、调整中国第三次收入分配、推动社会共同富裕、缓解社会阶层矛盾正在并将继续产生重大而深刻的经济、政治、社会与文化影响。有关政府部门要深刻认识其重大的现实意义与深远的历史意义，顺应客观趋势、完善政策措施、采取切实行政行动，推动以民营经济为主的公益慈善事业更广泛、更普遍和更有效地开展。

## （二）根本破除民营企业认识旧观念

充分认识和深刻理解私有经济发展，是中国特色社会主义市场经济的内在要求、客观趋势与必然规律。私有制是万恶之源，建立社会主义，必须消灭私有制，建立公有制，公有制比私有制有无比的优越性。这一观念至今仍深深地影响着人们的价值判断、思维方式与政治意识。不从根本上破除这一观念，就无法消除人们心底对民营经济的负面看法，也就无法消除民营企业家心底对自身未来，特别是财产安全的深深担忧。

国家从法律与政策上已经完全承认并支持保护发展私营经济。但这还远远不够，还要在理论分析、政治判断、道德价值、观念教育和社会舆论上，公开、明确阐述中国发展私营经济，绝不是权宜之计与短期决策，更不是一时之需，而是发展中国特色社会主义市场经济的内在要求、客观趋势和必然规律。

在理论分析上，要系统分析与全面阐述市场经济与社会主义、私有经济与市场经济主体、私有经济与市场竞争秩序、私有经济与市场活力、私有经济与全要素生产效率提高等的内在联系与因果关系。在政治判断上，要从根本上消除简单化的“公优私劣”观念，即公有经济天然优越于私有经济的观念，明确在法律政策范围内一切的公有经济与私有经济，在政治上都是正当的与正义的，都要予以完全的政治肯定；任何一方以任何形式非法侵占对方的利益，在政治上都是非正当的与非正义的，都要予以明确的政治否定。在道德价值上，要从根本上消除人们长期形成的“公好私坏”的固有观念，即公有经济天然好、自然好，私有经济天然坏、自然坏的扭曲道德观念，明确公有经济与私有经济只有经济社会功能不同、作用领域范围不同之分，在道德上无高下之分与好坏之分；公有经济与私有经济，不管是企业、单位，还是企业家与管理人员，违反法律法规政策者、不履行基本社会责任者，违反社会公德者、不遵守基本职业道德者，社会都要予以必要的和严厉的道德谴责。在大众观念教育与社会舆论上，凡是涉及所有制方面的内容中都要明确，合法的公有经济与私有经济，在政治上、法律上、道德上都是公正的、正义的、平等的，二者无高下、优劣、好坏之分，从根本上消除一些人心底里仍然存在的对私有经济的偏见。

在全社会形成一种共识，在社会主义市场经济条件下，私有经济与公有经济，民营企业与国有企业，不仅经济地位与法律地位是平等的，政治地位、社会地位、道德名声、价值评价也是平等的，二者相较，只有功能作用不同，无高下优劣之分。彻底消除旧观念偏见，根本解除企业家担忧，是中国民营企业持续稳定发展、整个国民经济持续健康发展的重要前提条件。

### （三）全面树立民营经济发展新观念

充分肯定私人财产与企业家财富的合法性与正当性。民营企业有原罪，这是不少人潜藏在心底的看法，也是不少民营企业家心中的顾虑。这是中国民营经济政策的合理制定与有效执行的重大障碍，也是民营企业正常经营、顺利发展的一大羁绊。

中国民营企业家财富的来源，合法合规正当，取之有道是主流；违规违法失德，取之无道是支流。中国民营经济的发展，民营企业家财富的积累与集聚，主要得益于国家改革开放政策，得益于中国经济的迅速发展，得益于内外贸市场的开放与需要的扩大，得益于企业家的善抓机遇、艰苦奋斗与智慧管理。同时，也得益于国家政府与整个社会对重要生产性资源价值和环境成本的普遍低估，如低估能源矿产、城乡土地、劳动力资源的价值，低估各类企业、包括民营企业的环境影响等外部成本，从而给各类企业，包括民营企业带来了发展的特殊红利。同时，必须严肃地指出，民营企业与企业家，在其发展与成长过程中，不少人确实存在违法、违规、违章与失德行为，有的还非常严重。

因此要推动全社会广泛形成共识，全面树立新观念，充分肯定改革开放以来私人财产与企业家财富的合法性、合理性与正当性；客观评价民营企业家在财富积累过程中存在各种问题的不合理法律政策制度与机制客观原因，以及部分企业家道德低下的主观原因。要全面贯彻执行中共中央和国务院《关于完善产权保护制度依法保护产权的意见》，对公有产权与私有产权坚持平等保护、全面保护、依法保护基本原则，特别是要妥善处理历史形成的产权案件，审慎把握处理产权和经济纠纷的司法政策，营造全社会重视和支持产权保护的良好环境，切实维护各类企业特别是民营企业的合法权益，广泛建立对涉及产权纠纷的中小企业维权援助机制。

## （四）公正评判民营企业财富新变化

中国民营企业家财富，既取之于民，也主要用之于民。对民营企业的财产，许多人都将其视为完全的私人财产，完全为私人服务。基于此判断，不少人都在政治与道德评判上对民营企业家持自私自利、唯利是图等非常负面的看法。要用客观事实扭转人们的这一不完整不全面，甚至是很不恰当的判断。

要通过分析与公布相关数据，说明民营企业家财富既取之于民，也主要用之于民。第一，在民营企业的财富中，一半以上为负债，也就是别人的财产，主要是银行贷款，而银行贷款主要来自社会。第二，对多数企业而言，企业股权财产中，少则10%～20%，多则70%～80%，更多的则达95%以上，是他人的，包括国家政府的、国有企业的、其他企业与单位的、企业员工的、社会公众的股权财产。第三，民营企业财产首先用于企业生产经营，为市场、为社会、为公众提供产品、提供服务，为新生的与失业的劳动力提供就业机会，为国家为政府提供税收来源。第四，民营企业利润主要用于资本积累，用于再投资再生产，推动企业自身与社会经济持续发展，用于分红给个人的比例不高。第五，民营企业家股权分红与工资收入，部分用于再投资，部分用于储蓄，相当一部分用于公益慈善事业，只有一小部分用于个人与家庭消费。企业资产规模越大，企业家财富用于社会的比例越大，用于个人与家庭消费的比例就越小。

因此，从某种意义上讲，主要从财产的实际使用与去向这种意义上讲，企业家的财产在相当程度上实质也是一种“公产”，它来自社会与公众，主要也用于社会与公众。一般地、普遍地看，企业规模越大，企业家财富越大，其资产财富用之于公就越多，企业家财产的实际公用性质就越高。需要特别指出的是，完全有必要根据中外私有经济和私人企业家财富存在的内涵公用性，进行理论、社会、文化等方面的分析，重新认识西方市场经济国家与中国市场经济条件下，私有经济与私人财富的本质、来源、使用、安排与去向，从根本上调整与改变人们关于私有制的内涵性质与外延范围的传统认识与观念。

### （五）确立民营企业舆论环境新导向

树立百姓致富光荣、企业家致富光荣、企业家慈善光荣的新舆论环境。让部分人先富起来，这句改革开放初期提出的口号一直激励着人们去创业致富。但受传统的完全否定私有制、私有制是万恶之源等观念的影响，同时也受现实中贫富差距的不断扩大，特别是受私营企业及其老板在生产经营、社会活动、个人生活上存在的种种负面问题的影响，人们对私营企业财富仍持异样看法，怨富、恨富与仇富心理到处存在、时时存在。这些负面看法，严重影响政府决策与管理，严重影响企业家经营与慈善行为。

要改变部分人的非客观的片面的看法，进一步改善舆论环境，确立舆论新导向。只有民富才能国强，强国梦首先是民富梦。要推动实现百姓致富梦，宣传劳动致富、创业致富、创新致富。要支持实现企业家致富梦，对千百万个体户与小微企业通过创业创新实现小康小富的良好事迹要宣传，对大量中小型企业通过创新创造实现中富大富的良好事迹要宣传，对部分大型企业通过更大范围更深层次更高水平的创新创造实现大富巨富的良好事迹也要宣传。广大百姓通过劳动致富是光荣的，大大小小的企业家通过创业创新创造致富也是光荣的，一切通过合法途径、辛苦劳动、创新创造的致富与大富都是光荣的。

要广泛与大量宣传公益慈善事业对国家发展、对社会进步、对民众生活、对穷人解困的重大作用与重大意义。支持的企业家广泛参与社会公益慈善活动，特别要支持那些大企业家积极带头，更多更深地参与社会公益慈善活动，带动实现共同富裕的中国梦。企业家公益光荣、企业家慈善光荣，要逐步形成全社会尊重与赞扬企业家公益慈善行为的良好风气。

## （六）推动树立民营企业发展新典范

积极引导民营企业家耗财有度、散财有方、慈善有为。长期以来，中国百姓受过去某些舆论宣传影响，许多人至今对民营企业家持根本性的怀疑与否定态度。加之确实有一些企业家富人及其子女，经营违法违规，严重影响了民营企业家在普通百姓中的形象。

想要扭转这一现象，必须从正面鼓励、推动和倡导民营企业家及其家人，要富不忘本、饮水思源、洁身自好、对己对人负责。为此，既要挖掘、研究和适度宣传中国历史上为人们公认的洁身自好的富商兼慈善家的财富观、财富管理理念与历史故事，也要研究西方国家如美国历史上的卡内基、当代的比尔·盖茨与马斯克等世界知名的大企业家兼大慈善家的财富观、财富管理理念与财富安排的生动故事，为中国企业家树立比较、参考与学习的榜样与典型。

与此同时，在全国的民营企业家中树立新型典范，向公众推介、宣传那些聚财有道、用财有智、耗财有度、散财有方、行为有德、生活有节、交往有规的民营企业家。对那些已经或正在准备在有生之年，将自己的部分财产甚至全部财产贡献出来用于社会公益慈善事业的企业家，国家、政府、社会和民众要予以更多更大的称赞与宣扬。通过树立新典范，引导广大民营企业家，不仅要有管理企业之方、公益慈善之为，也要有内心约束之法，还要有社会良好声誉之评。

建立必要的制度与机制，授予领先参与社会公益慈善事业的民营企业家特殊荣誉称号。中国人十分注重社会声誉，发财致富的民营企业家更是如此。目前，专门针对民营企业家的荣誉称号是优秀中国特色社会主义事业建设者，全国每两年评选一次，这是对民营企业家的一个综合性评价荣誉，对民营企业家起到了良好的鼓励与引导作用。为适应中国慈善事业发展需要，国家和社会应当针对社会个人尤其是民营企业家积极参与社会公益慈善事业，设立专门的荣誉称号。对那些在全国或某一地区、某一领域、某一事业进行大额捐赠（财物捐赠额度大）、大比例捐赠（占个人与企业财产比例较高）者，由各级政府、社会组织向其颁发特殊荣誉称号，如某某年度中国慈善家、某某市慈善家、某某行业或领域慈善家、某次重大公益活动慈善家，等等。通过这种制度性与机制的荣誉宣传，让民营企业家普遍以积极参与社会公益慈善为荣，并成为自觉行动，让社会民众普遍对企业家慈善家发自内心地赞扬与崇敬。

### （七）不断制定民营经济发展新政策

推动和鼓励民营企业家更加合理地、更加智慧地使用与管理自身拥有的巨大财富。面对我国迅速增长的富人数量和迅速积累的巨额财富，特别是面对民营企业家如何合理与智慧地进行财富安排，在许多方面国家更是缺少相关的适用法规、政策与管理办法。虽然国家有了《民法典》等基本法律，近期又出台了《慈善法》，但在企业家个人与家族财富的继承、转移、馈送、捐赠、出入境等财富安排方面，如何既能合理有效地予以保护与鼓励，又能合理地予以引导与监督，都缺乏相应的操作性法规、政策与良善措施。

结合《慈善法》实施，应抓紧制定与此相应的有关配套法规与政策，使《慈善法》能尽快落到实处。中国慈善法出台后，要尽早制定中国的财产继承法、财产馈送捐赠法、中国公民财产出入境法、奢侈品消费法等法律法规，为企业家合理、智慧与有效地进行财富使用与管理提供更健全完善的法律规范。在相关基本法律制定与推行之前，可适时制定相关的暂行政策，为企业家合理、智慧与有效地进行财富使用与安排提供及时的政策指导。

### （八）全面放开民企发展准入条件

允许民营企业和企业家自由自主建立各类社会慈善公益组织。进入 21 世纪以来，中国的慈善事业之所以发展迅速，一个主要原因是民营企业家成为慈善事业发展的主力军。大量企业家参与社会公益慈善活动，向有关慈善机构、社会组织和个人等捐赠财物，特别是有不少企业和企业家，开始自己建立独立的慈善机构直接参与社会公益慈善事业。对企业家的慈善捐赠行为，要以积极鼓励、大力支持与有序引导为主，兼顾规范与监督，推动更多的企业家积极参加社会公益慈善事业。

在积极实施中国慈善法的过程中，调整、修改有关基金会的法规与政策，全面放开慈善公益类民间私募与公募基金组织的建立，允许有条件的民营企业创办独立的公益慈善机构，独立运行，自主管理，举办公益慈善活动，开展公益慈善项目活动。特别要学习与借鉴香港慈善基金组织的法规与管理办法，在立法立规并依法适度监督的前提下，放开民间个人与企业创办与建立慈善基金及相关组织，放开其合法的公益慈善活动。要进一步简化公益慈善机构组织的申办资格条件，凡是民间私立公益慈善基金会，均可在民政部门登记成为非营利组织，并可依法享受相关政策优惠。

国家既要积极支持政府类社会公益慈善组织机构广泛开展活动，同时也要积极支持非政府类，特别是民间类、民营企业类社会公益慈善组织机构的自主建立与正常开展活动，要对这两类公益慈善机构组织一视同仁、平等支持、公平对待与公正监管，既推动其独立开展活动，又推动其相互联合、共同协作开展活动。

综上所述，经过40多年的发展，我国民营经济已经站在了一个新的起点上。回望历史，如果说前40年我国民营经济处于初始和摸索阶段，其重点是快速发展问题，依靠的主要是改革开放的政策推动，那么，未来我国民营经济则将进入一个新的发展阶段，解决的是可持续高质量发展的问题。中国特色社会主义进入新时代，我国经济发展进入新常态，我国民营经济也将经受一系列不容忽视的新挑战。对于新时代我国民营经济发展存在的困难和问题，我们要有全面、清醒、正确的认识。

首先，这是发展中的问题，没有我国民营经济的大发展，就没有这些新情况、新问题和新矛盾，换言之这些都是民营经济“成长中的烦恼”。其次，这是我国整体经济发展的体现，当一个国家经济总量达到一定规模、发展到一定阶段后，必然产生一系列问题。习近平总书记提出“创新、协调、绿色、开放、共享”的科学发展理念，正是针对新时代我国经济发展中出现的新问题、把握世界经济发展的新规律而作出的正确决策。

展望未来，新时代我国民营经济发展面临的机遇大于挑战，并将取得更为辉煌的成就。

## 主要参考资料


1. 中国科学院经济研究所、中央工商行政管理局.《资本主义工业的社会主义改造》[M]. 上海：三联书店，1960.
2. 董边、镡德山、曾自.《毛泽东和他的秘书田家英》[M]. 北京：中央文献出版社，1990 年.
3. 陈继安.《邓小平谈邓小平：从邓小平自述谈起》[M]. 湖北：湖北人民出版社，1995.
4. 黄孟复.《中国民营经济发展报告》[M]. 北京：社会科学文献出版社，2004.
5. 黄孟复.《中国民营经济史纪事本末》[M]. 北京：中华工商联合出版社，2010.
6.《中国共产党第十八届中央委员会第三次全体会议文件汇编》[M]. 北京：人民出版社，2013.
7. 王钦敏.《民营经济蓝皮书：中国民营经济发展报告》[M]. 北京：社会科学文献出版社，2014.
8.《中华人民共和国国民经济和社会发展第十三个五年规划纲要》[M]. 北京：人民出版社，2015.
9. 陈永杰.《民营企业发展与混合经济改革》[M]. 浙江：浙江大学出版社，2016.
10. 中华全国工商业联合会.《中华全国工商业联合会简史》[M]. 北京：中华工商联合出版社，2017.
11. 方晋.《查尔斯河畔论中国崛起》[M]. 北京：中信出版社，2017 年.
12. 高云龙.《中国民营经济发展报告》[M]. 北京：中华工商联

合出版社，2018.

13. 庄聪生.《中国民营经济四十年：从零到“五六七八九”》[M]. 北京：民生与建设出版社，2018.
14. 北京大成企业研究院.《中国民营经济 70 年大事记》[M]. 北京：中华工商联合出版社，2019.
15. 张志勇.《民营企业四十年》[M]. 北京：经济日报出版社，2019.
16. 胡德巧.《中国促进民营经济发展政策》[M]. 北京：中国经济出版社，2020.
17.《中华人民共和国国民经济和社会发展第十四个五年规划和 2035 年远景目标纲要》[M]. 北京：人民出版社，2021.
18. 北京大成企业研究院.《走向共同富裕：民营企业向社会企业转变研究》[M]. 北京：社科文献出版社，2022.

CHINA'S REFORM AND OPENING UP

第二部分

# 史料篇

# 政策法规

▼

## 中共中央关于印发进一步加强和完善农业生产责任制的几个问题的通知[①]

（一九八〇年九月二十七日）

**各省、市、自治区党委，各大军区、省军区、野战军党委，中央各部委，国家机关各部委党组，军委各总部、各军兵种党委，各人民团体党组：**

中央最近召开的省市区第一书记座谈会上，讨论了加强和完善农业生产责任制问题，并写出了讨论纪要。中央同意纪要的各项意见，现发给你们，望及时组织传达讨论，澄清思想，统一认识，结合当地具体情况贯彻执行，以利于动员广大农村干部和群众，做好工作，发展农业生产。

---

①《中共中央关于印发进一步加强和完善农业生产责任制的几个问题的通知》，新华网，2007年6月13日。

# 关于进一步加强和完善农业生产责任制的几个问题

（一九八〇年九月十四日至二十二日，各省市区第一书记座谈会纪要）

一、党的十一届三中全会以来，全国各地清除极左路线的影响，落实中央两个农业文件，从价格、税收、信贷和农副产品收购方面调整了农业政策，适当地放宽了对自留地、家庭副业和集市贸易的限制。特别是尊重生产队的自主权，因地制宜地发展多种经营，普遍建立各种形式的生产责任制，改进劳动计酬办法，初步纠正了生产指导上的主观主义和分配中的平均主义。这些措施，有效地调动了农民的积极性，使农业生产得到比较迅速的恢复和发展，绝大多数农民的收入有所增加，农村的形势越来越好。

我们今后的任务，仍然是坚定地沿着党的三中全会确定的路线、方针、政策继续前进，研究新的情况，解决新的问题，争取农业生产的全面高涨和农民生活的逐步富裕，实现农业现代化。

二、集体经济是我国农业向现代化前进的不可动摇的基础。它具有个体经济所不能比拟的优越性，这是二十年来农业发展的历史已经证明了的。全国解放以后，我们党领导广大农民实现了两项具有深远意义的伟大的社会改革。首先是消灭封建制度，实行土地改革。其次是在这个基础上，对小农经济实行了社会主义改造，引导几亿农民走上了集体化的道路。这就为工农联盟奠定了新的基础，解放了农村生产力，引导农民进入了农业社会主义建设的新阶段。

我国的农业集体化虽然经历过一些曲折和发生过一些失误，但总的说来，成就是主要的。我们说的曲折和失误，主要是在指导农业集体化的过程中，一则未能始终一贯地严格按照群众自愿互利原则办事，不少地方采用政治强制和行政手段多，示范和吸引的办法少；二则未能始终一贯地执行因地制宜，分类指导，循序渐进的正确方针，搞了一刀切、一锅煮的错误做法。这些问题，建立高级农业合作社的阶段在一部分地区已经出现，而人民公社化运动中，又在更大程度和更大规模上发展了，形成全国性的“共产风”“浮夸风”“瞎指挥风”，带来较大的损失。针对这些情况，党中央和毛泽东同志对农村人民公社的体制和政策进行了几次调整，才使集体经济逐步稳定下来。现在，经过了二十多年的努力，农村集体经济在多数地方已经得到巩固，农业集体化的方向已为广大农民所认识和拥护。在农业集体化的基础上，农业生产力有了较大的提高，农业的生产条件有了初步改善。目前，全国灌溉面积已有七亿亩，大中型拖拉机六十多万台，各种农业机器总动力一亿八千万马力，社队公共财产八百多亿元，社队企业总产值已占农业总产值的三分之一。主要依靠集体经济，农业生产不断提高，农业总产值比合作化初期增长两倍以上，农民生活也有所改善，社会主义工业化及其他各项事业的发展也得到必要保证。在我国条件下，不能设想可以在一家一户的小农经济的基础上，建立起现代化的农业，可以实现较高的劳动生产率和商品率，可以使农村根本摆脱贫困和达到共同富裕。因此，毫无疑问，农业集体化的方向是正确的，是必须坚持的。

当然，我们还要看到，由于集体化运动中的缺陷，由于有极左路线的干扰，由于很长时期党的工作重点没有转移到经济建设上来，目前集体经济的物质技术基础还是比较薄弱的，人民公社的体制、结构方面也存在需要改革和完善的问题，经营管理工作更是一个突出的薄弱环节。特别是在贯彻按劳分配原则和建立健全生产责任制方面，长期没有重大的改进和突破。这就使得农民的社会主义积极性受到压抑，集体化的优越性未能充分发挥。在少数落后贫困地区，因为集体经济没有办好，甚至使人们动摇了对农业集体化的信心。我们必须正视这些问题，积极地逐步地解决这些问题。在当前，应当把改善经营管理，贯彻按劳分配，加强和完善生产责任制，当做进一步巩固集体经济、发展农业生产的中心环节，下苦功夫，抓紧抓好。

三、在党的三中全会的精神鼓舞下，两年来，各地干部和社员群众从实际出发，解放思想，大胆探索，建立了多种形式的生产责任制，总结起来可分为两类：一类是小段包工，定额计酬；一类是包工包产，联产计酬。实行结果，多数增产，并且摸索到一些新的经验。特别是出现了专业承包联产计酬责任制，更为社员所欢迎。这是一个很好的开端。各级领导，应当和广大群众一道总结正反两个方面的经验，帮助社队把生产责任制加以完善和提高，把集体经济的管理工作，大大推进一步。

四、我国地区辽阔，经济落后，发展又很不平衡，加上农业生产不同于工业生产，一般是以手工操作为主，劳动分散，生产周期较长，多方面受着自然条件的制约。这就要求生产关系必须适应不同地区的生产力水平，要求农业生产的管理有更大的适应性和更多的灵活性。在不同的地方、不同的社队，以至在同一个生产队，都应从实际需要和实际情况出发，允许有多种经营形式、多种劳动组织、多种计酬办法同时存在。随着生产力水平的提高，这些办法和形式，不同时期又会有相应的发展变化。因此，凡有利于鼓励生产者最大限度地关心集体生产，有利于增加生产，增加收入，增加商品的责任制形式，都是好的和可行的，都应加以支持，而不可拘泥于一种模式，搞一刀切。

五、专业承包联产计酬责任制，就是在生产队统一经营的条件下，分工协作，擅长农业的劳动力，按能力大小分包耕地；擅长林牧副渔工商各业的劳动力，按能力大小分包各业；各业的包产，根据方便生产、有利经营的原则，分别到组、到劳力、到户，生产过程的各项作业，生产队宜统则统，宜分则分；包产部分统一分配，超产或减产分别奖罚，以合同形式确定下来当年或几年不变。

这种生产责任制，较之其他包产形式有许多优点：它可以满足社员联产计酬的要求，稳定生产队的经济主体地位，把调动社员个人的生产积极性和发挥统一经营、分工协作的优越性，具体地统一起来；有利于发展多种经营，有利于推广科学种田和促进商品生产；有利于人尽其才，物尽其用，地尽其力；有利于社员照顾家庭副业，对四属户和劳弱户的生产和生活便于做适当的安排。这种形式，既适用于现在的困难地区，也能随着生产力的提高和生产项目的增加，向更有社会化特点的更高级的专业分工责任制发展。

还有一些从事农业的生产队，在原来田间管理、责任到人的基础上，发展为联系产量计算奖赔，这也具有专业承包联产计酬责任制的某些优点，而且干部、群众比较熟悉，乐于接受。

在江、浙、东北等省区以及大城市郊区的一些社队，多种经营比较发达，机械化水平较高，有的已突破生产队范围，以生产大队为单位实行按专业承包联产计酬责任制，这就是一种新的发展。

各地应当根据群众自愿，加以引导，因地制宜地逐步推广以上各类形式。同时，帮助完善各项制度，解决发展中可能出现的问题。

六、当前，在一部分省区，在干部和群众中，对于可否实行包产到户（包括包干到户）的问题，引起了广泛的争论。为了有利于工作，有利于生产，从政策上做出相应的规定是必要的。

我国多数地区集体经济是巩固的或比较巩固的；但也有一些地区，主要由于左倾政策或其他领导工作上的原因，集体经济没有办好，生产力水平依然很低，群众生活十分困难。根据这种情况，对于包产到户应当区别不同地区、不同社队采取不同的方针。

在那些边远山区和贫困落后的地区，长期“吃粮靠返销，生产靠贷款，生活靠救济”的生产队，群众对集体丧失信心，因而要求包产到户的，应当支持群众的要求，可以包产到户，也可以包干到户，并在一个较长的时间内保持稳定。就这种地区的具体情况来看，实行包产到户，是联系群众，发展生产，解决温饱问题的一种必要的措施。就全国而论，在社会主义工业、社会主义商业和集体农业占绝对优势的情况下，在生产队领导下实行的包产到户是依存于社会主义经济，而不会脱离社会主义轨道的，没有什么复辟资本主义的危险，因而并不可怕。

在一般地区，集体经济比较稳定，生产有所发展，现行的生产责任制群众满意或经过改进可以使群众满意的，就不要搞包产到户。这些地方领导的主要精力应当放在如何把集体经济进一步加以巩固和发展上。已经实行包产到户的，如果群众不要求改变，就应该允许继续实行，然后根据情况的发展和群众的要求，因势利导，运用各种过渡形式进一步组织起来。

上述不同地区如何划分，由各省、市、自治区认真调查研究，按当地社队的状况确定。

对于包产到户的社队，应当经过工作，通过群众讨论，做到以下几点：（1）要保护集体财产，不可拆毁平分，迅速确定林权，禁止乱砍林木；（2）重申不准买卖土地，不准雇工，不准放高利贷；（3）对军烈属、五保户和其它困难户，要有妥善的照顾办法；（4）原有为群众欢迎，经济效果好的某些集体经营的生产项目要尽可能保留；（5）生产队和社员要严格履行各自承担的各项义务，债务债权应清理安排；（6）必须保持生产队的组织，加强基层党组织的核心作用。

七、要尽力做好那些经济水平和管理水平属于中间状态的社队的工作。这类社队为数很大，约占百分之五十以上。它们内部不稳定的因素很多，容易接受外部影响，只有把这类社队的工作加强，才能稳定全局。

一部分地区长期困难和一部分社队没有办好，原因是多方面的，不要限于用包产到户一种办法去解决。有的需要从多方面调整政策，减轻负担，把多种经营搞活；有的要逐步改善生产条件，改善交通储运条件；有的要调整社队规模、精简机构和整顿领导班子；有的要适当扩大自留地等社员个人辅助经济的比例等等。总之，要对症下药解决问题。

八、要充分发挥各类手工业者、小商小贩和各行各业能手的专长，组织他们参加社队企业和各种集体副业生产，少数要求从事个体经营的，可以经过有关部门批准，与生产队签订合同，持证外出劳动和经营。要继续鼓励社员发展家庭副业，以活跃繁荣农村经济。

九、党在农村实行任何一种政策，开展任何一项工作，都必须照顾农民的经济利益和尊重农民的民主权利。在建立健全生产责任制的工作中，违背当地群众愿望，强制推行一种形式，禁止其它形式的做法是错误的。要把坚持党的领导，同尊重社队自主权统一起来，既要发扬民主，又要善于引导。要把扩大社队自主权同加强社员民主管理结合起来，充分发挥社员代表会议和各级管理委员会的职能，一切关系社员利益的重大事项，包括建立生产责任制在内，都要经过民主讨论，由集体做出决定。

十、要加强党的领导，改善领导作风。全党同志都应当懂得，改造小生产者的思想和习惯，是一个长期而艰巨的任务，需要花一整代甚至几代的时间，经过大量地深入细致的思想政治工作和扎扎实实的经济工作才能完成。任何强迫命令的作法都是无效的、有害的。要善于运用说服教育、典型示范和经济引导的方法，不断提高农民的社会主义觉悟，密切同农民的联系。

十一、要认真训练干部，培养一大批懂得党的政策、政府法令，通晓社会主义集体经济经营管理的人才。各级从事农业工作的干部，特别是县社干部，都要深入钻研业务，不断实践，尽快使自己成为管理社会主义集体经济的内行。

十二、今冬明春，各省、市、自治区要把建立健全生产责任制和进一步搞好劳动计酬当做一项重要任务，同冬季生产和灾区的生产救灾工作统一安排。上述各项原则和方针，各省可根据当地实际情况执行。总的要求是做到稳定大局，发展大好形势，争取一九八一年农业的丰收。

# 国务院关于社队企业贯彻国民经济调整方针的若干规定[①]

（1981 年 5 月 4 日）

社队企业对于利用和发展地方资源，安排农村剩余劳动力，巩固壮大集体经济，增加社员收入有明显效果；对于逐步改变农村和农业的经济结构，支援农业发展，促进小集镇建设，起了积极作用；对于发展商品生产，活跃市场，扩大出口，增加国家财政收入也作出了贡献。社队企业已成为农村经济的重要组成部分，符合农村经济综合发展的方向。

当前社队企业存在的主要问题是：在发展中存在盲目性，对发挥经济效益和充分利用资源的注意力不够；在利润使用上生产队和社员直接得到的经济利益偏少；还有不少企业财务管理混乱，不正之风比较严重。

社队企业必须贯彻中央关于国民经济实行进一步调整的方针，从宏观经济的要求出发，根据社队企业的特点和存在的问题，进行认真的调整和整顿。

一、社队企业关系到农民的经济利益，关系到近三千万人的就业，关系到一些不可缺少的市场商品供应的问题。既要坚决服从全局进行调整，又要尊重社队的自主权，必须采取慎重步骤，做好调查研究，分别情况，发挥它的积极作用，限制消极因素，发展短线，压缩长线，使其健康地发展。调整中要发挥财政、信贷、税

---

① 《国务院关于社队企业贯彻国民经济调整方针的若干规定》，《中华人民共和国国务院公报》，1981 年 09 期。

收、物价的监督和调节作用。凡不与现有大厂争原料，产品有销路、经营有盈利的企业，均不应强制关停。

在调整整顿中，对少数民族地区、山区、边远地区和贫困地区的社队企业，尤应给予照顾和扶持。

二、以县为单位，结合国营企业和大集体企业，统一规划，合理布局。也可参加全国或地方行业组织，接受共同制定的供产销计划。

社队企业要因地制宜，积极开发和充分利用资源，努力发展消费品生产。要以种植业和养殖业为基础，发展为农业生产、为人民生活、为小集镇建设、为大工业、为外贸出口服务的生产性行业和生活服务性的事业，特别是传统的劳动密集型行业、能源工业、原材料工业和建筑材料工业。在少数民族地区，社队企业要注意发展当地特需产品的生产。

社队企业要促进与带动社员家庭副业、手工业以及社员合伙经营的工副业生产事业的发展。

三、对实行统购和派购的农副产品，国家对各省、市、自治区要规定调拨基数，对社队要逐步推行收购合同制。社队必须保证完成合同或基数规定的任务。完成任务以后的多余部分，按国务院有关规定，有的还要卖给国家；有的也可同国营企业实行经济联合或交国营企业加工返还利润或产品；有的可自行加工和销售。今后，凡国营企业加工能力有剩余的，社队不再办同类企业和扩大加工能力；凡以农副产品为原料、宜于农村加工的，国家一般也不再在城市建新厂和扩大加工能力，应按经济合理原则，着重扶助发展集体所有制的加工业。

四、社队棉纺厂、卷烟厂、小盐场应停止发展。已建成的卷烟厂要停产或转产。棉纺厂除已纳入国家供产销计划和接收来料加工以及利用废棉者外，也要组织转产。已建小盐场要整顿提高，土盐应停止生产。小制药厂生产的药品，要经有关部门鉴定，不符合标准的，要坚决停止生产。皮毛制革厂应充分利用社会废旧资源，搞好来料加工，或用留成原料同大厂联合办厂，实行集中处理原料，分散加工成品的办法。小酒厂要进行调整，利用饲料粮酿酒要控制，以县为单位计算，不要超过饲料的百分之二十。

五、社队企业的机械加工业，要重点搞好中、小农具生产和农机具维修，保证农业生产的需要；或同大工业协作配套，生产零部件；也可为科研单位服务，试制新产品。无销路的要有计划地搞好转产。

六、社队的采矿业要进行整顿。要合理布点，有计划地开采，禁止乱挖滥采，不得破坏资源。对不具备生产条件的要进行技术改造，一时改造不了的，要坚决停产。技改费用要按规定提取，用于社队矿的技术改造，不准挪用，国拨物资不准克扣。对于矿产资源有争议的，要统筹兼顾，合理安排。

七、社队企业要按照国务院〔1980〕172号文件《关于推动经济联合的暂行规定》，适应经济发展的客观需要，因地制宜地组织和参加多种形式的联合。发展县、社队同行业联合，统一安排供产销。搞好地区间的联合，发挥各自的优势，求得共同的发展。各种形式的经济联合，要保持各自的所有制和独立核算不变。

社队企业目前要特别注意同生产队结合，使社员分享经济成果，以加强社队企业的群众基础。

对社员家庭手工业、种植业、养殖业和社员合伙经营的工副业生产，要在良种供应，技术指导和供销方面进行联合并给予扶植。

有条件的地方，要积极试办农工商联合企业（牧工商、林工商、渔工商）。通过联合，合理调整企业布局。

八、发挥工商行政管理部门的监督作用。社队所办企业，由县以上社队企业主管部门根据管理权限审查同意；工商企业要按规定报工商行政管理部门核发营业执照，否则不准开业。

九、加强社队企业基本建设的管理。当前的工作重点是，充分发挥现有企业的潜力，搞好挖革改。对新建项目，要量力而行，从严掌握，不同行业、不同规模实行分级管理，具体办法由各省、市、自治区制定。对现有基建项目要进行清理，不具备基建条件或严重污染环境的要停建或改建。对合乎条件的要重新报批。今后新建项目要严格按照基本建设程序办事，发挥财政、信贷的监督作用。

十、社队企业的发展，要和小集镇的建设结合起来，统一规划，合理布点，适当集中。在发展工业生产的同时，发展各种文化福利事业和生活服务行业，逐步使小集镇繁荣起来。

新建企业，要充分利用集镇闲散土地，尽量不占耕地，不占好地。基建用地要从严掌握，由各省、市、自治区社队企业局根据不同行业和生产规模制定基建占地限额，按审批权限的规定报请批准，并付给土地补偿费。占地过多或占地未用的，要退还生产队。

十一、社队企业要认真执行国务院关于严格控制物价、整顿议价的通知和各省、市、自治区的有关规定。今后商品销售价格的变动，要按照物价管理权限报请批准。严禁投机倒把，哄抬物价，粗制滥造，以次顶好、牟取暴利。

十二、社队企业要根据国务院〔1981〕19 号文件《关于调整农村社队企业工商税收负担的若干规定》，照章纳税，不许巧立名目，弄虚作假，偷税漏税。

十三、各省、市、自治区可以选择若干厂（场），进行社队企业体制改革的试点，改社办社有、大队办大队有为生产队联办的集体企业。目前主要是调整公社、大队和生产队、社员的关系，增加社员的实惠；调整公社、大队和企业的关系，扩大企业自主权。

十四、社队企业的经营管理要认真、普遍地进行整顿。社队企业的生产方向，新建或扩建企业，利润的分配和使用等重大问题，都要由代表会或股东会讨论决定。加强企业民主管理，发挥职工监督作用。

企业的人事制度和劳动管理，要坚持亦工亦农制度。用人要经过考核，择优录用，不许安插私人；对技术性较强行业的从业人员，要保持稳定，以利于改进管理和提高技术水平；推行严格的生产责任制，贯彻按劳分配政策，把企业的经营成果同职工的物质利益结合起来。

实行经济核算，挖掘企业潜力，降低成本，降低消耗，增加生产，提高产品质量，提高竞争能力。

整顿财务管理，加强会计工作，培训财会人员，建立严格的财会制度，发挥财会人员的职能作用；进行清产核资，清理债权债务，建立健全资金和物资管理制度，反对乱拉乱用资金，反对贪污、浪费、请客送礼和行贿，反对滥发奖金，纠正一切不正之风。

十五、社队企业要加强劳动保护，搞好安全生产。积极治理污染，美化环境。对于严重破坏资源、污染环境、不具备安全生产条件的企业，要限期改进，解决不了的要关停并转。

食品工业要严格执行国家颁发的食品卫生标准，不符合标准的，不准销售。

十六、各级人民政府要进一步加强对社队企业的领导，按国务院〔1979〕170号文件的有关规定，健全社队企业的管理机构，充实力量。要进行资源调查，制订调整和发展规划。要搞好社队企业的立法。要逐步开展社队企业经济技术服务工作。加强社队企业的供销工作，做好市场情况的预测预报，开展联购联销，代购代销，疏通供销渠道。加强经济技术情报、技术培训和技术服务工作。

# 中共中央、国务院关于发展城乡零售商业、服务业的指示①

（1983年3月5日）

党的十一届三中全会以来，各地逐步地进行了生产和生活服务的经济结构的调整，城乡商业、服务业，特别是集体和个体的商业、服务业有了较大的恢复和发展。据初步统计，近三年来新增集体零售商业、服务业网点三十七万多个，个体商业一百七十五万多户，安置了四百五十多名待业青年，有二十几个中小城市，待业问题已基本上得到了解决。这是一个很大的成绩。但是，长期以来由于人们对零售商业、服务业在国民经济中的作用认识不足，加上“左”的错误影响，思想不解放，集体和个体零售商业、服务业没有得到应有的发展，甚至受到排挤和歧视。因此，城乡零售商业、服务业的落后状况，至今还没有根本改变。一方面是网点少，服务面窄，群众急需的许多事情无人去办；另一方面又有大量待业青年得不到安置，有人无事干。这是城乡经济生活亟待解决的一个普遍性的问题。为了迅速改变这种局面，满足城乡人民实际生活的迫切需要，进一步发挥社会主义商业在城乡交流、繁荣经济、组织人民经济中的重要作用，特就发展城乡零售商业、服务业作如下指示：

**一、进一步明确发展零售商业、服务业的指导方针。**

我国生产力水平总的说来还比较低，发展又很不平衡，在流通

① 《中共中央、国务院关于发展城乡零售商业、服务业的指示》，新华网，2007年6月7日。

领域，长时期内需要以国营商业为主导的多种经济形式同时并存，集体和个体零售商业、服务业，经营上小型分散、方便群众、自负盈亏，有相应的内在经济活力，有较明显的灵活性和适应性，能够多方面满足人民实际生活的需要，是国营商业的一个有力助手和补充。多年来的实践证明：在国营商业起主导作用的情况下，多种商业经营形式的合理配置和协调发展，才能更好地繁荣城乡经济，方便人民生活，满足人民的实际需要。同时，随着社会主义现代化建设事业的发展和人民生活水平的提高，要求有越来越多的为工农业生产、为人民生活服务，同人民生产、生活息息相关的行业相应发展，也是整个国民经济发展的客观要求。因此，在办好国营和供销社商业、服务业的同时，应把积极发展集体和个体零售商业、服务业作为今年今后发展社会主义商业、服务业的一个基本指导思想，实行多种经济形式，多种经营方式，开辟多种流通和服务的渠道。

多年来，集体和个体商业、服务业之所以没有充分发展起来，最重要的原因是指导思想上不明确，重生产，轻流通；重国营，轻集体和个体经营；重国家的购销任务，忽视组织好城乡人民的经济生活。不认识或不完全认识单靠国家商业、服务业独家经营，不组织和依靠群众性的多渠道的商业流通，是不可能全面承担起满足城乡人民生产、生活需要的繁重任务的。尤其像我们这样一个十亿人口的大国，更是如此。对这一点，要有足够的认识，并且在实际工作中全面地加以贯彻。为此，一方面要继续努力把现有的国营和供销社商业、服务业办好，另一方面要积极发展集体、个体零售商业，服务业，做到大、中、小型固定网点与走街串乡流动服务相结合。零售商业、服务业，目前包括一百多个自然行业，有些行业，如饮食、缝纫、浴池、理发、修理、洗染、照相等主要依靠提供劳务的服务业，可以基本上由集体或个体去经营。

社会舆论对商业、服务业缺乏正确的认识，轻视商业、鄙薄服务行业的传统观念，在一定程度上也影响了集体和个体零售商业、服务行业的发展。就业者，不安心自己的岗位；待业者，不乐意在商业、服务业就业。这是旧社会陈腐观念的反映。许多人不了解商业、服务业既有生产劳动，也有非生产的服务劳动。这种服务性劳动，是社会再生产的一个必要因素，这是由于社会分工，把多数人的附带劳动，变为少数人的专门劳动，成为社会化的行业，为社会服务。这是一项为人们所需要，对社会有贡献的光荣岗位。在社会主义制度下，为人民服务是从来不分尊卑贵贱的。任何歧视商业服务业的观点，都是错误的。为此，各级党委和政府，各人民团体，各宣传、教育等工作部门，要大力宣传商业、服务业在国民经济中的地位和作用，表彰商业、服务业的先进人物和先进事迹，树立从事商业、服务业工作光荣和尊重商业、服务人员劳动的新的道德风尚，以鼓励在职人员安心现职工作，待业青年乐于从事商业、服务业工作。要把这一点作为建设社会主义精神文明的一个重要方面去抓，真正抓出成效。对于凌辱商业、服务业人员的行为，社会舆论应予谴责；情节恶劣的应当依法给予惩处。

一切商业、服务业都必需牢固树立全心全意为人民服务的观点，坚持社会主义方向，以维护群众利益和不断满足人民群众日益增长的生产、生活需要，提供优质服务为宗旨。要遵守国家的政策和法令，通过自身的辛勤劳动，为满足人民生活需要服务，为繁荣和发展城乡经济服务。要不断地扩大经营、改善企业管理、加速资金周转、节约流通费用、减少商品损耗浪费，提高经济效益，为国家积累更多的资金，这是衡量商业、服务业工作好坏的根本标准。

**二、发展集体和个体零售商业、服务业，当前要着重解决的几个问题。**

发展集体和个体零售商业、服务业，必须继续贯彻执行一九八一年十月中共中央、国务院《关于广开门路、搞活经济，解决城镇就业问题的若干决定》，统筹规定，合理布局，因地制宜，因行业制宜，具体组织落实。根据各地的实践经验，当前要着重解决好以下四个问题：

（一）要搞好网点建设。本着“经济适用、布局合理、行业配套方便群众”的原则，重点放在网点不足的地方，缺什么补什么。建点和选址，要有统一规划，建设网点的设备投资，除依靠群众自筹、自建、自用外，各地应从市政建设费、待业青年安置费和银行贷款等方面筹集资金，予以资助。新建工矿区、居民区和改造旧城区，要把商业、服务网点建设纳入总体规定之内，一并安排，同时兴建。

（二）要疏通货源渠道。集体和个体零售商业的货源，可以从国营公司购进，可以从工业自销产品中选购，也可以从外地进货，组织供应的，商业物资部门应积极予以扶植，妥善安排，纳入计划及时自购自销。服务行业需要的原材料，属于工业的边角下料，应优先给予照顾；属于农副产品，国家供应不足或不能供应的，在政策允许的范围内，可以从市场直接采购。在小城镇和农村，饮食业需要的农副产品，主要靠自有原料和就地采购解决；有关国营商业公司，也要积极组织议价供应。对于城乡修理行业需要的零配件，工业部门要有计划地安排生产，给予支持。

（三）在价格管理上，要在国家物价政策的指导下，发挥市场调节作用，做到有活有管，优质服务，货真价实，买卖公道，群众信赖。凡从国营商业进货的工业品，执行国营牌价；自行采购部分和三类工业品、农副产品，按照规定的作价办法自行订价出售。服务行业的价格或收费标准，按照省、市、自治区物价部门或业务主管部门规定的饮食业综合毛利率、服务业重要服务项目收费标准定价。对于议价经营的商品，可以随行就市，高来高去，低进低出。对于费工费时，技术要求高，特殊性服务，以及名菜名点等，可以实行优质优价，分等论价，以利于行业之间、门类之间协调发展和恢复经营特色，增加花色品种，以满足人民多种需要。对于现行收费标准偏低的理发、浴池和某些修理项目，各省、市、自治区可有计划地、分批地适当调整价格；确有困难的，可以向财税部门申请酌情减免税收。有关饮食业、旅店业的价格和收费标准的管理办法，由商业部门研究制订下达。其他服务行业的价格和收费标准的管理办法，由各省、市、自治区自行制定。

各级工商行政管理部门要加强对零售商业、服务业的监督和管理，保持物价的稳定，坚持良好的经营思想和作风，任何企业和单位，都不准变相涨价和哄抬物价，不准以次充好，不准短斤缺两，不准倒买倒卖，不准偷税漏税，不能影响大众化的服务和供应。

（四）集体和个体零售商业、服务业的经营原则，应当是自主经营，自负盈亏，国家征税，不搞统负盈亏。为有利于保护集体和个体商业同国营商业在平等的原则下进行竞争，并简化手续，避免偷漏税款的事情，对集体和个体商业的零售税，可以在采购和批发环节一次扣缴。集体企业在照章纳税以后，内部的分配，各地可以规定发展基金和劳保福利基金的提取比例。对职工的分配，收入多的可以多分，收入少的可以少分。对于原有的老合作店，也要按照上述原则进行调整，努力搞活经营。

**三、调整和改革国营零售商业、服务业的管理体制。**

目前，国营零售商业、服务业务质量比较低，经济效益比较差，这与吃“大锅饭”、搞平均主义有直接关系。因此，调整和改革国营零售商业、服务业的经营管理体制，势在必行。否则，国营零售商业、服务业的主导作用将得不到有效的发挥。

要坚决地有秩序地在零售商业、服务业推行责、权、利相结合的经营承包责任制。对大、中型店，当前可以实行征税和利润递增包干上缴相结合的办法，也可以参照有关规定，实行利改税。对于二三十人以下的小店，可以实行“国家所有、集体经营、国家征税、自负盈亏”。企业内部实行承包责任制，经济效益分配制，服务质量奖惩制，把经济指标、社会效益同企业和职工利益挂起钩来。企业在保证国家税收和上缴任务以后的利润，留在企业作为扩大经营、兴办集体福利基金和职工分配。职工分配要按经营成果和服务质量，拉开档次，多劳多得，少劳少得，不封顶。奖金的分配要坚持淡旺调节和年终统算。要实行对企业，对个人的全面考核制度。企业违法经营的非法收入要全部上缴，并对主要责任者处以罚金。对职工违反政策和店规店章、侵犯消费者利益、发生服务事故等，要同经济指标一起考核、同样惩罚，以保证经营承包责任制的健康发展。

对国营零售商业、服务业企业管理的改革，各有关部门要协同动作，密切配合。要注意保持企业的经营特色，发挥职工的技术专长。企业的隶属关系不变，职工的其他待遇不变。

**四、加速人才培养，提高服务质量。**

搞好商业、服务业的工作，一靠政策，二靠技术，以政策调动广大干部和职工的积极性，以技术提供优质服务。目前，国营商业、服务业技术人员严重不足，高级技术人员青黄不接，新办的集体和个体商业、服务业更是缺乏有技术、会经营的人才。各地应当采取多种形式，分期分批进行培养。各省、市、自治区要有重点地办好几个中等商业、服务学校，有条件的地区可以将部分普通高中改为职业（技术）学校，由教育部门为主实行领导。要提倡和扶助各社会团体和个人举办职工技术学校。商业部要会同教育等有关部门，争取近期内在现有的财经、商业高等院校中设置服务行业的有关专业，培养高级专门人才。

为了提高商业、服务业技术人员地位，鼓励多出人才，快出人才，对一些确有较高技术的人员，不论是属于国营、集体或个体的，经考核合格，都要授予技术职称。商业、轻工等有关部门，要会同劳动人事部门制订商业、服务技术职称规定。对于确有专长的技术人员，在工资未作相应调整以前，可以发给适当技术津贴；已到退休年龄的，可以鼓励他们继续留在岗位，搞好传、帮、带；已经退休的，可以把他们组织起来，采取担任技术顾问，办培训班、到职工技术学校讲课等形式传授技术，酌情发一些奖金或技术补贴。

**五、加强对商业、服务业的领导和管理。**

发展集体和个体商业、服务业，不仅要破旧思想、旧观念，而且涉及经济政策、劳动制度、工资福利、管理体制等方面的调整和改革，政策性很强。各级党委和政府要切实加强领导，指定有关部门组成工作班子，制订规划，统筹安排，及时研究解决一些政策问题和实际问题。

要切实保护竞争，打破封锁。社会主义市场是以国营经济为主体，多种经济成分并存，相互竞赛，相互促进的统一市场，各自要在竞赛中努力改进工作，提高技术水平和服务质量，共同发展。不允许行业之间、地区之间和部门之间画地为牢、层层封锁。各部门要满腔热情地支持、扶植、指导集体和个体零售商业、服务业的发展。车站、码头、园林和风景游览区等，在不影响生产、交通和文物保护的原则下都要欢迎商业、服务业去设点经营和服务，以方便群众，不能寻找借口人为地加以限制。

要尊重集体零售商业、服务业的经营自主权。新办的集体企业主要是吸收待业青年，企业的领导人员要由他们自己推选“明白人”担任，不要委派。可以组织多种行业协会，作为从业人员教育和管理的形式。对于一些老的集体商业、服务业，退休人员费用开支负担过重的问题，可以县、市为单位，统筹解决。

零售商业、服务业的工作对象是人，讲文明、讲礼貌、讲职业道德尤为重要，一定要把建设高度的物质文明与建设高度的社会主义精神文明一起抓。要大力加强在职人员的思想政治教育，树立全心全意为人民服务的思想，克服形形色色的资产阶级经营作风。广泛开展竞赛评比活动，树立典型，表彰先进，使商业、服务业的工作越做越好。

要在国营、集体和个体零售商业、服务业中，发展党、团员，逐步建立和健全基层商业、服务业中的党、团组织，发挥它们的监督作用。

以上各点，请各级党委和政府，根据当地的实际情况，具体组织实施。中共中央、国务院相信：只要全党统一认识，共同努力，我国的商业、服务业必将开创一个新的局面。

# 中共中央关于完善社会主义市场经济体制若干问题的决定[①]

（2003 年 10 月 14 日中国共产党第十六届中央委员会第三次全体会议通过）

为贯彻落实党的十六大提出的建成完善的社会主义市场经济体制和更具活力、更加开放的经济体系的战略部署，深化经济体制改革，促进经济社会全面发展，十六届中央委员会第三次全体会议讨论了关于完善社会主义市场经济体制的若干重大问题，并作出如下决定。

## 一、我国经济体制改革面临的形势和任务

（1）深化经济体制改革的重要性和紧迫性。十一届三中全会开始改革开放、十四大确定社会主义市场经济体制改革目标以及十四届三中全会作出相关决定以来，我国经济体制改革在理论和实践上取得重大进展。社会主义市场经济体制初步建立，公有制为主体、多种所有制经济共同发展的基本经济制度已经确立，全方位、宽领域、多层次的对外开放格局基本形成。改革的不断深化，极大地促进了社会生产力、综合国力和人民生活水平的提高，使我国经受住了国际经济金融动荡和国内严重自然灾害、重大疫情等严峻考验。同时也存在经济结构不合理、分配关系尚未理顺、农民收入增长缓慢、就业矛盾突出、资源环境压力加大、经济整体竞争力不强等问

① 《中共中央关于完善社会主义市场经济体制若干问题的决定》，《中华人民共和国国务院公报》，2003 年 34 期。

题，其重要原因是我国处于社会主义初级阶段，经济体制还不完善，生产力发展仍面临诸多体制性障碍。为适应经济全球化和科技进步加快的国际环境，适应全面建设小康社会的新形势，必须加快推进改革，进一步解放和发展生产力，为经济发展和社会全面进步注入强大动力。

（2）完善社会主义市场经济体制的目标和任务。按照统筹城乡发展、统筹区域发展、统筹经济社会发展、统筹人与自然和谐发展、统筹国内发展和对外开放的要求，更大程度地发挥市场在资源配置中的基础性作用，增强企业活力和竞争力，健全国家宏观调控，完善政府社会管理和公共服务职能，为全面建设小康社会提供强有力的体制保障。主要任务是：完善公有制为主体、多种所有制经济共同发展的基本经济制度；建立有利于逐步改变城乡二元经济结构的体制；形成促进区域经济协调发展的机制；建设统一开放竞争有序的现代市场体系；完善宏观调控体系、行政管理体制和经济法律制度；健全就业、收入分配和社会保障制度；建立促进经济社会可持续发展的机制。

（3）深化经济体制改革的指导思想和原则。以邓小平理论和“三个代表”重要思想为指导，贯彻党的基本路线、基本纲领、基本经验，全面落实十六大精神，解放思想、实事求是、与时俱进。坚持社会主义市场经济的改革方向，注重制度建设和体制创新。坚持尊重群众的首创精神，充分发挥中央和地方两个积极性。坚持正确处理改革发展稳定的关系，有重点、有步骤地推进改革。坚持统筹兼顾，协调好改革进程中的各种利益关系。坚持以人为本，树立全面、协调、可持续的发展观，促进经济社会和人的全面发展。

## 二、进一步巩固和发展公有制经济，鼓励、支持和引导非公有制经济发展

（4）推行公有制的多种有效实现形式。坚持公有制的主体地位，发挥国有经济的主导作用。积极推行公有制的多种有效实现形式，加快调整国有经济布局和结构。要适应经济市场化不断发展的趋势，进一步增强公有制经济的活力，大力发展国有资本、集体资本和非公有资本等参股的混合所有制经济，实现投资主体多元化，使股份制成为公有制的主要实现形式。需要由国有资本控股的企业，应区别不同情况实行绝对控股或相对控股。完善国有资本有进有退、合理流动的机制，进一步推动国有资本更多地投向关系国家安全和国民经济命脉的重要行业和关键领域，增强国有经济的控制力。其他行业和领域的国有企业，通过资产重组和结构调整，在市场公平竞争中优胜劣汰。发展具有国际竞争力的大公司大企业集团。继续放开搞活国有中小企业。以明晰产权为重点深化集体企业改革，发展多种形式的集体经济。

（5）大力发展和积极引导非公有制经济。个体、私营等非公有制经济是促进我国社会生产力发展的重要力量。清理和修订限制非公有制经济发展的法律法规和政策，消除体制性障碍。放宽市场准入，允许非公有资本进入法律法规未禁入的基础设施、公用事业及其他行业和领域。非公有制企业在投融资、税收、土地使用和对外贸易等方面，与其他企业享受同等待遇。支持非公有制中小企业的发展，鼓励有条件的企业做强做大。非公有制企业要依法经营，照章纳税，保障职工合法权益。改进对非公有制企业的服务和监管。

（6）建立健全现代产权制度。产权是所有制的核心和主要内容，包括物权、债权、股权和知识产权等各类财产权。建立归属清

晰、权责明确、保护严格、流转顺畅的现代产权制度，有利于维护公有财产权，巩固公有制经济的主体地位；有利于保护私有财产权，促进非公有制经济发展；有利于各类资本的流动和重组，推动混合所有制经济发展；有利于增强企业和公众创业创新的动力，形成良好的信用基础和市场秩序。这是完善基本经济制度的内在要求，是构建现代企业制度的重要基础。要依法保护各类产权，健全产权交易规则和监管制度，推动产权有序流转，保障所有市场主体的平等法律地位和发展权利。

## 三、完善国有资产管理体制，深化国有企业改革

（7）建立健全国有资产管理和监督体制。坚持政府公共管理职能和国有资产出资人职能分开。国有资产管理机构对授权监管的国有资本依法履行出资人职责，维护所有者权益，维护企业作为市场主体依法享有的各项权利，督促企业实现国有资本保值增值，防止国有资产流失。建立国有资本经营预算制度和企业经营业绩考核体系。积极探索国有资产监管和经营的有效形式，完善授权经营制度。建立健全国有金融资产、非经营性资产和自然资源资产等的监管制度。

（8）完善公司法人治理结构。按照现代企业制度要求，规范公司股东会、董事会、监事会和经营管理者的权责，完善企业领导人员的聘任制度。股东会决定董事会和监事会成员，董事会选择经营管理者，经营管理者行使用人权，并形成权力机构、决策机构、监督机构和经营管理者之间的制衡机制。企业党组织要发挥政治核心作用，并适应公司法人治理结构的要求，改进发挥作用的方式，支持股东会、董事会、监事会和经营管理者依法行使职权，参与企业

重大问题的决策。要坚持党管干部原则，并同市场化选聘企业经营管理者的机制相结合。中央和地方党委要加强和改进对国有重要骨干企业领导班子的管理。要全心全意依靠职工群众，探索现代企业制度下职工民主管理的有效途径，维护职工合法权益。继续推进企业转换经营机制，深化劳动用工、人事和收入分配制度改革，分流安置富余人员、分离企业办社会职能，创造企业改革发展的良好环境。

（9）加快推进和完善垄断行业改革。对垄断行业要放宽市场准入，引入竞争机制。有条件的企业要积极推行投资主体多元化。继续推进和完善电信、电力、民航等行业的改革重组。加快推进铁道、邮政和城市公用事业等改革，实行政企分开、政资分开、政事分开。对自然垄断业务要进行有效监管。

**四、深化农村改革，完善农村经济体制**

（10）完善农村土地制度。土地家庭承包经营是农村基本经营制度的核心，要长期稳定并不断完善以家庭承包经营为基础、统分结合的双层经营体制，依法保障农民对土地承包经营的各项权利。农户在承包期内可依法、自愿、有偿流转土地承包经营权，完善流转办法，逐步发展适度规模经营：实行最严格的耕地保护制度，保证国家粮食安全。按照保障农民权益、控制征地规模的原则，改革征地制度，完善征地程序。严格界定公益性和经营性建设用地，征地时必须符合土地利用总体规划和用途管制，及时给予农民合理补偿。

（11）健全农业社会化服务、农产品市场和对农业的支持保护体系。农村集体经济组织要推进制度创新、增强服务功能。支持农民按照自愿、民主的原则，发展多种形式的农村专业合作组织。鼓励工商企业投资发展农产品加工和营销，积极推进农业产业化经营，形成科研、生产、加工、销售一体化的产业链。深化农业科技推广体制和供销社改革，形成社会力量广泛参与的农业社会化服务体系。完善农产品市场体系，放开粮食收购市场，把通过流通环节的间接补贴改为对农民的直接补贴，切实保护种粮农民的利益。加大国家对农业的支持保护，增加各级财政对农业和农村的投入。加强粮食综合生产能力建设。完善扶贫开发机制。国家新增教育、卫生、文化等公共事业支出主要用于农村。探索建立政策性农业保险制度。

（12）深化农村税费改革。农村税费改革是减轻农民负担和深化农村改革的重大举措。完善农村税费改革试点的各项政策，取消农业特产税，加快推进县乡机构和农村义务教育体制等综合配套改革。在完成试点工作的基础上，逐步降低农业税率，切实减轻农民负担。

（13）改善农村富余劳动力转移就业的环境。农村富余劳动力在城乡之间双向流动就业，是增加农民收入和推进城镇化的重要途径。建立健全农村劳动力的培训机制，推进乡镇企业改革和调整，大力发展县域经济，积极拓展农村就业空间，取消对农民进城就业的限制性规定，为农民创造更多就业机会。逐步统一城乡劳动力市场，加强引导和管理，形成城乡劳动者平等就业的制度。深化户籍制度改革，完善流动人口管理，引导农村富余劳动力平稳有序转移。加快城镇化进程，在城市有稳定职业和住所的农业人口，可按当地规定在就业地或居住地登记户籍，并依法享有当地居民应有的权利，承担应尽的义务。

**五、完善市场体系，规范市场秩序**

（14）加快建设全国统一市场。强化市场的统一性，是建设现代市场体系的重要任务。大力推进市场对内对外开放，加快要素价格市场化，发展电子商务、连锁经营、物流配送等现代流通方式，促进商品和各种要素在全国范围自由流动和充分竞争。废止妨碍公平竞争、设置行政壁垒、排斥外地产品和服务的各种分割市场的规定，打破行业垄断和地区封锁。积极发展独立公正、规范运作的专业化市场中介服务机构，按市场化原则规范和发展各类行业协会、商会等自律性组织。完善行政执法、行业自律、舆论监督、群众参与相结合的市场监管体系，健全产品质量监管机制，严厉打击制假售假、商业欺诈等违法行为，维护和健全市场秩序。

（15）大力发展资本和其他要素市场。积极推进资本市场的改革开放和稳定发展，扩大直接融资。建立多层次资本市场体系，完善资本市场结构，丰富资本市场产品。规范和发展主板市场，推进风险投资和创业板市场建设。积极拓展债券市场，完善和规范发行程序，扩大公司债券发行规模。大力发展机构投资者，拓宽合规资金入市渠道。建立统一互联的证券市场，完善交易、登记和结算体系。加快发展土地、技术、劳动力等要素市场。规范发展产权交易。积极发展财产、人身保险和再保险市场。稳步发展期货市场。

（16）建立健全社会信用体系。形成以道德为支撑、产权为基础、法律为保障的社会信用制度，是建设现代市场体系的必要条件，也是规范市场经济秩序的治本之策。增强全社会的信用意识，政府、企事业单位和个人都要把诚实守信作为基本行为准则。按照完善法规、特许经营、商业运作、专业服务的方向，加快建设企业和个人信用服务体系。建立信用监督和失信惩戒制度。逐步开放信用服务市场。

## 六、继续改善宏观调控，加快转变政府职能

（17）完善国家宏观调控体系。进一步健全国家计划和财政政策、货币政策等相互配合的宏观调控体系。国家计划明确的宏观调控目标和总体要求，是制定财政政策和货币政策的主要依据。财政政策要在促进经济增长、优化结构和调节收入方面发挥重要功能，完善财政政策的有效实施方式。货币政策要在保持币值稳定和总量平衡方面发挥重要作用，健全货币政策的传导机制。重视人口老龄化趋势等因素对社会供求的影响。完善统计体制，健全经济运行监测体系，加强各宏观经济调控部门的功能互补和信息共享，提高宏观调控水平。

（18）转变政府经济管理职能。深化行政审批制度改革，切实把政府经济管理职能转到主要为市场主体服务和创造良好发展环境上来。加强国民经济和社会发展中长期规划的研究和制定，提出发展的重大战略、基本任务和产业政策，促进国民经济和社会全面发展，实现经济增长与人口资源环境相协调。加强对区域发展的协调和指导，积极推进西部大开发，有效发挥中部地区综合优势，支持中西部地区加快改革发展，振兴东北地区等老工业基地，鼓励东部有条件地区率先基本实现现代化。完善政府重大经济社会问题的科学化、民主化、规范化决策程序，充分利用社会智力资源和现代信息技术，增强透明度和公众参与度。

（19）深化投资体制改革。进一步确立企业的投资主体地位，实行谁投资、谁决策、谁收益、谁承担风险。国家只审批关系经济安全、影响环境资源、涉及整体布局的重大项目和政府投资项目及限制类项目，其他项目由审批制改为备案制，由投资主体自行决策，依法办理用地、资源、环保、安全等许可手续。对必须审

批的项目，要合理划分中央和地方权限、扩大大型企业集团投资决策权，完善咨询论证制度，减少环节，提高效率。健全政府投资决策和项目法人约束机制。国家主要通过规划和政策指导、信息发布以及规范市场准入，引导社会投资方向，抑制无序竞争和盲目重复建设。

**七、完善财税体制，深化金融改革**

（20）分步实施税收制度改革。按照简税制、宽税基、低税率、严征管的原则，稳步推进税收改革。改革出口退税制度。统一各类企业税收制度。增值税由生产型改为消费型，将设备投资纳入增值税抵扣范围。完善消费税，适当扩大税基。改进个人所得税，实行综合和分类相结合的个人所得税制。实施城镇建设税费改革，条件具备时对不动产开征统一规范的物业税，相应取消有关收费。在统一税政前提下，赋予地方适当的税政管理权。创造条件逐步实现城乡税制统一。

（21）推进财政管理体制改革。健全公共财政体制，明确各级政府的财政支出责任。进一步完善转移支付制度，加大对中西部地区和民族地区的财政支持。深化部门预算、国库集中收付、政府采购和收支两条线管理改革。清理和规范行政事业性收费，凡能纳入预算的都要纳入预算管理。改革预算编制制度，完善预算编制、执行的制衡机制，加强审计监督。建立预算绩效评价体系。实行全口径预算管理和对或有负债的有效监控。加强各级人民代表大会对本级政府预算的审查和监督。

（22）深化金融企业改革。商业银行和证券公司、保险公司、信托投资公司等要成为资本充足、内控严密、运营安全、服务和效益良好的现代金融企业。选择有条件的国有商业银行实行股份制改造，加快处置不良资产，充实资本金，创造条件上市。深化政策性银行改革。完善金融资产管理公司运行机制。鼓励社会资金参与中小金融机构的重组改造。在加强监管和保持资本金充足的前提下，稳步发展各种所有制金融企业。完善农村金融服务体系，国家给予适当政策支持。通过试点取得经验，逐步把农村信用社改造成为农村社区服务的地方性金融企业。

（23）健全金融调控机制。稳步推进利率市场化，建立健全由市场供求决定的利率形成机制，中央银行通过运用货币政策工具引导市场利率。完善人民币汇率形成机制，保持人民币汇率在合理、均衡水平上的基本稳定。在有效防范风险前提下，有选择、分步骤放宽对跨境资本交易活动的限制，逐步实现资本项目可兑换。建立和完善统一、高效、安全的支付清算系统。改进中央银行的金融调控，建立健全货币市场、资本市场、保险市场有机结合、协调发展的机制，维护金融运行和金融市场的整体稳定，防范系统性风险。

（24）完善金融监管体制。依法维护金融市场公开、公平、有序竞争，有效防范和化解金融风险，保护存款人、投资者和被保险人的合法权益。健全金融风险监控、预警和处置机制，依法严格实行市场退出制度。强化金融监管手段，防范和打击金融犯罪。增强监管信息透明度并接受社会监督。处理好监管和支持金融创新的关系，鼓励金融企业探索金融经营的有效方式。建立健全银行、证券、保险监管机构之间以及同中央银行、财政部门的协调机制，提高金融监管水平。

**八、深化涉外经济体制改革，全面提高对外开放水平**

（25）完善对外开放的制度保障。按照市场经济和世贸组织规则的要求，加快内外贸一体化进程。形成稳定、透明的涉外经济管理体制，创造公平和可预见的法制环境，确保各类企业在对外经济贸易活动中的自主权和平等地位。依法管理涉外经济活动，强化服务和监管职能，进一步提高贸易和投资的自由、便利程度。建立健全外贸运行监控体系和国际收支预警机制，维护国家经济安全。

（26）更好地发挥外资的作用。抓住新一轮全球生产要素优化重组和产业转移的重大机遇，扩大利用外资规模，提高利用外资水平。结合国内产业结构调整升级，更多地引进先进技术、管理经验和高素质人才，注重引进技术的消化吸收和创新提高。继续发展加工贸易，着力吸引跨国公司把更高技术水平、更大增值含量的加工制造环节和研发机构转移到我国，引导加工贸易转型升级。进一步改善投资环境，拓宽投资领域，吸引外资加快向有条件的地区和符合国家产业政策的领域扩展，力争再形成若干外资密集、内外结合、带动力强的经济增长带。

（27）增强参与国际合作和竞争的能力。鼓励国内企业充分利用扩大开放的有利时机，增强开拓市场、技术创新和培育自主品牌的能力。提高出口商品质量、档次和附加值，扩大高新技术产品出口，发展服务贸易，全面提高出口竞争力。继续实施“走出去”战略，完善对外投资服务体系，赋予企业更大的境外经营管理自主权，健全对境外投资企业的监管机制，促进我国跨国公司的发展。积极参与和推动区域经济合作。

**九、推进就业和分配体制改革，完善社会保障体系**

（28）深化劳动就业体制改革。把扩大就业放在经济社会发展更加突出的位置，实施积极的就业政策，努力改善创业和就业环境。坚持劳动者自主择业、市场调节就业和政府促进就业的方针。鼓励企业创造更多的就业岗位。改革发展和结构调整都要与扩大就业紧密结合。从扩大就业再就业的要求出发，在产业类型上，注重发展劳动密集型产业；在企业规模上，注重扶持中小企业；在经济类型上，注重发展非公有制经济；在就业方式上，注重采用灵活多样的就业形式。完善就业服务体系，加强职业教育和技能培训，帮助特殊困难群体就业。规范企业用工行为，保障劳动者合法权益。

（29）推进收入分配制度改革。完善按劳分配为主体、多种分配方式并存的分配制度，坚持效率优先、兼顾公平，各种生产要素按贡献参与分配。整顿和规范分配秩序，加大收入分配调节力度，重视解决部分社会成员收入差距过分扩大问题。以共同富裕为目标，扩大中等收入者比重，提高低收入者收入水平，调节过高收入，取缔非法收入。加强对垄断行业收入分配的监管，健全个人收入监测办法，强化个人所得税征管。完善和规范国家公务员工资制度，推进事业单位分配制度改革。规范职务消费，加快福利待遇货币化。

（30）加快建设与经济发展水平相适应的社会保障体系。完善企业职工基本养老保险制度，坚持社会统筹与个人帐户相结合，逐步做实个人帐户。将城镇从业人员纳入基本养老保险。建立健全省级养老保险调剂基金，在完善市级统筹基础上，逐步实行省级统筹，条件具备时实行基本养老金的基础部分全国统筹。健全失业保险制度，实现国有企业下岗职工基本生活保障向失业保险并轨。继续完善城镇职工基本医疗保险制度、医疗卫生和药品生产流通体制的同步改革，扩大基本医疗保险覆盖面，健全社会医疗救助和多层次的医疗保障体系。继续推行职工工伤和生育保险。积极探索机关和事业单位社会保障制度改革。完善城市居民最低生活保障制度，合理确定保障标准和方式。采取多种方式包括依法划转部分国有资产充实社会保障基金。强化社会保险基金征缴，扩大征缴覆盖面，规范基金监管，确保基金安全。鼓励有条件的企业建立补充保险，积极发展商业养老、医疗保险。农村养老保障以家庭为主，同社区保障、国家救济相结合。有条件的地方探索建立农村最低生活保障制度。

## 十、深化科技教育文化卫生体制改革，提高国家创新能力和国民整体素质

（31）营造实施人才强国战略的体制环境。创新人才工作机制，培养、吸引和用好各类人才。以党政人才、企业经营管理人才和专业技术人才为主体，建设规模宏大、结构合理、素质较高的人才队伍。多层次、多渠道、大规模地开展人才培训，重点培养一批高层次和高技能人才。加强西部和民族地区人才开发，建立促进优秀人才到西部、基层和艰苦地方工作的机制。尊重知识，鼓励创新，实行公平竞争，完善激励制度，形成优秀人才脱颖而出和人尽其才的良好环境。建立和完善人才市场体系，进一步促进人才流动。积极引进现代化建设急需的各类人才。

（32）深化科技体制改革。改革科技管理体制，加快国家创新体系建设，促进全社会科技资源高效配置和综合集成，提高科技创新能力，实现科技和经济社会发展紧密结合。确立企业技术创新和科技投入的主体地位，为各类企业创新活动提供平等竞争条件。必

须由国家支持的从事基础研究、战略高技术、重要公益研究领域创新活动的研究机构，要按照职责明确、评价科学、开放有序、管理规范的原则建立现代科研院所制度。面向市场的应用技术研究开发机构，要坚持向企业化转制，加快建立现代企业制度。积极推动高等教育和科技创新紧密结合。建立军民结合、寓军于民的创新机制，实现国防科技和民用科技相互促进和协调发展。建设哲学社会科学理论创新体系，促进社会科学和自然科学协调发展。

（33）深化教育体制改革。构建现代国民教育体系和终身教育体系，建设学习型社会，全面推进素质教育，增强国民的就业能力、创新能力、创业能力，努力把人口压力转变为人力资源优势。推进教育创新，优化教育结构，改革培养模式，提高教育质量，形成同经济社会发展要求相适应的教育体制。巩固和完善以县级政府管理为主的农村义务教育管理体制。实施全员聘用和教师资格准入制度。完善和规范以政府投入为主、多渠道筹措经费的教育投入体制，形成公办学校和民办学校共同发展的格局。完善国家和社会资助家庭经济困难学生的制度。

（34）深化文化体制改革。按照社会主义精神文明建设的特点和规律，适应社会主义市场经济发展的要求，逐步建立党委领导、政府管理、行业自律、企事业单位依法运营的文化管理体制。转变文化行政管理部门的职能，促进文化事业和文化产业协调发展。坚持把社会效益放在首位，努力实现社会效益和经济效益的统一。公益性文化事业单位要深化劳动人事、收入分配和社会保障制度改革，加大国家投入，增强活力，改善服务。经营性文化产业单位要创新体制，转换机制，面向市场，壮大实力。健全文化市场体系，建立富有活力的文化产品生产经营体制。完善文化产业政策，鼓励多渠道资金投入，促进各类文化产业共同发展，形成一批大型文化企业集团，增强文化产业的整体实力和国际竞争力。依法规范文化市场秩序。深化体育改革，构建群众体育服务体系，健全竞技体育体制，促进体育产业健康发展，增强全民体质。

（35）深化公共卫生体制改革。强化政府公共卫生管理职能，建立与社会主义市场经济体制相适应的卫生医疗体系。加强公共卫生设施建设，充分利用、整合现有资源，建立健全疾病信息网络体系、疾病预防控制体系和医疗救治体系，提高公共卫生服务水平和突发性公共卫生事件应急能力。加快城镇医疗卫生体制改革。改善乡村卫生医疗条件，积极建立新型农村合作医疗制度，实行对贫困农民的医疗救助。发挥中西医结合的优势。搞好环境卫生建设，树立全民卫生意识。健全卫生监管体系，保证群众的食品、药品和医疗安全。

**十一、深化行政管理体制改革，完善经济法律制度**

（36）继续改革行政管理体制。加快形成行为规范、运转协调、公正透明、廉洁高效的行政管理体制。进一步调整各级政府机构设置，理顺职能分工，实现政府职责、机构和编制的法定化。完善国家公务员制度。推进依法行政，严格按照法定权限和程序行使权力、履行职责。发展电子政务，提高服务和管理水平。建立健全各种预警和应急机制，提高政府应对突发事件和风险的能力。完善安全生产监管体系。深化地方行政管理体制改革，大力精简机构和人员。继续推进事业单位改革。完善基层群众性自治组织，发挥城乡社区自我管理、自我服务的功能。

（37）合理划分中央和地方经济社会事务的管理责权。按照中央统一领导、充分发挥地方主动性积极性的原则，明确中央和地方对经济调节、市场监管、社会管理、公共服务方面的管理责权。属于全国性和跨省（自治区、直辖市）的事务，由中央管理，以保证国家法制统一、政令统一和市场统一。属于面向本行政区域的地方性事务，由地方管理，以提高工作效率、降低管理成本、增强行政活力。属于中央和地方共同管理的事务，要区别不同情况，明确各自的管理范围，分清主次责任。根据经济社会事务管理责权的划分、逐步理顺中央和地方在财税、金融、投资和社会保障等领域的分工和职责。

（38）全面推进经济法制建设。按照依法治国的基本方略，着眼于确立制度、规范权责、保障权益，加强经济立法。完善市场主体和中介组织法律制度，使各类市场主体真正具有完全的行为能力和责任能力。完善产权法律制度，规范和理顺产权关系，保护各类产权权益。完善市场交易法律制度，保障合同自由和交易安全，维护公平竞争。完善预算、税收、金融和投资等法律法规，规范经济调节和市场监管。完善劳动、就业和社会保障等方面的法律法规，切实保护劳动者和公民的合法权益。完善社会领域和可持续发展等方面的法律法规，促进经济发展和社会全面进步。

（39）加强执法和监督。加强对法律法规的解释工作，加大执法力度，提高行政执法、司法审判和检察的能力和水平，确保法律法规的有效实施，维护法制的统一和尊严。按照权力与责任挂钩、权力与利益脱钩的要求，建立权责明确、行为规范、监督有效、保障有力的执法体制，防止和纠正地方保护主义和部门本位主义。改革行政执法体制，相对集中行政处罚权，推进综合执法试点。推进司法体制改革，维护司法公正。实行执法责任制和执法过错追究制，做到严格执法、公正执法、文明执法。

## 十二、加强和改善党的领导，为完善社会主义市场经济体制而奋斗

（40）党的领导是顺利推进改革的根本保证。建成完善的社会主义市场经济体制，是我们党在新世纪新阶段作出的具有重大现实意义和深远历史意义的决策，是对全党新的重大考验。全党同志要充分认识肩负的历史责任，不断学习新知识、研究新情况、解决新问题，继续探索社会主义制度和市场经济有机结合的途径和方式。要自觉适应社会主义市场经济发展的新形势，改革和完善党的领导方式和执政方式，坚持谋全局、把方向、管大事，进一步提高科学判断形势的能力、驾驭市场经济的能力、应对复杂局面的能力、依法执政的能力和总揽全局的能力。要坚持党管人才原则，培养和造就大批适应现代化建设需要的各类人才，加强各级领导班子和基层党组织建设，为改革和发展提供强有力的组织保证。要着眼于我国基本国情，坚持一切从实际出发，因地制宜，把改革的力度、发展的速度和社会可承受的程度统一起来，及时化解各种矛盾，确保社会稳定和工作有序进行。要统筹推进各项改革，努力实现宏观经济改革和微观经济改革相协调，经济领域改革和社会领域改革相协调，城市改革和农村改革相协调，经济体制改革和政治体制改革相协调。

（41）加强和改进党风廉政建设。加强党风廉政建设、反对和防止腐败，是建立和完善社会主义市场经济体制的重要保证，必须贯穿于改革开放和现代化建设的全过程。要进一步抓好党和国家机关工作人员特别是领导干部的廉洁自律，坚决查处各种违纪违法案

件，切实纠正损害群众利益的不正之风。要坚持标本兼治、综合治理，注重思想道德教育，加强廉政法制建设，完善监督制约机制，建立健全与社会主义市场经济体制相适应的教育、制度、监督并重的惩治和预防腐败体系。坚持立党为公、执政为民，务必继续保持谦虚谨慎、不骄不躁的作风，务必继续保持艰苦奋斗的作风，坚决抵制各种不良风气的侵蚀，为完善社会主义市场经济体制营造良好的社会氛围。

（42）坚持社会主义物质文明、政治文明和精神文明协调发展。中国特色社会主义是社会主义市场经济、社会主义民主政治和社会主义先进文化协调发展的伟大事业。要积极稳妥地推进政治体制改革，扩大社会主义民主，健全社会主义法制，巩固和壮大爱国统一战线，加强思想政治工作，为发展社会主义市场经济提供强有力的政治保证。要大力加强社会主义文化建设，着力建立与社会主义市场经济相适应、与社会主义法律规范相协调、与中华民族传统美德相承接的社会主义思想道德体系，弘扬和培育民族精神，不断提高全民族的思想道德素质和科学文化素质，为改革和发展提供强大的精神动力和智力支持。

全党同志和全国各族人民，在马克思列宁主义、毛泽东思想、邓小平理论和“三个代表”重要思想指引下，全面贯彻十六大精神，紧密团结在以胡锦涛同志为总书记的党中央周围，开拓进取，扎实工作，为建成完善的社会主义市场经济体制、实现全面建设小康社会的宏伟目标而努力奋斗！

# 中共中央办公厅 国务院办公厅印发《关于加快构建政策体系培育新型农业经营主体的意见》[1]

在坚持家庭承包经营基础上，培育从事农业生产和服务的新型农业经营主体是关系我国农业现代化的重大战略。加快培育新型农业经营主体，加快形成以农户家庭经营为基础、合作与联合为纽带、社会化服务为支撑的立体式复合型现代农业经营体系，对于推进农业供给侧结构性改革、引领农业适度规模经营发展、带动农民就业增收、增强农业农村发展新动能具有十分重要的意义。为加快构建政策体系，引导新型农业经营主体健康发展，现提出如下意见。

## 一、总体要求

（一）指导思想。全面贯彻党的十八大和十八届三中、四中、五中、六中全会精神，深入贯彻习近平总书记系列重要讲话精神和治国理政新理念新思想新战略，认真落实党中央、国务院决策部署，紧紧围绕统筹推进“五位一体”总体布局和协调推进“四个全面”战略布局，牢固树立和贯彻落实新发展理念，围绕帮助农民、提高农民、富裕农民，加快培育新型农业经营主体，综合运用多种政策工具，与农业产业政策结合、与脱贫攻坚政策结合，形成比较完备的政策扶持体系，引导新型农业经营主体提升规模经营水平、完善利益分享机制，更好发挥带动农民进入市场、增加收入、建设现代农业的引领作用。

---

① 《中共中央办公厅 国务院办公厅印发〈关于加快构建政策体系培育新型农业经营主体的意见〉》，《中华人民共和国国务院公报》，2017 年 17 期。

（二）基本原则。

——坚持基本制度。坚持农村土地集体所有，坚持家庭经营基础性地位。既支持新型农业经营主体发展，又不忽视普通农户尤其是贫困农户，发挥新型农业经营主体对普通农户的辐射带动作用，推进家庭经营、集体经营、合作经营、企业经营共同发展。

——坚持市场导向。发挥市场在资源配置中的决定性作用和更好地发挥政府作用。运用市场的办法推进生产要素向新型农业经营主体优化配置，发挥政策引导作用，优化存量、倾斜增量，撬动更多社会资本投向农业，既扶优扶强、又不“垒大户”，既积极支持、又不搞“大呼隆”，为新型农业经营主体发展创造公平的市场环境。

——坚持因地制宜。充分发挥农民首创精神，鼓励各地积极探索，不断创新经营组织形式，不断创设扶持政策措施，重点支持新型农业经营主体发展绿色农业、生态农业、循环农业，率先实施标准化生产、品牌化营销、一二三产业融合，走产出高效、产品安全、资源节约、环境友好的发展道路。

——坚持落地见效。明确政策实施主体，健全政策执行评估机制，发挥政府督查和社会舆论监督作用，形成齐抓共促合力，确保政策措施落到实处。

（三）主要目标。到 2020 年，基本形成与世界贸易组织规则相衔接、与国家财力增长相适应的投入稳定增长机制和政策落实与绩效评估机制，构建框架完整、措施精准、机制有效的政策支持体系，不断提升新型农业经营主体适应市场能力和带动农民增收致富能力，进一步提高农业质量效益，促进现代农业发展。

## 二、发挥政策对新型农业经营主体发展的引导作用

（四）引导新型农业经营主体多元融合发展。支持发展规模适度的农户家庭农场和种养大户。鼓励农民以土地、林权、资金、劳动、技术、产品为纽带，开展多种形式的合作与联合，积极发展生产、供销、信用“三位一体”综合合作，依法组建农民合作社联合社。支持农业产业化龙头企业和农民合作社开展农产品加工流通和社会化服务，带动农户发展规模经营。培育多元化农业服务主体，探索建立农技指导、信用评价、保险推广、产品营销于一体的公益性、综合性农业公共服务组织。大力发展农机作业、统防统治、集中育秧、加工储存等生产性服务组织。发挥供销、农垦等系统的优势，强化为农民服务。促进各类新型农业经营主体融合发展，培育和发展农业产业化联合体，鼓励建立产业协会和产业联盟。

（五）引导新型农业经营主体多路径提升规模经营水平。鼓励农民按照依法自愿有偿原则，通过流转土地经营权，提升土地适度规模经营水平。支持新型农业经营主体带动普通农户连片种植、规模饲养，并提供专业服务和生产托管等全程化服务，提升农业服务规模水平。引导新型农业经营主体集群集聚发展，参与粮食生产功能区、重要农产品生产保护区、特色农产品优势区以及现代农业产业园、农业科技园、农业产业化示范基地等建设，促进农业专业化布局、规模化生产。支持新型农业经营主体建设形成一批一村一品、一县一业等特色优势产业和乡村旅游基地，提高产业整体规模效益。

（六）引导新型农业经营主体多模式完善利益分享机制。引导和支持新型农业经营主体发展新产业新业态，扩大就业容量，吸纳农户脱贫致富。总结土地经营权入股农业产业化经营试点经验，

推广“保底收益+按股分红”等模式。进一步完善订单带动、利润返还、股份合作等新型农业经营主体与农户的利益联结机制，让农民成为现代农业发展的参与者、受益者，防止被挤出、受损害。支持龙头企业与农户共同设立风险保障金。探索建立政府扶持资金，既帮助新型农业经营主体提升竞争力，又增强其带动农户发展的能力，让更多农户分享政策红利的有效机制。鼓励地方将新型农业经营主体带动农户数量和成效作为相关财政支农资金和项目审批、验收的重要参考依据。允许将财政资金特别是扶贫资金量化到农村集体经济组织和农户后，以自愿入股方式投入新型农业经营主体，让农户共享发展收益。

（七）引导新型农业经营主体多形式提高发展质量。鼓励农户家庭农场使用规范的生产记录和财务收支记录，提升标准化生产和经营管理水平。引导农民合作社依照章程加强民主管理、民主监督，发挥成员积极性，共同办好合作社。鼓励龙头企业通过兼并重组，建立现代企业制度，加大科技创新，优化产品结构，强化品牌建设，提升农产品质量安全水平和市场竞争力。鼓励各类社会化服务组织按照生产作业标准或服务标准，提高服务质量水平。深入推进示范家庭农场、农民合作社示范社、农业产业化示范基地、农业示范服务组织、一村一品示范村镇创建，发挥示范带动作用。

## 三、建立健全支持新型农业经营主体发展政策体系

（八）完善财政税收政策。加大新型农业经营主体发展支持力度，针对不同主体，综合采用直接补贴、政府购买服务、定向委托、以奖代补等方式，增强补贴政策的针对性实效性。农机具购置补贴等政策要向新型农业经营主体倾斜。支持新型农业经营主体发

展加工流通、直供直销、休闲农业等，实现农村一二三产业融合发展。扩大政府购买农业公益性服务机制创新试点，支持符合条件的经营性服务组织开展公益性服务，建立健全规范程序和监督管理机制。鼓励有条件的地方通过政府购买服务，支持社会化服务，组织开展农林牧渔和水利等生产性服务。支持新型农业经营主体打造服务平台，为周边农户提供公共服务。鼓励龙头企业加大研发投入，支持符合条件的龙头企业创建农业高新技术企业。支持地方扩大农产品加工企业进项税额核定扣除试点行业范围，完善农产品初加工所得税优惠目录。落实农民合作社税收优惠政策。

（九）加强基础设施建设。各级财政支持的各类小型项目，优先安排农村集体经济组织、农民合作组织等作为建设管护主体，强化农民参与和全程监督。鼓励推广政府和社会资本合作模式，支持新型农业经营主体和工商资本投资土地整治和高标准农田建设。鼓励新型农业经营主体合建或与农村集体经济组织共建仓储烘干、晾晒场、保鲜库、农机库棚等农业设施。支持龙头企业建立与加工能力相配套的原料基地。统筹规划建设农村物流设施，重点支持一村一品示范村镇和农民合作社示范社建设电商平台基础设施，逐步带动形成以县、乡、村、社为支撑的农村物流网络体系。新型农业经营主体所用生产设施、附属设施和配套设施用地，符合国家有关规定的，按农用地管理。各县（市、区、旗）根据实际情况，在年度建设用地指标中优先安排新型农业经营主体建设配套辅助设施，并按规定减免相关税费。对新型农业经营主体发展较快、用地集约且需求大的地区，适度增加年度新增建设用地指标。通过城乡建设用地增减挂钩节余的用地指标，优先支持新型农业经营主体开展生产经营。允许新型农业经营主体依法依规盘活现有农村集体建设用地发展新产业。新型农业经营主体发展农产品初加工用电执行农业生产电价。推进农业水价综合改革，建立农业用水精准补贴机制和节水奖励机制，在完善水价形成机制的基础上，对符合条件的新型农业经营主体给予奖补。

（十）改善金融信贷服务。综合运用税收、奖补等政策，鼓励金融机构创新产品和服务，加大对新型农业经营主体、农村产业融合发展的信贷支持。建立健全全国农业信贷担保体系，确保对从事粮食生产和农业适度规模经营的新型农业经营主体的农业信贷担保余额不得低于总担保规模的70%。支持龙头企业为其带动的农户、家庭农场和农民合作社提供贷款担保。有条件的地方可建立市场化林权收储机构，为林业生产贷款提供林权收储担保的机构给予风险补偿。稳步推进农村承包土地经营权和农民住房财产权抵押贷款试点，探索开展粮食生产规模经营主体营销贷款和大型农机具融资租赁试点，积极推动厂房、生产大棚、渔船、大型农机具、农田水利设施产权抵押贷款和生产订单、农业保单融资。鼓励发展新型农村合作金融，稳步扩大农民合作社内部信用合作试点。建立新型农业经营主体生产经营直报系统，点对点对接信贷、保险和补贴等服务，探索建立新型农业经营主体信用评价体系，对符合条件的灵活确定贷款期限，简化审批流程，对正常生产经营、信用等级高的可以实行贷款优先等措施。积极引导互联网金融、产业资本依法依规开展农村金融服务。

（十一）扩大保险支持范围。鼓励地方建立政府相关部门与农业保险机构数据共享机制。在粮食主产省开展适度规模经营农户大灾保险试点，调整部分财政救灾资金予以支持，提高保险覆盖面和理赔标准。落实农业保险保额覆盖直接物化成本，创新“基本险

+附加险”产品，实现主要粮食作物保障水平涵盖地租成本和劳动力成本。推广农房、农机具、设施农业、渔业、制种保险等业务。积极开展天气指数保险、农产品价格和收入保险、“保险+期货”、农田水利设施保险、贷款保证保险等试点。研究出台对地方特色优势农产品保险的中央财政以奖代补政策。逐步建立专业化农业保险机构队伍，提高保险机构为农服务水平，简化业务流程，搞好理赔服务。支持保险机构对龙头企业到海外投资农业提供投融资保险服务。扩大保险资金支农融资试点。稳步开展农民互助合作保险试点，鼓励有条件的地方积极探索符合实际的互助合作保险模式。完善农业再保险体系和大灾风险分散机制，为农业保险提供持续稳定的再保险保障。

（十二）鼓励拓展营销市场。支持新型农业经营主体参与产销对接活动和在城市社区设立直销店（点）。落实鲜活农产品运输绿色通道、免征蔬菜流通环节增值税和支持批发市场建设等政策。鼓励有条件的地方对新型农业经营主体申请并获得专利、“三品一标”认证、品牌创建等给予适当奖励。加快实施“互联网+”现代农业行动，支持新型农业经营主体带动农户应用农业物联网和电子商务。采取降低入场费用和促销费用等措施，支持新型农业经营主体入驻电子商务平台。实施信息进村入户入社工程，建立农业信息监测分析预警体系，为新型农业经营主体提供市场信息服务。组织开展农民手机应用技能培训，提高新型农业经营主体和农民发展生产的能力。

（十三）支持人才培养引进。依托新型职业农民培育工程，整合各渠道培训资金资源，实施现代青年农场主培养计划、农村实用人才带头人培训计划以及新型农业经营主体带头人轮训计划，力争到"十三五"时期末轮训一遍，培养更多爱农业、懂技术、善经营的新型职业农民。办好农业职业教育，鼓励新型农业经营主体带头人通过"半农半读"、线上线下等多种形式就地就近接受职业教育，积极参加职业技能培训和技能鉴定。鼓励有条件的地方通过奖补等方式，引进各类职业经理人，提高农业经营管理水平。将新型农业经营主体列入高校毕业生"三支一扶"计划、大学生村官计划服务岗位的拓展范围。鼓励农民工、大中专毕业生、退伍军人、科技人员等返乡下乡创办领办新型农业经营主体。深入推行科技特派员制度，鼓励科研人员到农民合作社、龙头企业任职兼职，完善知识产权入股、参与分红等激励机制。建立产业专家帮扶和农技人员对口联系制度，发挥好县乡农民合作社辅导员的指导作用。

**四、健全政策落实机制**

（十四）加强组织领导。地方各级党委和政府要高度重视培育和发展新型农业经营主体，抓紧制定符合当地实际的具体措施和实施意见，加强对扶持政策落实的督促指导。各有关部门要加强协作配合，形成工作合力，结合各自职责抓好贯彻落实。要加强农村经营管理体系建设，鼓励各地采取安排专兼职人员、招收大学生村官等多种途径，充实基层经营管理工作力量，保障必要的工作条件，确保支持新型农业经营主体发展的各项工作抓细抓实。

（十五）搞好服务指导。加强调查研究，及时掌握新型农业经营主体发展的新情况新问题，宣传政策，搞好服务，促进其健康发展。完善家庭农场认定办法，落实农民合作社年度报告公示制度，开展重点龙头企业运行监测。鼓励有条件的地方建立新型农业经营主体名录并向社会公布，探索建立新型农业经营主体会计代理和财务审计制度，引导新型农业经营主体规范运行。

（十六）狠抓考核督查。将落实培育新型农业经营主体政策情况纳入工作绩效考核，并建立科学的政策绩效评估监督机制。畅通社会监督渠道，适时开展督查，对政策落实到位的地方和部门予以表扬，对工作不力的予以督促整改。进一步建立和完善新型农业经营主体统计调查、监测分析和定期发布制度。

（十七）强化法制保障。加快推进农村金融立法工作，确保农村改革与立法衔接。切实维护新型农业经营主体的合法权益，引导其诚信守法生产经营，为新型农业经营主体健康发展提供法制保障。

# 中共中央 国务院关于营造企业家健康成长环境弘扬优秀企业家精神更好发挥企业家作用的意见[①]

（2017 年 9 月 8 日）

企业家是经济活动的重要主体。改革开放以来，一大批优秀企业家在市场竞争中迅速成长，一大批具有核心竞争力的企业不断涌现，为积累社会财富、创造就业岗位、促进经济社会发展、增强综合国力作出了重要贡献。营造企业家健康成长环境，弘扬优秀企业家精神，更好发挥企业家作用，对深化供给侧结构性改革、激发市场活力、实现经济社会持续健康发展具有重要意义。为此，提出以下意见。

## 一、总体要求

1．指导思想

全面贯彻党的十八大和十八届三中、四中、五中、六中全会精神，深入贯彻习近平总书记系列重要讲话精神和治国理政新理念新思想新战略，着力营造依法保护企业家合法权益的法治环境、促进企业家公平竞争诚信经营的市场环境、尊重和激励企业家干事创业的社会氛围，引导企业家爱国敬业、遵纪守法、创业创新、服务社会，调动广大企业家积极性、主动性、创造性，发挥企业家作用，为促进经济持续健康发展和社会和谐稳定、实现全面建成小康社会奋斗目标和中华民族伟大复兴的中国梦作出更大贡献。

---

① 《中共中央 国务院关于营造企业家健康成长环境弘扬优秀企业家精神更好发挥企业家作用的意见》,《中华人民共和国国务院公报》，2017 年 28 期。

2．基本原则

——模范遵纪守法、强化责任担当。依法保护企业家合法权益，更好地发挥企业家遵纪守法、恪尽责任的示范作用，推动企业家带头依法经营，自觉履行社会责任，为建立良好的政治生态、净化社会风气、营造风清气正环境多作贡献。

——创新体制机制、激发生机活力。营造“亲”“清”新型政商关系，创新政企互动机制，完善企业家正向激励机制，完善产权保护制度，增强企业家创新活力、创业动力。

——遵循发展规律、优化发展环境。坚持党管人才，遵循市场规律和企业家成长规律，完善精准支持政策，推动政策落地实施，坚定企业家信心，稳定企业家预期，营造法治、透明、公平的政策环境和舆论环境。

——注重示范带动、着力弘扬传承。树立和宣传企业家先进典型，弘扬优秀企业家精神，造就优秀企业家队伍，强化年轻一代企业家的培育，让优秀企业家精神代代传承。

## 二、营造依法保护企业家合法权益的法治环境

1．依法保护企业家财产权。全面落实党中央、国务院关于完善产权保护制度依法保护产权的意见，认真解决产权保护方面的突出问题，及时甄别纠正社会反映强烈的产权纠纷申诉案件，剖析侵害产权案例，总结宣传依法有效保护产权的好做法、好经验、好案例。在立法、执法、司法、守法等各方面各环节，加快建立依法平等保护各种所有制经济产权的长效机制。研究建立因政府规划调整、政策变化造成企业合法权益受损的依法依规补偿救济机制。

2．依法保护企业家创新权益。探索在现有法律法规框架下以

知识产权的市场价值为参照确定损害赔偿额度，完善诉讼证据规则、证据披露以及证据妨碍排除规则。探索建立非诉行政强制执行绿色通道。研究制定商业模式、文化创意等创新成果的知识产权保护办法。

3．依法保护企业家自主经营权。企业家依法进行自主经营活动，各级政府、部门及其工作人员不得干预。建立完善涉企收费、监督检查等清单制度，清理涉企收费、摊派事项和各类达标评比活动，细化、规范行政执法条件，最大限度地减轻企业负担、减少自由裁量权。依法保障企业自主加入和退出行业协会商会的权利。研究设立全国统一的企业维权服务平台。

## 三、营造促进企业家公平竞争诚信经营的市场环境

1．强化企业家公平竞争权益保障。落实公平竞争审查制度，确立竞争政策基础性地位。全面实施市场准入负面清单制度，保障各类市场主体依法平等进入负面清单以外的行业、领域和业务。反对垄断和不正当竞争，反对地方保护，依法清理废除妨碍统一市场公平竞争的各种规定和做法，完善权利平等、机会平等、规则平等的市场环境，促进各种所有制经济依法依规平等使用生产要素、公开公平公正参与市场竞争、同等受到法律保护。

2．健全企业家诚信经营激励约束机制。坚守契约精神，强化企业家信用宣传，实施企业诚信承诺制度，督促企业家自觉诚信守法、以信立业，依法依规生产经营。利用全国信用信息共享平台和国家企业信用信息公示系统，整合在工商、财税、金融、司法、环保、安监、行业协会商会等部门和领域的企业及企业家信息，建立企业家个人信用记录和诚信档案，实行守信联合激励和失信联合惩戒。

3．持续提高监管的公平性规范性简约性。推行监管清单制度，明确和规范监管事项、依据、主体、权限、内容、方法、程序和处罚措施。全面实施“双随机、一公开”监管，有效避免选择性执法。推进综合监管，加强跨部门跨地区的市场协同监管。重点在食品药品安全、工商质检、公共卫生、安全生产、文化旅游、资源环境、农林水利、交通运输、城乡建设、海洋渔业等领域推行综合执法，有条件的领域积极探索跨部门综合执法。探索建立鼓励创新的审慎监管方式。清除多重多头执法，提高综合执法效率，减轻企业负担。

**四、营造尊重和激励企业家干事创业的社会氛围**

1．构建“亲”“清”新型政商关系。畅通政企沟通渠道，规范政商交往行为。各级党政机关干部要坦荡真诚同企业家交往，树立服务意识，了解企业经营情况，帮助解决企业实际困难，同企业家建立真诚互信、清白纯洁、良性互动的工作关系。鼓励企业家积极主动同各级党委和政府相关部门沟通交流，通过正常渠道反映情况、解决问题，依法维护自身合法权益，讲真话、谈实情、建诤言。引导更多民营企业家成为“亲”“清”新型政商关系的模范，更多国有企业家成为奉公守法守纪、清正廉洁自律的模范。

2．树立对企业家的正向激励导向。营造鼓励创新、宽容失败的文化和社会氛围，对企业家合法经营中出现的失误失败给予更多理解、宽容、帮助。对国有企业家以增强国有经济活力和竞争力等为目标、在企业发展中大胆探索、锐意改革所出现的失误，只要不属于有令不行、有禁不止、不当谋利、主观故意、独断专行等情形者，要予以容错，为担当者担当、为负责者负责、为干事者撑腰。

3．营造积极向上的舆论氛围。坚持实事求是、客观公正的原则，把握好正确舆论导向，加强对优秀企业家先进事迹和突出贡献的宣传报道，展示优秀企业家精神，凝聚崇尚创新创业正能量，营造尊重企业家价值、鼓励企业家创新、发挥企业家作用的舆论氛围。

## 五、弘扬企业家爱国敬业、遵纪守法、艰苦奋斗的精神

1．引导企业家树立崇高的理想信念。加强对企业家特别是年轻一代民营企业家的理想信念教育和社会主义核心价值观教育，开展优良革命传统、形势政策、守法诚信教育培训，培养企业家国家使命感和民族自豪感，引导企业家正确处理国家利益、企业利益、员工利益和个人利益的关系，把个人理想融入民族复兴的伟大实践。

2．强化企业家自觉遵纪守法意识。企业家要自觉依法合规经营，依法治企、依法维权，强化诚信意识，主动抵制逃税漏税、走私贩私、制假贩假、污染环境、侵犯知识产权等违法行为，不做偷工减料、缺斤短两、以次充好等亏心事，在遵纪守法方面争做社会表率。党员企业家要自觉做遵守党的政治纪律、组织纪律、廉洁纪律、群众纪律、工作纪律、生活纪律的模范。

3．鼓励企业家保持艰苦奋斗的精神风貌。激励企业家自强不息、勤俭节约，反对享乐主义，力戒奢靡之风，保持健康向上的生活情趣。企业发展遇到困难，要坚定信心、迎接挑战、奋发图强。企业经营成功，要居安思危、不忘初心、谦虚谨慎。树立不进则退、慢进亦退的竞争意识。

## 六、弘扬企业家创新发展专注品质追求卓越的精神

1．支持企业家创新发展。激发企业家创新活力和创造潜能，

依法保护企业家拓展创新空间，持续推进产品创新、技术创新、商业模式创新、管理创新、制度创新，将创新创业作为终身追求，增强创新自信。提升企业家科学素养，发挥企业家在推动科技成果转化中的重要作用。吸收更多企业家参与科技创新政策、规划、计划、标准制定和立项评估等工作，向企业开放专利信息资源和科研基地。引导金融机构为企业家创新创业提供资金支持，探索建立创业保险、担保和风险分担制度。

2．引导企业家弘扬工匠精神。建立健全质量激励制度，强化企业家“以质取胜”的战略意识，鼓励企业家专注专长领域，加强企业质量管理，立志于“百年老店”持久经营与传承，把产品和服务做精做细，以工匠精神保证质量、效用和信誉。深入开展质量提升行动。着力培养技术精湛技艺高超的高技术人才，推广具有核心竞争力的企业品牌，扶持具有优秀品牌的骨干企业做强做优，树立具有一流质量标准和品牌价值的样板企业。激发和保护老字号企业企业家改革创新发展意识，发挥老字号的榜样作用。

3．支持企业家追求卓越。弘扬敢闯敢试、敢为天下先、敢于承担风险的精神，支持企业家敏锐捕捉市场机遇，不断开拓进取、拼搏奋进，争创一流企业、一流管理、一流产品、一流服务和一流企业文化，提供人无我有、人有我优、人优我特、人特我新的具有竞争力的产品和服务，在市场竞争中勇立潮头、脱颖而出，培育发展壮大更多具有国际影响力的领军企业。

## 七、弘扬企业家履行责任敢于担当服务社会的精神

1．引导企业家主动履行社会责任。增强企业家履行社会责任的荣誉感和使命感，引导和支持企业家奉献爱心，参与光彩事业、

公益慈善事业、“万企帮万村”精准扶贫行动、应急救灾等，支持国防建设，在构建和谐劳动关系、促进就业、关爱员工、依法纳税、节约资源、保护生态等方面发挥更加重要的作用。国有企业家要自觉做履行政治责任、经济责任、社会责任的模范。

2. 鼓励企业家干事担当。激发企业家致富思源的情怀，引导企业家认识改革开放为企业和个人施展才华提供的广阔空间、良好机遇、美好前景，先富带动后富，创造更多经济效益和社会效益。引导企业家认识把握引领经济发展新常态，积极投身供给侧结构性改革，在振兴和发展实体经济等方面作出更大贡献。激发国有企业家服务党、服务国家、服务人民的担当精神。国有企业家要更好肩负起经营管理国有资产、实现保值增值的重要责任，做强做优做大国有企业，不断提高企业核心竞争力。

3. 引导企业家积极投身国家重大战略。完善企业家参与国家重大战略实施机制，鼓励企业家积极投身“一带一路”建设、京津冀协同发展、长江经济带发展等国家重大战略实施，参与引进来和走出去战略，参与军民融合发展，参与中西部和东北地区投资兴业，为经济发展拓展新空间。

## 八、加强对企业家优质高效务实服务

1. 以市场主体需求为导向深化“放管服”改革。围绕使市场在资源配置中起决定性作用和更好发挥政府作用，在更大范围、更深层次上深化简政放权、放管结合，优化服务。做好“放管服”改革涉及的规章、规范性文件清理工作。建立健全企业投资项目高效审核机制，支持符合条件的地区和领域开展企业投资项目承诺制改革探索。优化面向企业和企业家服务项目的办事流程，推进窗口单位精准服务。

2. 健全企业家参与涉企政策制定机制。建立政府重大经济决策主动向企业家问计求策的程序性规范，政府部门研究制定涉企政策、规划、法规，要听取企业家的意见建议。保持涉企政策稳定性和连续性，基于公共利益确需调整的，严格调整程序，合理设立过渡期。

3. 完善涉企政策和信息公开机制。利用实体政务大厅、网上政务平台、移动客户端、自助终端、服务热线等线上线下载体，建立涉企政策信息集中公开制度和推送制度。加大政府信息数据开放力度。强化涉企政策落实责任考核，充分吸收行业协会商会等第三方机构参与政策后评估。

4. 加大对企业家的帮扶力度。发挥统战部门、国资监管机构和工商联、行业协会商会等作用，建立健全帮扶企业家的工作联动机制，定期组织企业家座谈和走访，帮助解决企业实际困难。对经营困难的企业，有关部门、工商联、行业协会商会等要主动及时了解困难所在、发展所需，在维护市场公平竞争的前提下积极予以帮助。支持再次创业，完善再创业政策，根据企业家以往经营企业的纳税信用级别，在办理相关涉税事项时给予更多便捷支持。加强对创业成功和失败案例研究，为企业家创新创业提供借鉴。

## 九、加强优秀企业家培育

1. 加强企业家队伍建设规划引领。遵循企业家成长规律，加强部门协作，创新工作方法，加强对企业家队伍建设的统筹规划，将培养企业家队伍与实施国家重大战略同步谋划、同步推进，鼓励支持更多具有创新创业能力的人才脱颖而出，在实践中培养一批具有全球战略眼光、市场开拓精神、管理创新能力和社会责任感的优秀企业家。

2. 发挥优秀企业家示范带动作用。总结优秀企业家典型案例，对爱国敬业、遵纪守法、艰苦奋斗、创新发展、专注品质、追求卓越、诚信守约、履行责任、勇于担当、服务社会等有突出贡献的优秀企业家，以适当方式予以表彰和宣传，发挥示范带动作用。强化优秀企业家精神研究，支持高等学校、科研院所与行业协会商会、知名企业合作，总结富有中国特色、顺应时代潮流的企业家成长规律。

3. 加强企业家教育培训。以强化忠诚意识、拓展世界眼光、提高战略思维、增强创新精神、锻造优秀品行为重点，加快建立健全企业家培训体系。支持高等学校、科研院所、行业协会商会等开展精准化的理论培训、政策培训、科技培训、管理培训、法规培训，全面增强企业家发现机会、整合资源、创造价值、回馈社会的能力。建立健全创业辅导制度，支持发展创客学院，发挥企业家组织的积极作用，培养年轻一代企业家。加大党校、行政学院等机构对企业家的培训力度。搭建各类企业家互相学习交流平台，促进优势互补、共同提高。组织开展好企业家活动日等形式多样的交流培训。

## 十、加强党对企业家队伍建设的领导

1. 加强党对企业家队伍的领导。坚持党对国有企业的领导，全面加强国有企业党的建设，发挥国有企业党组织领导作用。增强国有企业家坚持党的领导、主动抓企业党建意识，建好、用好、管好一支对党忠诚、勇于创新、治企有方、兴企有为、清正廉洁的国有企业家队伍。教育引导民营企业家拥护党的领导，支持企业党建工作。建立健全非公有制企业党建工作机制，积极探索党建工作多种方式，努力扩大非公有制企业党的组织和工作覆盖。充分发挥党组织在职工群众中的政治核心作用、在企业发展中的政治引领作用。

2. 发挥党员企业家先锋模范作用。强化对党员企业家日常教育管理基础性工作，加强党性教育、宗旨教育、警示教育，教育党员企业家牢固树立政治意识、大局意识、核心意识、看齐意识，严明政治纪律和政治规矩，坚定理想信念，坚决执行党的基本路线和各项方针政策，把爱党、忧党、兴党、护党落实到经营管理的各项工作中，率先垂范，用实际行动彰显党员先锋模范作用。

各地区各部门要充分认识营造企业家健康成长环境、弘扬优秀企业家精神、更好发挥企业家作用的重要性，统一思想，形成共识和合力，制定和细化具体政策措施，加大面向企业家的政策宣传和培训力度，狠抓贯彻落实。国家发展改革委要会同有关方面分解工作任务，对落实情况定期督察和总结评估，确保各项举措落到实处、见到实效。

# 工商企业登记管理条例[①]

（1982 年 7 月 7 日国务院常务会议通过）

第一条　为加强对工商企业的管理，保障合法经营，取缔非法活动，维护社会主义经济秩序，促进社会主义建设，特制定本条例。

第二条　下列工业、交通运输业、建筑业、商业、外贸业、饮食业、服务业、旅游业、手工业、修理业的生产、经营单位（以下统称工商企业），都应当依照本条例的规定，办理登记：

（一）国营工商企业；

（二）合作社营和其他集体所有制的工商企业；

（三）联营、合营的工商企业；

（四）铁道、民航、邮电通信部门及其他公用事业单位所属的工商企业。

省、自治区、直辖市人民政府认为有必要办理登记的其他工商企业。

第三条　工商企业登记主管机关，在中央是国家工商行政管理局，在地方是省、自治区、直辖市和市、县工商行政管理局。

工商企业除全国性公司外，一律在所在市、县工商行政管理局办理登记。

第四条　申请登记的工商企业，应当是直接从事生产经营并实行独立核算的单位。工商企业所属的非独立核算的分支机构，由该工商企业统一申请登记。

① 《工商企业登记管理条例》，《中华人民共和国国务院公报》，1982 年第 13 期。

第五条　工商企业应当登记的主要事项：企业名称、地址、负责人姓名、筹建或者开业日期、经济性质、生产经营范围、生产经营方式、资金总额、职工人数或者从业人数。

第六条　工商企业只准登记和使用一个名称。在同一市、县境内，不得使用已登记的同行业工商企业的名称。

第七条　开办工商企业，需要进行基本建设的，应于建设项目批准后三十日内，向市、县工商行政管理局申请筹建登记。工商企业建成后，应于投产或者开业前三十日内，向市、县工商行政管理局申请开业登记。

第八条　开办工商企业，不需要进行基本建设的，不办理筹建登记，直接申请开业登记。申请开业登记，应于开办企业批准后三十日内，向市、县工商行政管理局办理。

第九条　工商企业申请筹建或者开业登记时，应当根据国家规定开办工商企业审批程序及有关规定，分别不同情况，提交下列文件副本：

（一）开办企业申请报告及主管部门批准文件；

（二）县以上计划部门或者人民政府批准文件；

（三）其他有关文件。

外贸企业，联营、合营工商企业，合作社营及其他集体所有制工商企业，申请筹建或者开业登记，除提交前款规定的文件副本外，还应当提交企业章程。

第十条　市、县工商行政管理局，对工商企业筹建或者开业的申请登记，经过审查认为符合本条例规定的，应当核准登记，发给筹建许可证或者营业执照。工商企业凭具筹建许可证或者营业执照，到银行开立帐户，进行筹建或者生产经营活动。

未经核准登记的工商企业、一律不准筹建或者开业，不得刻制公章、签订合同、注册商标、刊登广告，银行不予开立帐户。

第十一条　工商企业改变企业名称、经济性质、生产经营范围、生产经营方式，应当按照有关规定于批准后三十日内，向市、县工商行政管理局办理变更登记。

其他登记事项如有变更、应当在年终向市、县工商行政管理局书面报告。

第十二条　工商企业歇业时，应当按照有关规定经批准后三十日内，向市、县工商行政管理局办理注销手续，缴销营业执照。

工商企业停产或者停业在一年以上的，视同歇业，应当办理注销手续，缴销营业执照。

第十三条　工商企业合并、分立、转业或者迁移时，应当按照有关规定于批准后三十日内，分别不同情况，办理开业登记、变更登记或者歇业注销手续。

第十四条　工商企业在办理登记时，应当交纳登记费。登记费金额由国家工商行政管理局规定。

第十五条　各级工商行政管理局对于工商企业的申请登记，经审查符合本条例有关规定，应予及时办理，不得无故拖延。

第十六条　工商行政管理局应对工商企业的登记资料和其他有关资料建立企业登记档案，按照专业档案进行管理。

第十七条　工商企业必须按照国家的政策、法令和核定的登记事项从事生产经营。各级工商行政管理局有权对所管辖地区内的工商企业进行监督检查，工商企业应当提供检查所需要的文件、帐册、表报及其他有关资料。

第十八条　工商企业违反本条例规定有下列情形之一的，工商行政管理局应当根据不同情况，给予批评教育；情节严重的，给予警告、罚款、通知银行冻结其存款或者撤销其银行帐户、勒令停办或者停业、吊销筹建许可证或者营业执照的处分：

（一）未经登记擅自筹建或者开业的；

（二）违反核定登记事项进行生产经营不接受劝告或者不按照规定期限改正的；

（三）登记中隐瞒真实情况、弄虚作假的；

（四）伪造、涂改、转让筹建许可证或者营业执照的。

工商企业利用营业执照为合法形式从事非法经营的，其非法所得，应予没收。

第十九条　中外合资经营企业及外国企业常驻中国代表机构的登记管理办法，按照有关规定执行。

在中华人民共和国境内的外国企业的登记管理办法，参照有关规定执行。

第二十条　个体经营户的登记管理办法，按照有关规定执行。

第二十一条　本条例的施行细则，由国家工商行政管理局制定。

第二十二条　本条例自公布之日起施行。一九六二年十二月三十日国务院发布的《工商企业登记管理试行办法》同时废止。

# 城乡个体工商户管理暂行条例[1]

（1987年8月5日国务院发布）

第一条　为了指导、帮助城乡劳动者个体经济的发展，加强对个体工商户的监督、管理，保护其合法权益，根据国家法律规定，制定本条例。

第二条　有经营能力的城镇待业人员、农村村民以及国家政策允许的其他人员，可以申请从事个体工商业经营，依法经核准登记后为个体工商户。

第三条　个体工商户可以在国家法律和政策允许的范围内，经营工业、手工业、建筑业、交通运输业、商业、饮食业、服务业、修理业及其他行业。

第四条　个体工商户，可以个人经营，也可以家庭经营。个人经营的，以个人全部财产承担民事责任；家庭经营的，以家庭全部财产承担民事责任。

个体工商户可以根据经营情况请一、二个帮手；有技术的个体工商户可以带三、五个学徒。

第五条　个体工商户的合法权益受国家法律保护，任何单位和个人不得侵害。

第六条　国家工商行政管理局和地方各级工商行政管理局对个体工商户履行下列行政管理职责：

（一）对从事个体工商业经营的申请进行审核、登记，颁发营

① 《城乡个体工商户管理暂行条例》，《中华人民共和国国务院公报》，1987年第20期。

业执照；

（二）依照法律和本条例的规定，对个体工商户的经营活动进行管理和监督，保护合法经营，查处违法经营活动，维护城乡市场秩序；

（三）对个体劳动者协会的工作给予指导；

（四）国家授予的其他管理权限。

各有关行业主管部门应当按照国家规定，对个体工商户进行业务管理、指导、帮助。

第七条　申请从事个体工商业经营的个人或者家庭，应当持所在地户籍证明及其他有关证明，向所在地工商行政管理机关申请登记，经县级工商行政管理机关核准领取营业执照后，方可营业。

国家规定经营者需要具备特定条件或者需经行业主管部门批准的，应当在申请登记时提交有关批准文件。

申请经营旅店业、刻字业、信托寄卖业、印刷业，应当经所在地公安机关审查同意。

第八条　个体工商户应当登记的主要项目如下：字号名称、经营者姓名和住所、从业人数、资金数额、组成形式、经营范围、经营方式、经营场所。

第九条　个体工商户改变字号名称、经营者住所、组成形式、经营范围、经营方式、经营场所等项内容，以及家庭经营的个体工商户改变家庭经营者姓名时，应当向原登记的工商行政管理机关办理变更登记。未经批准，不得擅自改变。

个人经营的个体工商户改变经营者时，应当重新申请登记。

第十条　个体工商户应当每年在规定时间内，向所在地工商行政管理机关办理验照手续。逾期不办理且无正当理由的，工商行政管理机关有权收缴营业执照。

第十一条　个体工商户歇业时，应当办理歇业手续，缴销营业执照。自行停业超过六个月的，由原登记的工商行政管理机关收缴营业执照。

第十二条　个体工商户缴销、被收缴或者吊销营业执照时，应当向债权人清偿债务。

第十三条　个体工商户应当按照规定缴纳登记费和管理费。登记费和管理费的收费标准及管理办法，由国家工商行政管理局和财政部共同制定。

第十四条　个体工商户所需生产经营场地，当地人民政府应当纳入城乡建设规划，统筹安排。经批准使用的经营场地，任何单位和个人不得随意侵占。

第十五条　个体工商户生产经营所需原材料、燃料以及货源，需要由国营批发单位供应的，供应单位应当合理安排，不得歧视。

第十六条　个体工商户可以凭营业执照在银行或者其他金融机构按有关规定，开立帐户，申请贷款。

第十七条　个体工商户营业执照是国家授权工商行政管理机关核发的合法凭证，除工商行政管理机关依照法定程序可以扣缴或者吊销外，任何单位和个人不得扣缴或者吊销。

第十八条　除法律、法规和省级人民政府另有规定者外，任何单位和个人不得向个体工商户收取费用。

对擅自向个体工商户收取费用的，个体工商户有权拒付，各级工商行政管理机关有权予以制止。

第十九条　个体工商户应当遵守国家法律和政策的规定，自觉维护市场秩序，遵守职业道德，从事正当经营，不得从事下列活动：

（一）投机诈骗，走私贩私；

（二）欺行霸市，哄抬物价，强买强卖；

（三）偷工减料，以次充好，短尺少秤，掺杂使假；

（四）出售不符合卫生标准的、有害人身健康的食品；

（五）生产或者销售毒品、假商品、冒牌商品；

（六）出售反动、荒诞、诲淫诲盗的书刊、画片、音像制品；

（七）法律和政策不允许的其他生产经营活动。

第二十条　个体工商户应当按照税务机关的规定办理税务登记、建立帐簿和申报纳税，不得漏税、偷税、抗税。

第二十一条　个体工商户按规定请帮手、带学徒应当签订书面合同，约定双方的权利和义务，规定劳动报酬、劳动保护、福利待遇、合同期限等事项。所签合同受国家法律保护，不得随意违反。

从事关系到人身健康、生命安全等行业的个体工商户，必须为其帮手、学徒向中国人民保险公司投保。

第二十二条　个体工商户违反本条例第七条、第九条、第十条、第十一条、第十三条、第十九条的规定，由工商行政管理机关根据不同情况分别给予下列处罚：

（　）警告；

（二）罚款；

（三）没收非法所得；

（四）责令停止营业；

（五）扣缴或者吊销营业执照。

以上处罚，可以并处。

违反治安管理的，由公安机关依照有关规定处罚；触犯刑律的，依法追究刑事责任。

第二十三条　个体工商户及其从业人员拒绝、阻挠工商行政管理人员及其他管理人员依法执行职务，尚不够刑事处罚的，由公安机关依照有关规定处罚；触犯刑律的，依法追究刑事责任。

第二十四条　工商行政管理机关的工作人员或者其他管理人员违反本条例规定，严重失职、营私舞弊、收受贿赂或者侵害个体工商户合法权益的，有关主管机关应当根据情节给予行政处分和经济处罚；造成经济损失的，责令赔偿；触犯刑律的，依法追究刑事责任。

第二十五条　个体工商户对管理机关作出的违章处理不服时，应当首先按照处理决定执行，然后在收到处理决定通知之日起十五日内向作出处理的机关的上级机关申请复议。上级机关应当在接到申请之日起三十日内作出答复。对答复不服的，可以在接到答复之日起三十日内，向人民法院起诉。

第二十六条　依照国家有关规定，个人经营或者家庭经营营利性的文化教育、体育娱乐、信息传播、科技交流、咨询服务，以及各种技术培训等项业务的，参照本条例规定执行。

第二十七条　本条例由国家工商行政管理局负责解释；实施细则由国家工商行政管理局制定。

第二十八条　本条例自 1987 年 9 月 1 日起施行。

# 中华人民共和国私营企业暂行条例①

（1988 年 6 月 25 日）

## 第一章　总则

第一条　为鼓励、引导私营企业健康发展，保障私营企业的合法权益，加强监督管理，繁荣社会主义有计划商品经济，制定本条例。

第二条　本条例所称私营企业是指企业资产属于私人所有、雇工八人以上的营利性的经济组织。

第三条　私营经济是社会主义公有制经济的补充。国家保护私营企业的合法权益。私营企业必须在国家法律、法规和政策规定的范围内从事经营活动。

第四条　私营企业职工依法组织工会。职工的合法权益受国家法律保护。

第五条　私营企业可以成立私营企业协会。

## 第二章　私营企业的种类

第六条　私营企业分为以下三种：

（一）独资企业；

（二）合伙企业；

（三）有限责任公司。

第七条　独资企业是指一人投资经营的企业。

① 《中华人民共和国私营企业暂行条例》，《中华人民共和国国务院公报》，1988 年第 15 期。

独资企业投资者对企业债务负无限责任。

第八条　合伙企业是指二人以上按照协议投资、共同经营、共负盈亏的企业。

合伙企业应当有书面协议。

合伙人对企业债务负连带无限责任。

第九条　有限责任公司是指投资者以其出资额对公司负责，公司以其全部资产对公司债务承担责任的企业。

有限责任公司应当符合下列规定：

（一）公司名称标明有限责任公司或者有限公司的字样；

（二）有符合本条例规定的公司章程；

（三）投资者为二人以上三十人以下；

（四）注册资金取得合法的验资证明；

（五）投资者转让出资应当取得其他投资者的同意，投资者为三人以上的，需要取得半数以上的投资者的同意；

（六）不得减少注册资金；

（七）不得向社会发行股票。

有限责任公司投资者超过三十人的，应当向工商行政管理机关作专项申报，经同意后始得办理登记。

第十条　有限责任公司依法取得法人资格。

## 第三章　私营企业的开办和关闭

第十一条　下列人员可以申请开办私营企业：

（一）农村村民；

（二）城镇待业人员；

（三）个体工商户经营者；

（四）辞职、退职人员；

（五）国家法律、法规和政策允许的离休、退休人员和其他人员。

第十二条　私营企业可以在国家法律、法规和政策规定的范围内，从事工业、建筑业、交通运输业、商业、饮食业、服务业、修理业和科技咨询等行业的生产经营。

私营企业不得从事军工、金融业的生产经营，不得生产经营国家禁止经营的产品。

第十三条　申请开办私营企业应当具备下列条件：

（一）与生产经营和服务规模相适应的资金和从业人员；

（二）固定的经营场所和必要的设施；

（三）符合国家法律、法规和政策规定的经营范围。

第十四条　有限责任公司章程应当包括下列事项：

（一）公司名称和住所；

（二）开办公司的宗旨和经营范围；

（三）注册资金和各个投资者的出资数额；

（四）投资者的姓名、住所及投资者的权利、义务；

（五）公司的组织机构；

（六）公司的解散条件；

（七）投资者转让出资的条件；

（八）利润分配和亏损分担的办法；

（九）公司章程的修改程序；

（十）需要订明的其他事项。

第十五条　申请开办私营企业，必须持有关证件向企业所在地工商行政管理机关办理登记，经核准发给营业执照后，始得营业。

第十六条　私营企业分立、合并、转让、迁移以及改变经营范围等，应当向工商行政管理机关办理变更登记或者重新登记。

第十七条　私营企业歇业，应当在距歇业三十日前向工商行政管理机关提出申请，经核准后办理注销登记。

私营企业歇业，应当进行财产清算，偿还债务。

第十八条　私营企业破产，应当进行破产清算，偿还债务，具体办法另行制定。

第十九条　具备法人条件的私营企业办理开业登记、变更登记和注销登记，依照《中华人民共和国企业法人登记管理条例》的规定执行。

## 第四章　私营企业的权利和义务

第二十条　私营企业投资者对其财产依法享有所有权，其财产可以依法继承。

第二十一条　私营企业在生产经营活动中享有下列权利：

（一）核准登记的名称在规定的范围内享有专用权；

（二）在核准登记的范围内自主经营；

（三）决定企业的机构设置，招用或者辞退职工；

（四）决定企业的工资制度和利润分配形式；

（五）按照国家价格管理规定，制定企业的商品价格和收费标准；

（六）订立合同；

（七）申请专利、注册商标。

第二十二条　私营企业按照国家法律、法规的规定，可以同外国公司、企业和其他经济组织或者个人举办中外合资经营企业、中外合作经营企业，可以承揽来料加工、来样加工、来件装配，从事补偿贸易。

第二十三条　私营企业在生产经营活动中应当履行下列义务：

（一）遵守国家法律、法规和政策；

（二）依法纳税；

（三）服从国家有关机关的监督管理。

第二十四条　私营企业应当在银行或者其他金融机构按照国家有关规定开立帐户。符合规定条件的，可以申请贷款。

第二十五条　除国家法律、法规规定者外，任何单位不得以任何方式要求私营企业提供财力、物力、人力。对于向私营企业的摊派，私营企业有权拒绝提供，工商行政管理机关有权予以制止。

第二十六条　私营企业的《企业法人营业执照》或者《营业执照》，除工商行政管理机关依照法定程序可以扣缴或者吊销外，不被扣缴或者吊销。

## 第五章　私营企业的劳动管理

第二十七条　私营企业招用职工必须按照平等自愿、协商一致的原则以书面形式签订劳动合同，确定双方的权利、义务。

私营企业劳动合同应当向当地劳动行政管理机关备案。

第二十八条　劳动合同应当包括下列内容：

（一）对职工劳动的质量和数量要求；

（二）合同期限；

（三）劳动条件；

（四）劳动报酬、保险和福利待遇；

（五）劳动纪律；

（六）违反劳动合同应当承担的责任；

（七）双方议定的其他事项。

第二十九条　私营企业发生的劳动争议，参照《国营企业劳动争议处理暂行规定》处理。

第三十条　私营企业必须执行国家有关劳动保护的规定，建立必要的规章制度，提供劳动安全、卫生设施，保障职工的安全和健康。

私营企业对从事关系到人身健康、生命安全的行业或者工种的职工，必须按照国家规定向保险公司投保。

私营企业有条件的应当为职工办理社会保险。

第三十一条　私营企业实行八小时工作制。

第三十二条　私营企业不得招用未满十六周岁的童工。

第三十三条　私营企业工会有权代表职工与企业签订集体合同。依法保护职工的合法权益，支持企业的生产经营活动。

## 第六章　私营企业的财务和税收

第三十四条　私营企业必须在领取《企业法人营业执照》或者《营业执照》之日起三十日内，向当地税务机关申报办理税务登记。

第三十五条　私营企业必须按照国家财务会计法规和税务机关的规定，健全财务会计制度，配备财会人员，建立会计帐簿，编送财务报表，严格履行纳税义务，接受税务机关的监督检查。

第三十六条　私营企业厂长（经理或董事长）的工资，可以在本企业职工平均工资十倍以内确定。

第三十七条　私营企业所得税，按照《中华人民共和国私营企业所得税暂行条例》和有关规定执行。

第三十八条　私营企业税后利润留作生产发展基金的部分不得低于50%。由于特殊原因，提取比例低于50%的，须经税务机关批准。

私营企业的生产发展基金可以用于本企业扩大再生产、向其他企业投资、偿还贷款或者弥补本企业的亏损。用于其他用途，须经税务机关批准。

第三十九条　私营企业投资者的工资收入和税后利润分配所得应当依法缴纳个人收入调节税。

## 第七章　监督与处罚

第四十条　工商行政管理机关应当加强对私营企业的行政管理和监督，保护合法经营，查处违法经营活动。

各有关行业主管部门应当按照国家规定，对私营企业的生产经营活动进行业务指导、帮助和管理。

第四十一条　私营企业有下列行为之一的，由工商行政管理机关根据情节，分别给予警告、罚款、没收非法所得、责令停业整顿、吊销《营业执照》的处罚：

（一）登记中隐瞒真实情况、弄虚作假或者未经核准登记注册擅自开业的；

（二）超出核准登记的经营范围从事经营活动或者不按规定办理变更登记、重新登记、注销登记的；

（三）伪造、涂改、出租、转让、出卖或者擅自复印《营业执照》的；

（四）从事非法经营活动的。

取得法人资格的私营企业违反登记管理规定，按照《中华人民共和国企业法人登记管理条例》的规定处罚。

第四十二条　私营企业有下列行为之一的，由劳动行政管理机关根据情节，分别给予警告、罚款的处罚：

（一）不按国家关于劳动保护的规定从事生产经营的；

（二）招用童工的；

（三）侵犯职工合法权益的。

第四十三条　私营企业违反本条例第三十八条规定的行为，由税务机关根据情节，分别给予警告、罚款的处罚。

第四十四条　私营企业对管理机关按照本条例第四十一条、第四十二条的规定作出的处罚决定不服时，应当在收到通知之日起十五日内向作出处罚决定机关的上一级机关申请复议。上一级机关应当在收到申请之日起三十日内作出复议决定。申请人对复议决定不服的，可以在收到通知之日起三十日内向人民法院起诉。

逾期未申请复议或者未向人民法院起诉的，处罚决定生效。

第四十五条　私营企业违反国家有关税收、资源、工商行政、价格、金融、计量、质量、卫生、环境保护等法律、法规的行为，由有关机关依法予以处罚。

第四十六条　管理机关的工作人员违反本条例规定，滥用职权、徇私舞弊、收受贿赂或者侵害私营企业合法权益的，有关主管机关应当根据情节给予行政处分、经济处罚；触犯刑律的，依法追究刑事责任。

## 第八章　附则

第四十七条　本条例由国家工商行政管理局负责解释；施行办法由国家工商行政管理局会同有关部门制定。

第四十八条　本条例自一九八八年七月一日起施行。

# 中华人民共和国私营企业所得税暂行条例[①]

（1988 年 6 月 25 日）

第一条　凡从事工业、建筑业、交通运输业、商业、饮食业以及其他行业的城乡私营企业，都是私营企业所得税的纳税义务人（以下简称纳税人），应当依照本条例缴纳所得税。

第二条　纳税人每一纳税年度的收入总额，减除成本、费用、国家允许在所得税前列支的税金和营业外支出后的余额，为私营企业应纳税所得额。

纳税人计算缴纳所得税的列支项目和标准，由税务机关规定。

第三条　私营企业所得税依照 35%的比例税率计算征收。

第四条　纳税人有下列情况之一的，可由省、自治区、直辖市人民政府确定，在一定期限内减征、免征所得税：

（一）利用废水、废气、废渣等废弃物为主要原料进行生产的；

（二）遇有风、火、水、震等灾情，纳税确有困难的；

（三）纳税人因特殊情况需要减税、免税的。

第五条　除本条例第四条规定者外，其他需要减税、免税的，由财政部确定。

第六条　纳税人在纳税年度发生亏损，经税务机关批准，可以从下一年度的所得中提取相应的数额加以弥补；下一年度的所得额不足弥补的，可以递延逐年提取所得继续弥补，但连续弥补期限不得超过 3 年。

---

① 《中华人民共和国私营企业所得税暂行条例》，《中华人民共和国国务院公报》，1988 年 15 期。

第七条　私营企业所得税，由纳税人向当地税务机关缴纳。

第八条　私营企业所得税按年计算，分月或者分季预缴，年终汇算清缴，多退少补。具体纳税期限由县、市税务机关确定。

第九条　纳税人必须按照税务机关的规定建立帐簿和保存凭证，并按规定向当地税务机关编送财务报表和进行纳税申报。对未按照规定执行的纳税人，税务机关可处以 5000 元以下的罚款；情节严重的，经省、自治区、直辖市税务机关批准可处以 3 万元以下的罚款。

第十条　私营企业所得税的征收管理，依照《中华人民共和国税收征收管理暂行条例》的规定执行。

第十一条　本条例由财政部负责解释；施行细则由财政部制定。

第十二条　本条例自 1988 年度起施行。

# 中华人民共和国合伙企业登记管理办法[①]

（1997 年 11 月 19 日中华人民共和国国务院令第 236 号发布，根据 2007 年 5 月 9 日《国务院关于修改〈中华人民共和国合伙企业登记管理办法〉的决定》修订）

## 第一章　总则

第一条　为了确认合伙企业的经营资格，规范合伙企业登记行为，依据《中华人民共和国合伙企业法》（以下简称合伙企业法），制定本办法。

第二条　合伙企业的设立、变更、注销，应当依照合伙企业法和本办法的规定办理企业登记。

申请办理合伙企业登记，申请人应当对申请材料的真实性负责。

第三条　合伙企业经依法登记，领取合伙企业营业执照后，方可从事经营活动。

第四条　工商行政管理部门是合伙企业登记机关（以下简称企业登记机关）。

国务院工商行政管理部门负责全国的合伙企业登记管理工作。

市、县工商行政管理部门负责本辖区内的合伙企业登记。

国务院工商行政管理部门对特殊的普通合伙企业和有限合伙企业的登记管辖可以作出特别规定。

法律、行政法规对合伙企业登记管辖另有规定的，从其规定。

① 《中华人民共和国合伙企业登记管理办法》，《中华人民共和国国务院公报》，2007 年 18 期。

## 第二章　设立登记

第五条　设立合伙企业，应当具备合伙企业法规定的条件。

第六条　合伙企业的登记事项应当包括：

（一）名称；

（二）主要经营场所；

（三）执行事务合伙人；

（四）经营范围；

（五）合伙企业类型；

（六）合伙人姓名或者名称及住所、承担责任方式、认缴或者实际缴付的出资数额、缴付期限、出资方式和评估方式。

合伙协议约定合伙期限的，登记事项还应当包括合伙期限。

执行事务合伙人是法人或者其他组织的，登记事项还应当包括法人或者其他组织委派的代表（以下简称委派代表）。

第七条　合伙企业名称中的组织形式后应当标明“普通合伙”、“特殊普通合伙”或者“有限合伙”字样，并符合国家有关企业名称登记管理的规定。

第八条　经企业登记机关登记的合伙企业主要经营场所只能有一个，并且应当在其企业登记机关登记管区域内。

第九条　合伙协议未约定或者全体合伙人未决定委托执行事务合伙人的，全体合伙人均为执行事务合伙人。

有限合伙人不得成为执行事务合伙人。

第十条　合伙企业类型包括普通合伙企业（含特殊的普通合伙企业）和有限合伙企业。

第十一条　设立合伙企业，应当由全体合伙人指定的代表或者共同委托的代理人向企业登记机关申请设立登记。

申请设立合伙企业，应当向企业登记机关提交下列文件：

（一）全体合伙人签署的设立登记申请书；

（二）全体合伙人的身份证明；

（三）全体合伙人指定代表或者共同委托代理人的委托书；

（四）合伙协议；

（五）全体合伙人对各合伙人认缴或者实际缴付出资的确认书；

（六）主要经营场所证明；

（七）国务院工商行政管理部门规定提交的其他文件。

法律、行政法规或者国务院规定设立合伙企业须经批准的，还应当提交有关批准文件。

第十二条　合伙企业的经营范围中有属于法律、行政法规或者国务院规定在登记前须经批准的项目的，应当向企业登记机关提交批准文件。

第十三条　全体合伙人决定委托执行事务合伙人的，应当向企业登记机关提交全体合伙人的委托书。执行事务合伙人是法人或者其他组织的，还应当提交其委派代表的委托书和身份证明。

第十四条　以实物、知识产权、土地使用权或者其他财产权利出资，由全体合伙人协商作价的，应当向企业登记机关提交全体合伙人签署的协商作价确认书；由全体合伙人委托法定评估机构评估作价的，应当向企业登记机关提交法定评估机构出具的评估作价证明。

第十五条　法律、行政法规规定设立特殊的普通合伙企业，需要提交合伙人的职业资格证明的，应当向企业登记机关提交有关证明。

第十六条　申请人提交的登记申请材料齐全、符合法定形式，企业登记机关能够当场登记的，应予当场登记，发给合伙企业营业执照。

除前款规定情形外，企业登记机关应当自受理申请之日起 20 日内，作出是否登记的决定。予以登记的，发给合伙企业营业执照；不予登记的，应当给予书面答复，并说明理由。

第十七条　合伙企业营业执照的签发之日，为合伙企业的成立日期。

## 第三章　变更登记

第十八条　合伙企业登记事项发生变更的，执行合伙事务的合伙人应当自作出变更决定或者发生变更事由之日起 15 日内，向原企业登记机关申请变更登记。

第十九条　合伙企业申请变更登记，应当向原企业登记机关提交下列文件：

（一）执行事务合伙人或者委派代表签署的变更登记申请书；

（二）全体合伙人签署的变更决定书，或者合伙协议约定的人员签署的变更决定书；

（三）国务院工商行政管理部门规定提交的其他文件。

法律、行政法规或者国务院规定变更事项须经批准的，还应当提交有关批准文件。

第二十条　申请人提交的申请材料齐全、符合法定形式，企业登记机关能够当场变更登记的，应予当场变更登记。

除前款规定情形外，企业登记机关应当自受理申请之日起 20 日内，作出是否变更登记的决定。予以变更登记的，应当进行变更登记；不予变更登记的，应当给予书面答复，并说明理由。

合伙企业变更登记事项涉及营业执照变更的，企业登记机关应当换发营业执照。

## 第四章　注销登记

第二十一条　合伙企业解散，依法由清算人进行清算。清算人应当自被确定之日起 10 日内，将清算人成员名单向企业登记机关备案。

第二十二条　合伙企业依照合伙企业法的规定解散的，清算人应当自清算结束之日起 15 日内，向原企业登记机关办理注销登记。

第二十三条　合伙企业办理注销登记，应当提交下列文件：

（一）清算人签署的注销登记申请书；

（二）人民法院的破产裁定，合伙企业依照合伙企业法作出的决定，行政机关责令关闭、合伙企业依法被吊销营业执照或者被撤销的文件；

（三）全体合伙人签名、盖章的清算报告；

（四）国务院工商行政管理部门规定提交的其他文件。

合伙企业办理注销登记时，应当缴回营业执照。

第二十四条　经企业登记机关注销登记，合伙企业终止。

## 第五章　分支机构登记

第二十五条　合伙企业设立分支机构，应当向分支机构所在地的企业登记机关申请设立登记。

第二十六条　分支机构的登记事项包括：分支机构的名称、经营场所、经营范围、分支机构负责人的姓名及住所。

分支机构的经营范围不得超出合伙企业的经营范围。

合伙企业有合伙期限的，分支机构的登记事项还应当包括经营期限。分支机构的经营期限不得超过合伙企业的合伙期限。

第二十七条　合伙企业设立分支机构，应当向分支机构所在地的企业登记机关提交下列文件：

（一）分支机构设立登记申请书；

（二）全体合伙人签署的设立分支机构的决定书；

（三）加盖合伙企业印章的合伙企业营业执照复印件；

（四）全体合伙人委派执行分支机构事务负责人的委托书及其身份证明；

（五）经营场所证明；

（六）国务院工商行政管理部门规定提交的其他文件。

法律、行政法规或者国务院规定设立合伙企业分支机构须经批准的，还应当提交有关批准文件。

第二十八条　分支机构的经营范围中有属于法律、行政法规或者国务院规定在登记前须经批准的项目的，应当向分支机构所在地的企业登记机关提交批准文件。

第二十九条　申请人提交的登记申请材料齐全、符合法定形式，企业登记机关能够当场登记的，应予当场登记，发给营业执照。

除前款规定情形外，企业登记机关应当自受理申请之日起 20 日内，作出是否登记的决定。予以登记的，发给营业执照；不予登记的，应当给予书面答复，并说明理由。

第三十条　合伙企业申请分支机构变更登记或者注销登记，比照本办法关于合伙企业变更登记、注销登记的规定办理。

## 第六章　年度检验和证照管理

第三十一条　合伙企业应当按照企业登记机关的要求，在规定的时间内提交年度检验报告书等文件，接受年度检验。

第三十二条　合伙企业的营业执照分为正本和副本，正本和副本具有同等法律效力。

合伙企业根据业务需要，可以向企业登记机关申请核发若干营业执照副本。

合伙企业应当将营业执照正本置放在经营场所的醒目位置。

第三十三条　任何单位和个人不得伪造、涂改、出售、出租、出借或者以其他方式转让营业执照。

合伙企业营业执照遗失或者毁损的，应当在企业登记机关指定的报刊上声明作废，并向企业登记机关申请补领或者更换。

第三十四条　合伙企业及其分支机构营业执照的正本和副本样式，由国务院工商行政管理部门制定。

第三十五条　企业登记机关吊销合伙企业营业执照的，应当发布公告，并不得收取任何费用。

## 第七章　法律责任

第三十六条　未领取营业执照，而以合伙企业或者合伙企业分支机构名义从事合伙业务的，由企业登记机关责令停止，处5000元以上5万元以下的罚款。

第二十七条　提交虚假文件或者采取其他欺骗手段，取得合伙企业登记的，由企业登记机关责令改正，处5000元以上5万元以下的罚款；情节严重的，撤销企业登记，并处5万元以上20万元以下的罚款。

第三十八条　合伙企业登记事项发生变更，未依照本办法规定办理变更登记的，由企业登记机关责令限期登记；逾期不登记的，处2000元以上2万元以下的罚款。

第三十九条　合伙企业未依照本办法规定在其名称中标明“普

通合伙”、“特殊普通合伙”或者“有限合伙”字样的，由企业登记机关责令限期改正，处 2000 元以上 1 万元以下的罚款。

第四十条　合伙企业未依照本办法规定办理清算人成员名单备案的，由企业登记机关责令限期办理；逾期未办理的，处 2000 元以下的罚款。

第四十一条　合伙企业的清算人未向企业登记机关报送清算报告，或者报送的清算报告隐瞒重要事实，或者有重大遗漏的，由企业登记机关责令改正。由此产生的费用和损失，由清算人承担和赔偿。

第四十二条　合伙企业未依照本办法规定接受年度检验的，由企业登记机关责令限期接受年度检验，可以处 3000 元以下的罚款；逾期仍不接受年度检验的，吊销营业执照。

第四十三条　合伙企业在年度检验中，隐瞒真实情况，弄虚作假的，由企业登记机关责令改正，可以处 3000 元以下的罚款。

第四十四条　合伙企业未将其营业执照正本置放在经营场所醒目位置的，由企业登记机关责令改正；拒不改正的，处 1000 元以上 5000 元以下的罚款。

第四十五条　合伙企业涂改、出售、出租、出借或者以其他方式转让营业执照的，由企业登记机关责令改正，处 2000 元以上 1 万元以下的罚款；情节严重的，吊销营业执照。

第四十六条　企业登记机关的工作人员滥用职权、徇私舞弊、收受贿赂、侵害合伙企业合法权益的，依法给予处分。

第四十七条　违反本办法规定，构成犯罪的，依法追究刑事责任。

## 第八章　附则

第四十八条　合伙企业登记收费项目按照国务院财政部门、价格主管部门的有关规定执行，合伙企业登记收费标准按照国务院价格主管部门、财政部门的有关规定执行。

第四十九条　本办法自发布之日起施行。

# 优化营商环境条例[①]

（2019年10月8日国务院第66次常务会议通过　2019年10月22日中华人民共和国国务院令第722号公布　自2020年1月1日起施行）

## 第一章　总则

第一条　为了持续优化营商环境，不断解放和发展社会生产力，加快建设现代化经济体系，推动高质量发展，制定本条例。

第二条　本条例所称营商环境，是指企业等市场主体在市场经济活动中所涉及的体制机制性因素和条件。

第三条　国家持续深化简政放权、放管结合、优化服务改革，最大限度减少政府对市场资源的直接配置，最大限度减少政府对市场活动的直接干预，加强和规范事中事后监管，着力提升政务服务能力和水平，切实降低制度性交易成本，更大激发市场活力和社会创造力，增强发展动力。

各级人民政府及其部门应当坚持政务公开透明，以公开为常态、不公开为例外，全面推进决策、执行、管理、服务、结果公开。

第四条　优化营商环境应当坚持市场化、法治化、国际化原则，以市场主体需求为导向，以深刻转变政府职能为核心，创新体制机制、强化协同联动、完善法治保障，对标国际先进水平，为各类市场主体投资兴业营造稳定、公平、透明、可预期的良好环境。

第五条　国家加快建立统一开放、竞争有序的现代市场体系，依法促进各类生产要素自由流动，保障各类市场主体公平参与市场

① 《优化营商环境条例》，《中华人民共和国国务院公报》，2019年31期。

竞争。

第六条　国家鼓励、支持、引导非公有制经济发展，激发非公有制经济活力和创造力。

国家进一步扩大对外开放，积极促进外商投资，平等对待内资企业、外商投资企业等各类市场主体。

第七条　各级人民政府应当加强对优化营商环境工作的组织领导，完善优化营商环境的政策措施，建立健全统筹推进、督促落实优化营商环境工作的相关机制，及时协调、解决优化营商环境工作中的重大问题。

县级以上人民政府有关部门应当按照职责分工，做好优化营商环境的相关工作。县级以上地方人民政府根据实际情况，可以明确优化营商环境工作的主管部门。

国家鼓励和支持各地区、各部门结合实际情况，在法治框架内积极探索原创性、差异化的优化营商环境具体措施；对探索中出现失误或者偏差，符合规定条件的，可以予以免责或者减轻责任。

第八条　国家建立和完善以市场主体和社会公众满意度为导向的营商环境评价体系，发挥营商环境评价对优化营商环境的引领和督促作用。

开展营商环境评价，不得影响各地区、各部门正常工作，不得影响市场主体正常生产经营活动或者增加市场主体负担。

任何单位不得利用营商环境评价谋取利益。

第九条　市场主体应当遵守法律法规，恪守社会公德和商业道德，诚实守信、公平竞争，履行安全、质量、劳动者权益保护、消费者权益保护等方面的法定义务，在国际经贸活动中遵循国际通行规则。

## 第二章　市场主体保护

第十条　国家坚持权利平等、机会平等、规则平等，保障各种所有制经济平等受到法律保护。

第十一条　市场主体依法享有经营自主权。对依法应当由市场主体自主决策的各类事项，任何单位和个人不得干预。

第十二条　国家保障各类市场主体依法平等使用资金、技术、人力资源、土地使用权及其他自然资源等各类生产要素和公共服务资源。

各类市场主体依法平等适用国家支持发展的政策。政府及其有关部门在政府资金安排、土地供应、税费减免、资质许可、标准制定、项目申报、职称评定、人力资源政策等方面，应当依法平等对待各类市场主体，不得制定或者实施歧视性政策措施。

第十三条　招标投标和政府采购应当公开透明、公平公正，依法平等对待各类所有制和不同地区的市场主体，不得以不合理条件或者产品产地来源等进行限制或者排斥。

政府有关部门应当加强招标投标和政府采购监管，依法纠正和查处违法违规行为。

第十四条　国家依法保护市场主体的财产权和其他合法权益，保护企业经营者人身和财产安全。

严禁违反法定权限、条件、程序对市场主体的财产和企业经营者个人财产实施查封、冻结和扣押等行政强制措施；依法确需实施前述行政强制措施的，应当限定在所必需的范围内。

禁止在法律、法规规定之外要求市场主体提供财力、物力或者人力的摊派行为。市场主体有权拒绝任何形式的摊派。

第十五条　国家建立知识产权侵权惩罚性赔偿制度，推动建立知识产权快速协同保护机制，健全知识产权纠纷多元化解决机制和知识产权维权援助机制，加大对知识产权的保护力度。

国家持续深化商标注册、专利申请便利化改革，提高商标注册、专利申请审查效率。

第十六条　国家加大中小投资者权益保护力度，完善中小投资者权益保护机制，保障中小投资者的知情权、参与权，提升中小投资者维护合法权益的便利度。

第十七条　除法律、法规另有规定外，市场主体有权自主决定加入或者退出行业协会商会等社会组织，任何单位和个人不得干预。

除法律、法规另有规定外，任何单位和个人不得强制或者变相强制市场主体参加评比、达标、表彰、培训、考核、考试以及类似活动，不得借前述活动向市场主体收费或者变相收费。

第十八条　国家推动建立全国统一的市场主体维权服务平台，为市场主体提供高效、便捷的维权服务。

## 第三章　市场环境

第十九条　国家持续深化商事制度改革，统一企业登记业务规范，统一数据标准和平台服务接口，采用统一社会信用代码进行登记管理。

国家推进“证照分离”改革，持续精简涉企经营许可事项，依法采取直接取消审批、审批改为备案、实行告知承诺、优化审批服务等方式，对所有涉企经营许可事项进行分类管理，为企业取得营业执照后开展相关经营活动提供便利。除法律、行政法规规定的特定领域外，涉企经营许可事项不得作为企业登记的前置条件。

政府有关部门应当按照国家有关规定，简化企业从申请设立到具备一般性经营条件所需办理的手续。在国家规定的企业开办时限内，各地区应当确定并公开具体办理时间。

企业申请办理住所等相关变更登记的，有关部门应当依法及时办理，不得限制。除法律、法规、规章另有规定外，企业迁移后其持有的有效许可证件不再重复办理。

第二十条　国家持续放宽市场准入，并实行全国统一的市场准入负面清单制度。市场准入负面清单以外的领域，各类市场主体均可以依法平等进入。

各地区、各部门不得另行制定市场准入性质的负面清单。

第二十一条　政府有关部门应当加大反垄断和反不正当竞争执法力度，有效预防和制止市场经济活动中的垄断行为、不正当竞争行为以及滥用行政权力排除、限制竞争的行为，营造公平竞争的市场环境。

第二十二条　国家建立健全统一开放、竞争有序的人力资源市场体系，打破城乡、地区、行业分割和身份、性别等歧视，促进人力资源有序社会性流动和合理配置。

第二十三条　政府及其有关部门应当完善政策措施、强化创新服务，鼓励和支持市场主体拓展创新空间，持续推进产品、技术、商业模式、管理等创新，充分发挥市场主体在推动科技成果转化中的作用。

第二十四条　政府及其有关部门应当严格落实国家各项减税降费政策，及时研究解决政策落实中的具体问题，确保减税降费政策全面、及时惠及市场主体。

第二十五条　设立政府性基金、涉企行政事业性收费、涉企保证金，应当有法律、行政法规依据或者经国务院批准。对政府性基金、涉企行政事业性收费、涉企保证金以及实行政府定价的经营服务性收费，实行目录清单管理并向社会公开，目录清单之外的前述收费和保证金一律不得执行。推广以金融机构保函替代现金缴纳涉企保证金。

第二十六条　国家鼓励和支持金融机构加大对民营企业、中小企业的支持力度，降低民营企业、中小企业综合融资成本。

金融监督管理部门应当完善对商业银行等金融机构的监管考核和激励机制，鼓励、引导其增加对民营企业、中小企业的信贷投放，并合理增加中长期贷款和信用贷款支持，提高贷款审批效率。

商业银行等金融机构在授信中不得设置不合理条件，不得对民营企业、中小企业设置歧视性要求。商业银行等金融机构应当按照国家有关规定规范收费行为，不得违规向服务对象收取不合理费用。商业银行应当向社会公开开设企业账户的服务标准、资费标准和办理时限。

第二十七条　国家促进多层次资本市场规范健康发展，拓宽市场主体融资渠道，支持符合条件的民营企业、中小企业依法发行股票、债券以及其他融资工具，扩大直接融资规模。

第二十八条　供水、供电、供气、供热等公用企事业单位应当向社会公开服务标准、资费标准等信息，为市场主体提供安全、便捷、稳定和价格合理的服务，不得强迫市场主体接受不合理的服务条件，不得以任何名义收取不合理费用。各地区应当优化报装流程，在国家规定的报装办理时限内确定并公开具体办理时间。

政府有关部门应当加强对公用企事业单位运营的监督管理。

第二十九条　行业协会商会应当依照法律、法规和章程，加强行业自律，及时反映行业诉求，为市场主体提供信息咨询、宣传培训、市场拓展、权益保护、纠纷处理等方面的服务。

国家依法严格规范行业协会商会的收费、评比、认证等行为。

第三十条　国家加强社会信用体系建设，持续推进政务诚信、商务诚信、社会诚信和司法公信建设，提高全社会诚信意识和信用水平，维护信用信息安全，严格保护商业秘密和个人隐私。

第三十一条　地方各级人民政府及其有关部门应当履行向市场主体依法作出的政策承诺以及依法订立的各类合同，不得以行政区划调整、政府换届、机构或者职能调整以及相关责任人更替等为由违约毁约。因国家利益、社会公共利益需要改变政策承诺、合同约定的，应当依照法定权限和程序进行，并依法对市场主体因此受到的损失予以补偿。

第三十二条　国家机关、事业单位不得违约拖欠市场主体的货物、工程、服务等账款，大型企业不得利用优势地位拖欠中小企业账款。

县级以上人民政府及其有关部门应当加大对国家机关、事业单位拖欠市场主体账款的清理力度，并通过加强预算管理、严格责任追究等措施，建立防范和治理国家机关、事业单位拖欠市场主体账款的长效机制。

第三十三条　政府有关部门应当优化市场主体注销办理流程，精简申请材料、压缩办理时间、降低注销成本。对设立后未开展生产经营活动或者无债权债务的市场主体，可以按照简易程序办理注销。对有债权债务的市场主体，在债权债务依法解决后及时办理注销。

县级以上地方人民政府应当根据需要建立企业破产工作协调机

制，协调解决企业破产过程中涉及的有关问题。

## 第四章　政务服务

第三十四条　政府及其有关部门应当进一步增强服务意识，切实转变工作作风，为市场主体提供规范、便利、高效的政务服务。

第三十五条　政府及其有关部门应当推进政务服务标准化，按照减环节、减材料、减时限的要求，编制并向社会公开政务服务事项（包括行政权力事项和公共服务事项，下同）标准化工作流程和办事指南，细化量化政务服务标准，压缩自由裁量权，推进同一事项实行无差别受理、同标准办理。没有法律、法规、规章依据，不得增设政务服务事项的办理条件和环节。

第三十六条　政府及其有关部门办理政务服务事项，应当根据实际情况，推行当场办结、一次办结、限时办结等制度，实现集中办理、就近办理、网上办理、异地可办。需要市场主体补正有关材料、手续的，应当一次性告知需要补正的内容；需要进行现场踏勘、现场核查、技术审查、听证论证的，应当及时安排、限时办结。

法律、法规、规章以及国家有关规定对政务服务事项办理时限有规定的，应当在规定的时限内尽快办结；没有规定的，应当按照合理、高效的原则确定办理时限并按时办结。各地区可以在国家规定的政务服务事项办理时限内进一步压减时间，并应当向社会公开；超过办理时间的，办理单位应当公开说明理由。

地方各级人民政府已设立政务服务大厅的，本行政区域内各类政务服务事项一般应当进驻政务服务大厅统一办理。对政务服务大厅中部门分设的服务窗口，应当创造条件整合为综合窗口，提供一站式服务。

第三十七条　国家加快建设全国一体化在线政务服务平台（以下称一体化在线平台），推动政务服务事项在全国范围内实现“一网通办”。除法律、法规另有规定或者涉及国家秘密等情形外，政务服务事项应当按照国务院确定的步骤，纳入一体化在线平台办理。

国家依托一体化在线平台，推动政务信息系统整合，优化政务流程，促进政务服务跨地区、跨部门、跨层级数据共享和业务协同。政府及其有关部门应当按照国家有关规定，提供数据共享服务，及时将有关政务服务数据上传至一体化在线平台，加强共享数据使用全过程管理，确保共享数据安全。

国家建立电子证照共享服务系统，实现电子证照跨地区、跨部门共享和全国范围内互信互认。各地区、各部门应当加强电子证照的推广应用。

各地区、各部门应当推动政务服务大厅与政务服务平台全面对接融合。市场主体有权自主选择政务服务办理渠道，行政机关不得限定办理渠道。

第三十八条　政府及其有关部门应当通过政府网站、一体化在线平台，集中公布涉及市场主体的法律、法规、规章、行政规范性文件和各类政策措施，并通过多种途径和方式加强宣传解读。

第三十九条　国家严格控制新设行政许可。新设行政许可应当按照行政许可法和国务院的规定严格设定标准，并进行合法性、必要性和合理性审查论证。对通过事中事后监管或者市场机制能够解决以及行政许可法和国务院规定不得设立行政许可的事项，一律不得设立行政许可，严禁以备案、登记、注册、目录、规划、年检、年报、监制、认定、认证、审定以及其他任何形式变相设定或者实施行政许可。

法律、行政法规和国务院决定对相关管理事项已作出规定，但未采取行政许可管理方式的，地方不得就该事项设定行政许可。对相关管理事项尚未制定法律、行政法规的，地方可以依法就该事项设定行政许可。

第四十条　国家实行行政许可清单管理制度，适时调整行政许可清单并向社会公布，清单之外不得违法实施行政许可。

国家大力精简已有行政许可。对已取消的行政许可，行政机关不得继续实施或者变相实施，不得转由行业协会商会或者其他组织实施。

对实行行政许可管理的事项，行政机关应当通过整合实施、下放审批层级等多种方式，优化审批服务，提高审批效率，减轻市场主体负担。符合相关条件和要求的，可以按照有关规定采取告知承诺的方式办理。

第四十一条　县级以上地方人民政府应当深化投资审批制度改革，根据项目性质、投资规模等分类规范投资审批程序，精简审批要件，简化技术审查事项，强化项目决策与用地、规划等建设条件落实的协同，实行与相关审批在线并联办理。

第四十二条　设区的市级以上地方人民政府应当按照国家有关规定，优化工程建设项目（不包括特殊工程和交通、水利、能源等领域的重大工程）审批流程，推行并联审批、多图联审、联合竣工验收等方式，简化审批手续，提高审批效能。

在依法设立的开发区、新区和其他有条件的区域，按照国家有关规定推行区域评估，由设区的市级以上地方人民政府组织对一定区域内压覆重要矿产资源、地质灾害危险性等事项进行统一评估，不再对区域内的市场主体单独提出评估要求。区域评估的费用不得由市场主体承担。

第四十三条　作为办理行政审批条件的中介服务事项（以下称法定行政审批中介服务）应当有法律、法规或者国务院决定依据；没有依据的，不得作为办理行政审批的条件。中介服务机构应当明确办理法定行政审批中介服务的条件、流程、时限、收费标准，并向社会公开。

国家加快推进中介服务机构与行政机关脱钩。行政机关不得为市场主体指定或者变相指定中介服务机构；除法定行政审批中介服务外，不得强制或者变相强制市场主体接受中介服务。行政机关所属事业单位、主管的社会组织及其举办的企业不得开展与本机关所负责行政审批相关的中介服务，法律、行政法规另有规定的除外。

行政机关在行政审批过程中需要委托中介服务机构开展技术性服务的，应当通过竞争性方式选择中介服务机构，并自行承担服务费用，不得转嫁给市场主体承担。

第四十四条　证明事项应当有法律、法规或者国务院决定依据。

设定证明事项，应当坚持确有必要、从严控制的原则。对通过法定证照、法定文书、书面告知承诺、政府部门内部核查和部门间核查、网络核验、合同凭证等能够办理，能够被其他材料涵盖或者替代，以及开具单位无法调查核实的，不得设定证明事项。

政府有关部门应当公布证明事项清单，逐项列明设定依据、索要单位、开具单位、办理指南等。清单之外，政府部门、公用企事业单位和服务机构不得索要证明。各地区、各部门之间应当加强证明的互认共享，避免重复索要证明。

第四十五条　政府及其有关部门应当按照国家促进跨境贸易便利化的有关要求，依法削减进出口环节审批事项，取消不必要的监管要求，优化简化通关流程，提高通关效率，清理规范口岸收费，降低通关成本，推动口岸和国际贸易领域相关业务统一通过国际贸易“单一窗口”办理。

第四十六条　税务机关应当精简办税资料和流程，简并申报缴税次数，公开涉税事项办理时限，压减办税时间，加大推广使用电子发票的力度，逐步实现全程网上办税，持续优化纳税服务。

第四十七条　不动产登记机构应当按照国家有关规定，加强部门协作，实行不动产登记、交易和缴税一窗受理、并行办理，压缩办理时间，降低办理成本。在国家规定的不动产登记时限内，各地区应当确定并公开具体办理时间。

国家推动建立统一的动产和权利担保登记公示系统，逐步实现市场主体在一个平台上办理动产和权利担保登记。纳入统一登记公示系统的动产和权利范围另行规定。

第四十八条　政府及其有关部门应当按照构建亲清新型政商关系的要求，建立畅通有效的政企沟通机制，采取多种方式及时听取市场主体的反映和诉求，了解市场主体生产经营中遇到的困难和问题，并依法帮助其解决。

建立政企沟通机制，应当充分尊重市场主体意愿，增强针对性和有效性，不得干扰市场主体正常生产经营活动，不得增加市场主体负担。

第四十九条　政府及其有关部门应当建立便利、畅通的渠道，受理有关营商环境的投诉和举报。

第五十条　新闻媒体应当及时、准确宣传优化营商环境的措施和成效，为优化营商环境创造良好舆论氛围。

国家鼓励对营商环境进行舆论监督，但禁止捏造虚假信息或者歪曲事实进行不实报道。

## 第五章　监管执法

第五十一条　政府有关部门应当严格按照法律法规和职责，落实监管责任，明确监管对象和范围、厘清监管事权，依法对市场主体进行监管，实现监管全覆盖。

第五十二条　国家健全公开透明的监管规则和标准体系。国务院有关部门应当分领域制定全国统一、简明易行的监管规则和标准，并向社会公开。

第五十三条　政府及其有关部门应当按照国家关于加快构建以信用为基础的新型监管机制的要求，创新和完善信用监管，强化信用监管的支撑保障，加强信用监管的组织实施，不断提升信用监管效能。

第五十四条　国家推行“双随机、一公开”监管，除直接涉及公共安全和人民群众生命健康等特殊行业、重点领域外，市场监管领域的行政检查应当通过随机抽取检查对象、随机选派执法检查人员、抽查事项及查处结果及时向社会公开的方式进行。针对同一检查对象的多个检查事项，应当尽可能合并或者纳入跨部门联合抽查范围。

对直接涉及公共安全和人民群众生命健康等特殊行业、重点领域，依法依规实行全覆盖的重点监管，并严格规范重点监管的程序；对通过投诉举报、转办交办、数据监测等发现的问题，应当有针对性地进行检查并依法依规处理。

第五十五条　政府及其有关部门应当按照鼓励创新的原则，对新技术、新产业、新业态、新模式等实行包容审慎监管，针对其性质、特点分类制定和实行相应的监管规则和标准，留足发展空间，同时确保质量和安全，不得简单化予以禁止或者不予监管。

第五十六条　政府及其有关部门应当充分运用互联网、大数据等技术手段，依托国家统一建立的在线监管系统，加强监管信息归集共享和关联整合，推行以远程监管、移动监管、预警防控为特征的非现场监管，提升监管的精准化、智能化水平。

第五十七条　国家建立健全跨部门、跨区域行政执法联动响应和协作机制，实现违法线索互联、监管标准互通、处理结果互认。

国家统筹配置行政执法职能和执法资源，在相关领域推行综合行政执法，整合精简执法队伍，减少执法主体和执法层级，提高基层执法能力。

第五十八条　行政执法机关应当按照国家有关规定，全面落实行政执法公示、行政执法全过程记录和重大行政执法决定法制审核制度，实现行政执法信息及时准确公示、行政执法全过程留痕和可回溯管理、重大行政执法决定法制审核全覆盖。

第五十九条　行政执法中应当推广运用说服教育、劝导示范、行政指导等非强制性手段，依法慎重实施行政强制。采用非强制性手段能够达到行政管理目的的，不得实施行政强制；违法行为情节轻微或者社会危害较小的，可以不实施行政强制；确需实施行政强制的，应当尽可能减少对市场主体正常生产经营活动的影响。

开展清理整顿、专项整治等活动，应当严格依法进行，除涉及人民群众生命安全、发生重特大事故或者举办国家重大活动，并报经有权机关批准外，不得在相关区域采取要求相关行业、领域的市场主体普遍停产、停业的措施。

禁止将罚没收入与行政执法机关利益挂钩。

第六十条　国家健全行政执法自由裁量基准制度，合理确定裁量范围、种类和幅度，规范行政执法自由裁量权的行使。

## 第六章　法治保障

第六十一条　国家根据优化营商环境需要，依照法定权限和程序及时制定或者修改、废止有关法律、法规、规章、行政规范性文件。

优化营商环境的改革措施涉及调整实施现行法律、行政法规等有关规定的，依照法定程序经有权机关授权后，可以先行先试。

第六十二条　制定与市场主体生产经营活动密切相关的行政法规、规章、行政规范性文件，应当按照国务院的规定，充分听取市场主体、行业协会商会的意见。

除依法需要保密外，制定与市场主体生产经营活动密切相关的行政法规、规章、行政规范性文件，应当通过报纸、网络等向社会公开征求意见，并建立健全意见采纳情况反馈机制。向社会公开征求意见的期限一般不少于 30 日。

第六十三条　制定与市场主体生产经营活动密切相关的行政法规、规章、行政规范性文件，应当按照国务院的规定进行公平竞争审查。

制定涉及市场主体权利义务的行政规范性文件，应当按照国务院的规定进行合法性审核。

市场主体认为地方性法规同行政法规相抵触，或者认为规章同法律、行政法规相抵触的，可以向国务院书面提出审查建议，由有关机关按照规定程序处理。

第六十四条　没有法律、法规或者国务院决定和命令依据的，行政规范性文件不得减损市场主体合法权益或者增加其义务，不得设置市场准入和退出条件，不得干预市场主体正常生产经营活动。

涉及市场主体权利义务的行政规范性文件应当按照法定要求和程序予以公布，未经公布的不得作为行政管理依据。

第六十五条　制定与市场主体生产经营活动密切相关的行政法规、规章、行政规范性文件，应当结合实际，确定是否为市场主体留出必要的适应调整期。

政府及其有关部门应当统筹协调、合理把握规章、行政规范性文件等的出台节奏，全面评估政策效果，避免因政策叠加或者相互不协调对市场主体正常生产经营活动造成不利影响。

第六十六条　国家完善调解、仲裁、行政裁决、行政复议、诉讼等有机衔接、相互协调的多元化纠纷解决机制，为市场主体提供高效、便捷的纠纷解决途径。

第六十七条　国家加强法治宣传教育，落实国家机关普法责任制，提高国家工作人员依法履职能力，引导市场主体合法经营、依法维护自身合法权益，不断增强全社会的法治意识，为营造法治化营商环境提供基础性支撑。

第六十八条　政府及其有关部门应当整合律师、公证、司法鉴定、调解、仲裁等公共法律服务资源，加快推进公共法律服务体系建设，全面提升公共法律服务能力和水平，为优化营商环境提供全方位法律服务。

第六十九条　政府和有关部门及其工作人员有下列情形之一的，依法依规追究责任：

（一）违法干预应当由市场主体自主决策的事项；

（二）制定或者实施政策措施不依法平等对待各类市场主体；

（三）违反法定权限、条件、程序对市场主体的财产和企业经营者个人财产实施查封、冻结和扣押等行政强制措施；

（四）在法律、法规规定之外要求市场主体提供财力、物力或者人力；

（五）没有法律、法规依据，强制或者变相强制市场主体参加评比、达标、表彰、培训、考核、考试以及类似活动，或者借前述活动向市场主体收费或者变相收费；

（六）违法设立或者在目录清单之外执行政府性基金、涉企行政事业性收费、涉企保证金；

（七）不履行向市场主体依法作出的政策承诺以及依法订立的各类合同，或者违约拖欠市场主体的货物、工程、服务等账款；

（八）变相设定或者实施行政许可，继续实施或者变相实施已取消的行政许可，或者转由行业协会商会或者其他组织实施已取消的行政许可；

（九）为市场主体指定或者变相指定中介服务机构，或者违法强制市场主体接受中介服务；

（十）制定与市场主体生产经营活动密切相关的行政法规、规章、行政规范性文件时，不按照规定听取市场主体、行业协会商会的意见；

（十一）其他不履行优化营商环境职责或者损害营商环境的情形。

第七十条　公用企事业单位有下列情形之一的，由有关部门责令改正，依法追究法律责任：

（一）不向社会公开服务标准、资费标准、办理时限等信息；

（二）强迫市场主体接受不合理的服务条件；

（三）向市场主体收取不合理费用。

第七十一条　行业协会商会、中介服务机构有下列情形之一的，由有关部门责令改正，依法追究法律责任：

（一）违法开展收费、评比、认证等行为；

（二）违法干预市场主体加入或者退出行业协会商会等社会组织；

（三）没有法律、法规依据，强制或者变相强制市场主体参加评比、达标、表彰、培训、考核、考试以及类似活动，或者借前述活动向市场主体收费或者变相收费；

（四）不向社会公开办理法定行政审批中介服务的条件、流程、时限、收费标准；

（五）违法强制或者变相强制市场主体接受中介服务。

## 第七章　附则

第七十二条　本条例自 2020 年 1 月 1 日起施行。

# 保障中小企业款项支付条例[1]

（2020 年 7 月 1 日国务院第 99 次常务会议通过，2020 年 7 月 5 日中华人民共和国国务院公布，自 2020 年 9 月 1 日起施行）

第一条　为了促进机关、事业单位和大型企业及时支付中小企业款项，维护中小企业合法权益，优化营商环境，根据《中华人民共和国中小企业促进法》等法律，制定本条例。

第二条　机关、事业单位和大型企业采购货物、工程、服务支付中小企业款项，应当遵守本条例。

第三条　本条例所称中小企业，是指在中华人民共和国境内依法设立，依据国务院批准的中小企业划分标准确定的中型企业、小型企业和微型企业；所称大型企业，是指中小企业以外的企业。

中小企业、大型企业依合同订立时的企业规模类型确定。中小企业与机关、事业单位、大型企业订立合同时，应当主动告知其属于中小企业。

第四条　国务院负责中小企业促进工作综合管理的部门对机关、事业单位和大型企业及时支付中小企业款项工作进行宏观指导、综合协调、监督检查；国务院有关部门在各自职责范围内，负责相关管理工作。

县级以上地方人民政府负责本行政区域内机关、事业单位和大型企业及时支付中小企业款项的管理工作。

第五条　有关行业协会商会应当按照法律法规和组织章程，完

---

① 《保障中小企业款项支付条例》，《中华人民共和国国务院公报》，2020 年 21 期。

善行业自律，禁止本行业大型企业利用优势地位拒绝或者迟延支付中小企业款项，规范引导其履行及时支付中小企业款项义务，保护中小企业合法权益。

第六条　机关、事业单位和大型企业不得要求中小企业接受不合理的付款期限、方式、条件和违约责任等交易条件，不得违约拖欠中小企业的货物、工程、服务款项。

中小企业应当依法经营，诚实守信，按照合同约定提供合格的货物、工程和服务。

第七条　机关、事业单位使用财政资金从中小企业采购货物、工程、服务，应当严格按照批准的预算执行，不得无预算、超预算开展采购。

政府投资项目所需资金应当按照国家有关规定确保落实到位，不得由施工单位垫资建设。

第八条　机关、事业单位从中小企业采购货物、工程、服务，应当自货物、工程、服务交付之日起 30 日内支付款项；合同另有约定的，付款期限最长不得超过 60 日。

大型企业从中小企业采购货物、工程、服务，应当按照行业规范、交易习惯合理约定付款期限并及时支付款项。

合同约定采取履行进度结算、定期结算等结算方式的，付款期限应当自双方确认结算金额之日起算。

第九条　机关、事业单位和大型企业与中小企业约定以货物、工程、服务交付后经检验或者验收合格作为支付中小企业款项条件的，付款期限应当自检验或者验收合格之日起算。

合同双方应当在合同中约定明确、合理的检验或者验收期限，并在该期限内完成检验或者验收。机关、事业单位和大型企业拖延检验或者验收的，付款期限自约定的检验或者验收期限届满之日起算。

第十条　机关、事业单位和大型企业使用商业汇票等非现金支付方式支付中小企业款项的，应当在合同中作出明确、合理约定，不得强制中小企业接受商业汇票等非现金支付方式，不得利用商业汇票等非现金支付方式变相延长付款期限。

第十一条　机关、事业单位和国有大型企业不得强制要求以审计机关的审计结果作为结算依据，但合同另有约定或者法律、行政法规另有规定的除外。

第十二条　除依法设立的投标保证金、履约保证金、工程质量保证金、农民工工资保证金外，工程建设中不得收取其他保证金。保证金的收取比例应当符合国家有关规定。

机关、事业单位和大型企业不得将保证金限定为现金。中小企业以金融机构保函提供保证的，机关、事业单位和大型企业应当接受。

机关、事业单位和大型企业应当按照合同约定，在保证期限届满后及时与中小企业对收取的保证金进行核实和结算。

第十三条　机关、事业单位和大型企业不得以法定代表人或者主要负责人变更，履行内部付款流程，或者在合同未作约定的情况下以等待竣工验收批复、决算审计等为由，拒绝或者迟延支付中小企业款项。

第十四条　中小企业以应收账款担保融资的，机关、事业单位和大型企业应当自中小企业提出确权请求之日起 30 日内确认债权债务关系，支持中小企业融资。

第十五条　机关、事业单位和大型企业迟延支付中小企业款项的，应当支付逾期利息。双方对逾期利息的利率有约定的，约定利率不得低于合同订立时 1 年期贷款市场报价利率；未作约定的，按照每日利率万分之五支付逾期利息。

第十六条　机关、事业单位应当于每年 3 月 31 日前将上一年度逾期尚未支付中小企业款项的合同数量、金额等信息通过网站、报刊等便于公众知晓的方式公开。

大型企业应当将逾期尚未支付中小企业款项的合同数量、金额等信息纳入企业年度报告，通过企业信用信息公示系统向社会公示。

第十七条　省级以上人民政府负责中小企业促进工作综合管理的部门应当建立便利畅通的渠道，受理对机关、事业单位和大型企业拒绝或者迟延支付中小企业款项的投诉。

受理投诉部门应当按照“属地管理、分级负责，谁主管谁负责”的原则，及时将投诉转交有关部门、地方人民政府处理，有关部门、地方人民政府应当依法及时处理，并将处理结果告知投诉人，同时反馈受理投诉部门。

机关、事业单位和大型企业不履行及时支付中小企业款项义务，情节严重的，受理投诉部门可以依法依规将其失信信息纳入全国信用信息共享平台，并将相关涉企信息通过企业信用信息公示系统向社会公示，依法实施失信惩戒。

第十八条　被投诉的机关、事业单位和大型企业及其工作人员不得以任何形式对投诉人进行恐吓、打击报复。

第十九条　对拒绝或者迟延支付中小企业款项的机关、事业单位，应当在公务消费、办公用房、经费安排等方面采取必要的限制措施。

第二十条　审计机关依法对机关、事业单位和国有大型企业支付中小企业款项情况实施审计监督。

第二十一条　省级以上人民政府建立督查制度，对及时支付中小企业款项工作进行监督检查。

第二十二条　国家依法开展中小企业发展环境评估和营商环境评价时，应当将及时支付中小企业款项工作情况纳入评估和评价内容。

第二十三条　国务院负责中小企业促进工作综合管理的部门依据国务院批准的中小企业划分标准，建立企业规模类型测试平台，提供中小企业规模类型自测服务。

对中小企业规模类型有争议的，可以向主张为中小企业一方所在地的县级以上地方人民政府负责中小企业促进工作综合管理的部门申请认定。

第二十四条　国家鼓励法律服务机构为与机关、事业单位和大型企业存在支付纠纷的中小企业提供法律服务。

新闻媒体应当开展对及时支付中小企业款项相关法律法规政策的公益宣传，依法加强对机关、事业单位和大型企业拒绝或者迟延支付中小企业款项行为的舆论监督。

第二十五条　机关、事业单位违反本条例，有下列情形之一的，由其上级机关、主管部门责令改正；拒不改正的，对直接负责的主管人员和其他直接责任人员依法给予处分：

（一）未在规定的期限内支付中小企业货物、工程、服务款项；

（二）拖延检验、验收；

（三）强制中小企业接受商业汇票等非现金支付方式，或者利用商业汇票等非现金支付方式变相延长付款期限；

（四）没有法律、行政法规依据或者合同约定，要求以审计机关的审计结果作为结算依据；

（五）违法收取保证金，拒绝接受中小企业提供的金融机构保函，或者不及时与中小企业对保证金进行核实、结算；

（六）以法定代表人或者主要负责人变更，履行内部付款流程，或者在合同未作约定的情况下以等待竣工验收批复、决算审计等为由，拒绝或者迟延支付中小企业款项；

（七）未按照规定公开逾期尚未支付中小企业款项信息；

（八）对投诉人进行恐吓、打击报复。

第二十六条　机关、事业单位有下列情形之一的，依照法律、行政法规和国家有关规定追究责任：

（一）使用财政资金从中小企业采购货物、工程、服务，未按照批准的预算执行；

（二）要求施工单位对政府投资项目垫资建设。

第二十七条　大型企业违反本条例，未按照规定在企业年度报告中公示逾期尚未支付中小企业款项信息或者隐瞒真实情况、弄虚作假的，由市场监督管理部门依法处理。

国有大型企业没有合同约定或者法律、行政法规依据，要求以审计机关的审计结果作为结算依据的，由其主管部门责令改正；拒不改正的，对直接负责的主管人员和其他直接责任人员依法给予处分。

第二十八条　部分或者全部使用财政资金的团体组织采购货物、工程、服务支付中小企业款项，参照本条例对机关、事业单位的有关规定执行。

军队采购货物、工程、服务支付中小企业款项，按照军队的有关规定执行。

第二十九条　本条例自 2020 年 9 月 1 日起施行。

# 期刊文章

▼

## 民营经济的内生性制度变迁研究

（赵文强、陶一桃，《经济问题》，2013 年 02 期）

中国民营经济发展的历程是一个持续的制度变迁的过程，制度变迁与社会转型同时进行。制度变迁并非只是经济效率的改进，它既包括与市场经济体制相适应的规章制度，也包括公民、社会以及国家层面的意识形态和信念体系的建立。鉴于此，采用历史分析法探究意识形态对民营经济制度变迁的内生影响，以及民营经济制度变迁的路径选择。

## 发展民营经济需要强化法律保障

（别亚楠，《经济纵横》，2014 年 06 期）

改革开放以来，我国民营经济快速发展，但由于相关的法律保障相对滞后，并且一定范围内存在司法执法不公正现象，使民营企业大多处于法律保护的弱势地位，制约和影响民营经济的发展。需要制定和完善平等的法律法规，维护良好的市场秩序，强化民营企业法律意识，保护民营经济的合法权益，促进民营经济的健康发展。

## 中国民营经济的发展历程

（高德步，《行政管理改革》，2018 年 09 期）

新中国成立以来，中国出现过两个民营经济：一个是作为中国近代化成果的民族工商业经济，一个是改革开放以来从无到有产生和发展起来的现代民营经济。前后两个民营经济都是独立的生命体，在不同的历史条件下，一个迅速走向消亡，一个迅速成长壮大，其迥异的历史命运却能够昭示中国经济的发展和辉煌未来。

## 大力支持民营经济持续健康发展

（宁吉喆，《人民论坛》，2018 年 36 期）

改革开放 40 年来，国家鼓励支持引导民营经济发展的政策一以贯之、精准推进，推动民营企业不断走向更加广阔的舞台。当前，部分民营企业在开拓市场、转型升级等方面遇到一些困难。国家发展改革委将深入贯彻落实习近平总书记在民营企业座谈会上的重要讲话精神，坚持“两个毫不动摇”，落实高质量发展要求，深化体制机制改革，着力解决突出困难。

## 民营经济发展中的政府责任分析

（崔红，《地方财政研究》，2019 年 11 期）

民营经济的发展必须具备符合市场规律的基本条件，即经济自由、公平竞争、诚信秩序和经济高效等发展条件（环境）。创造和优化民营经济发展的基本条件是政府责任。在法治逻辑中，政府责任是指政府依法承担义务和行使权力的总和。民营经济发展中的政府责任，就是政府依法承担政府义务和行使政府权力，创造和优化民营经济发展基本条件。针对民营经济发展的问题和困境，政府应该在制度供给、财政给付和服务、权益保障等方面有所作为。

## 改革开放以来我国民营经济政策演进及启示

（杨芳，《人民论坛·学术前沿》，2020 年 12 期）

在我国现有的经济制度中，民营经济是国民经济结构中一个重要的组成部分。国家对民营经济的政策不断演进，不断加大鼓励和支持力度。本文通过梳理改革开放以来国家对民营经济的政策发展进路，尝试总结政策演进对我国民营经济发展的启示，即继续坚持民营经济发展的公平竞争环境；继续完善民营经济发展的良好舆论环境；继续坚持民营经济的社会主义性质；继续坚持民营经济的发展以人民为中心。

## 中国共产党百年民营经济发展取得的辉煌成就与伟大经验

（王珍珍，《经济研究参考》，2021 年 22 期）

民营经济是国民经济发展的重要组成部分，中国共产党成立一百年来在不同的历史时期对民营经济采取了不同的政策，本文系统梳理了一百年来中国共产党发展民营经济的指导思想、光辉历程，总结其经验教训与发展规律。研究发现，中国共产党成立一百年来民营经济发展主要经历了新民主主义革命时期的艰辛探索、社会主义革命和建设时期的曲折发展、改革开放以来的跨越式发展以及党的十八大以来的高质量发展四个阶段。一百年来，民营企业规模迅速增长，科技创新能力不断增强，民营企业对国民经济发展的贡献能力逐步增强，民营企业参与经济全球化的能力和竞争力显著提升。这充分体现了中国共产党发展民营经济坚持马克思主义与我国实际情况相结合的原则，坚持解放思想与实事求是相结合的原则，坚持与时俱进与创新发展相结合的原则，坚持民营经济与国有经济相辅相成的原则，坚持营商环境优化与构建亲清政商关系相结合的原则。

## 国有经济与民营经济共生发展的市场规模效应研究

（洪阳，《经济理论与经济管理》，2022 年 02 期）

从理论上阐释清楚国有经济与民营经济共生发展的机理，是更好坚持“两个毫不动摇”的需要。本文基于Lotka–Volterra模型，从理论上证明了国有经济与民营经济共生发展，实现了“1+1 ＞ 2”的效应。本文利用 1992—2018 年国有上市公司与民营上市公司时间序列数据，使用VAR模型的实证分析结果显示：国有经济发展，推动市场规模扩大，有助于民营经济发展；民营经济发展，推动市场规模扩大，有助于国有经济发展；市场规模扩大为国有经济与民营经济共生发展拓展了发展空间，促进二者相互合作、互利共赢。本研究成果从市场规模效应视角，解释了国有经济与民营经济共生发展的机理。

## 新时代民营经济高质量发展的动力机制与战略导向探究

（林昌华，《山东社会科学》，2022 年 06 期）

民营经济是推动我国经济社会发展不可或缺的重要力量，也是我国社会主义基本经济制度的内在要素。步入新时代，面临新的使命要求，中国民营经济高质量发展的迫切性进一步凸显。要坚持以马克思主义基本理论和分析方法为基础，高举中国特色社会主义伟大旗帜，顺应新发展阶段环境变化，准确把握民营经济发展面临的新特点、新需求、新指向，明晰内外部动力机制来源，精准引导民营经济高质量发展的战略方向，推动民营经济逐步全方位融入国家战略大局，作出“自己人”角色应有的新贡献。

# 著作介绍

▼

## 《中国民营经济发展与企业家的社会责任》

（王瑞璞、张占斌编，人民出版社 2006 年版）

民营经济的大发展和民营企业家群体的崛起是对当代中国历史进程产生重大影响的事件，民营经济的命运已经与中国经济社会伟大变迁紧紧地联系在一起。正因如此，如何估量民营经济与企业家群体的成长进步和社会价值是我们一直思考的课题，特别是按照科学发展观的要求，在全民共建共享和谐社会的大背景下，我们对民营经济的发展与民营企业家的社会责任问题有了更多关注。《中国民营经济发展与企业家的社会责任》就是近一个时期集体合作讨论和调查研究的初步成果。全书包括改造篇、改革篇、发展篇、责任篇四大部分，内容涉及国民经济恢复时期对私营经济的调整、过渡时期对私营经济的社会主义改造、承认私营经济的合法地位、确定私营经济是公有制经济的有益补充等，适合经济研究人员参考学习。

## 《中国民营经济制度创新与发展》

（李维安 等著，经济科学出版社 2009 年版）

本书以制度经济学、演化经济学、比较制度分析、管理学等为理论基础，以民营经济发展中的制度创新为主线，在构建分析民营经济制度创新与发展研究的整体框架的基础上，首先，通过对民营经济创度演进的历史过程和机制的分析，总结出一种跨越地域模式局限性的、更具普遍意义的“多元互动、上下推进”的民营经济演进模式。其次，通过对民营经济发展中所面临关键问题的剖析，探索民营企业在企业家精神与创业行为、融资渠道与方式的选择、所有权安排与治理机制的优化设计、国际化发展的途径等方面制度创新的机制。最后，通过对民营经济与民营企业发展状况的评价分析，提出了完善民营经济制度创新与发展的政策建议。全书由三篇共八章内容所构成。第一篇为“民营经济演进与制度创新的理论分析”，由“民营经济发展中的制度变迁与组织演进”和“民营经济制度创新的动态过程”两章构成。第二篇为“民营企业的发展障碍与制度创新”，由“民营企业创业行为与企业家环境”、“民营企业融资障碍分析”、“民营企业成长中的治理问题”和“民营企业国际化发展过程中的制度环境”四章的内容构成。第三篇为“民营经济与企业发展状况评价与对策”，由“民营上市公司治理状况评价”和“民营经济制度创新与发展的政策建议”两章构成。

## 《中国民营经济发展报告 No.13 2015—2016》

（王钦敏主编，中华工商联合出版社 2017 年版）

本书包括抽样调查、专题报告、地方报告和地方专题报告四部分。抽样调查是由机构的专家学者历时两年抽样调查全国私营企业而获取的数据，采用对比分析方法表现私营企业发展状况和内在发展规律。专题报告就全国个体私营经济发展情况、对外贸易、民营企业融资、民营经济税收、民营上市公司等领域进行了深层次的研究和分析。地方报告重点反映了全国各地民营经济发展的现状、特点和问题。地方专题报告对江苏省民营制造业发展情况作了深入分析。

本书以翔实的数据、丰富的资料、多方面、多角度地反映了当前民营经济发展的现状、特征和发展趋势。希望本书的出版能为各界专家学者以及企业界人士研究民营经济、了解民营经济提供帮助。

## 《中国民营经济四十年：从零到“五六七八九”》

（庄聪生著，民主与建设出版社 2018 年版）

本书是一本全景式、全方位描写改革开放以来中国民营经济波澜壮阔历程的著作。全书既有党关于民营经济发展的理论方针政策，又有民营企业转型升级的成功之路；既有统战部、民建、工商联做好“两个健康”工作的经验，又有各类商会活动的总结；既展示了任正非、马云、马化腾等企业家奋斗的精神风貌，又描绘了民营企业坎坷成长的经历。全书具有思想高度、理论深度、知识广度和体感温度，是各级统战部和工商联干部、民建成员、社会主义学院师生及各类商会会长、秘书长的必备之书，也是民营企业家把握市场机遇、永立商海潮头的重要参考书籍。

## 《新时代民营经济高质量发展研究——基于区域视角》

（黄斤斤著，云南大学出版社 2020 年版）

本书以党的十九大精神和新时代中国特色社会主义思想为指引，基于区域的视角，以新时代民营经济高质量发展为研究对象，以问题为导向，以经济学、管理学、产业经济学、区域经济学、发展经济学等多学科为理论视角，紧紧围绕总书记关于促进民营经济发展的重要论述精神，以及国家、省市关于促进民营经济发展的政策指导与决策部署，通过实证分析与规范分析相结合、定性分析与定量分析相结合、统计分析与比较分析相结合的研究方法，运用计量统计分析软件对研究区民营经济发展进行实证测度，综合分析研究区民营经济发展的现状与态势、面临的困境与难题以及存在的问题与原因，借鉴关于民营经济高质量发展典型案例的经验与启示，进一步提出民营经济高质量发展的现实路径和对策建议等，以期为政府及经济发展相关部门提供决策咨询和决策参考。

## 《民营经济论》

（高尚全著，人民出版社 2020 年版）

熟悉中国改革历程的人都了解，改革 40 年的历史，也是我国民营经济从无到有、从弱小到壮大的过程，也是政策方针逐渐认可民营经济重要作用的过程。随着改革的深入，民营经济的作用逐步体现，民营经济的发展壮大几乎是与我国整体经济实力的发展壮大同步的。可以说，民营经济是实现中华民族伟大复兴的重要力量。我国经济发展能够创造中国奇迹，民营经济功不可没！书稿收录了高尚全先生多年来关于新时代民营经济的发言、发表过的文章等。通过这些文章及发言，可以让读者更深刻地认识到民营经济的重要性。

## 《厉以宁论民营经济》

（厉以宁著，商务印书馆 2020 年版）

本书是厉以宁先生担任全国政协非公有制经济专题组组长、从事民营经济调研以来在各地所作的有关民营经济的报告、讲话和访谈整理而成的著作。全书共三篇十章内容。第一篇“关于非公经济 36 条”，阐释了厉以宁先生对“非公经济 36 条”出台后民营经济依然面临的种种问题的看法。第二篇“民营企业的转型问题”，着重从体制转型、发展战略转型、管理模式转型的角度，说明下一阶段民营企业的努力方向。第三篇“进一步发挥民营经济在经济和社会发展中的作用”，从民营企业在新兴工业化中的作用、民营企业同新农村建设的关系，以及民营企业的社会责任三个方面来探讨民营经济在社会经济协调发展中的重要意义。最后，本书附带四个附录。都是厉以宁先生在 2000 年以后所做的关于民营企业和民营经济发展的报告或者讲话。

## 《中国促进民营经济发展政策》

（胡德巧主编，文化发展出版社 2020 年版）

《中国促进民营经济发展政策》，将国家自 2005 年，尤其是党的十八大以来至今，从上到下、各地各部门出台的关于促进民营经济发展的政策措施、法律法规的政策性文件，精心梳理、编辑成册，汇编成本书，以便广大基层群众、民营企业、政策研究者，通过一本书，全面掌握国家这方面的政策信息，对民营经济和非公所有制经济的发展有所帮助和促进。

# 重要文献索引

▼

## 政策文件

《国务院关于社队企业贯彻国民经济调整方针的若干规定》,《中华人民共和国国务院公报》,1981 年 05 期。

《国务院关于城镇非农业个体经济若干政策性规定》,《中华人民共和国国务院公报》,1981 年 07 期。

《国务院关于城镇劳动者合作经营的若干规定》,《中华人民共和国国务院公报》,1983 年 04 期。

《国务院关于城镇集体所有制经济若干政策问题的暂行规定》,《中华人民共和国国务院公报》,1983 年 07 期。

《国务院关于农村个体工商业的若干规定》,《中华人民共和国国务院公报》,1984 年 02 期。

《国务院关于大力加强城乡个体工商户和私营企业税收征管工作的决定》,《中华人民共和国国务院公报》,1989 年 08 期。

《中华人民共和国乡村集体所有制企业条例》,《中华人民共和国国务院公报》,1990 年 06 期。

《中华人民共和国城镇集体所有制企业条例》,《中华人民共和国国务院公报》,1991 年 09 期。

《关于进一步深化对外贸易体制改革的决定》，《中华人民共和国国务院公报》，1994 年 01 期。

《国务院转批关于鼓励和促进中小企业发展的若干政策意见》，《中华人民共和国国务院公报》，2000 年 08 期。

《国务院关于鼓励支持和引导个体私营等非公有制经济发展的若干意见》，《中华人民共和国国务院公报》，2005 年 02 期。

《国务院关于进一步促进中小企业发展的若干意见》，《中华人民共和国国务院公报》，2009 年 09 期。

《国务院关于促进中小企业发展情况的报告》，《中华人民共和国国务院公报》，2009 年 12 期。

《国务院关于鼓励和引导民间投资健康发展的若干意见》，《中华人民共和国国务院公报》，2010 年 15 期。

《国务院关于进一步支持小型微型企业健康发展的意见》，《中华人民共和国国务院公报》，2012 年 04 期。

《国务院转发银监会关于促进民营银行发展指导意见的通知》，《中华人民共和国国务院公报》，2015 年 06 期。

《国务院关于促进创业投资持续健康发展的若干意见》，《中华人民共和国国务院公报》，2016 年 09 期。

《国务院关于鼓励社会力量兴办教育促进民办教育健康发展的若干意见》，《中华人民共和国国务院公报》，2017 年 01 期。

《国务院关于开展营商环境创新试点工作的意见》，《中华人民共和国国务院公报》，2021 年 05 期。

## 法律规章

《工商企业登记管理条例》，《中华人民共和国国务院公报》，1982

年 08 期。

《中华人民共和国外资企业法》,《中华人民共和国国务院公报》,1986 年 04 期。

《城乡个体工商户管理暂行条例》,《中华人民共和国国务院公报》,1987 年 09 期。

《中华人民共和国全民所有制工业企业法》,《中华人民共和国国务院公报》,1988 年 04 期。

《私营企业暂行条例》,《中华人民共和国国务院公报》,1988 年 02 期。

《中华人民共和国私营企业暂行条例》,《中华人民共和国国务院公报》,1988 年 05 期。

《中华人民共和国中外合作经营企业法》,《中华人民共和国国务院公报》,1988 年 06 期。

《中华人民共和国进出口商品检验法》,《中华人民共和国国务院公报》,1989 年 02 期。

《中华人民共和国海商法》,《中华人民共和国国务院公报》,1992 年 11 期。

《中华人民共和国对外贸易法》,《中华人民共和国国务院公报》,1994 年 05 期。

《中华人民共和国劳动法》,《中华人民共和国国务院公报》,1995 年 11 期。

《中华人民共和国乡镇企业法》,《中华人民共和国国务院公报》,1996 年 07 期。

《中华人民共和国价格法》,《中华人民共和国国务院公报》,1997 年 12 期。

《中华人民共和国个人独资企业法》,《中华人民共和国国务院公报》，1999 年 08 期。

《中华人民共和国招标投标法》，《中华人民共和国国务院公报》，1999 年 09 期。

《中华人民共和国物权法》，《中华人民共和国国务院公报》，2007 年 03 期。

《营业税暂行条例》，《中华人民共和国国务院公报》，2008 年 03 期。

《民办教育促进法实施条例》，《中华人民共和国国务院公报》，2008 年 06 期。

《个体工商户条例》，《中华人民共和国国务院公报》，2011 年 04 期。

《中华人民共和国网络安全法》，《中华人民共和国国务院公报》，2016 年 11 期。

《中华人民共和国环境保护税法》，《中华人民共和国国务院公报》，2016 年 12 期。

《中华人民共和国电子商务法》，《中华人民共和国国务院公报》，2018 年 08 期。

《中华人民共和国外商投资法》，《中华人民共和国国务院公报》，2019 年 03 期。

《中华人民共和国民法典》，《中华人民共和国国务院公报》，2020 年 05 期。

《中华人民共和国出口管制法》，《中华人民共和国国务院公报》，2020 年 10 期。

《企业名称登记管理规定》，《中华人民共和国国务院公报》，2021 年 01 期。

《民办教育促进法实施条例》，《中华人民共和国国务院公报》，2021 年 05 期。

《市场主体登记管理条例》,《中华人民共和国国务院公报》,2021年08期。

### 期刊文章

李晓西、宋则,《从双轨制到市场化——经济体制改革总思路的调整》,《财贸经济》,1987年12期。

陆百甫,《治理经济环境 推进价格改革》,《中国物价》,1989年03期。

孙泉,《通货膨胀、经济增长与货币政策》,《中国物价》,1989年03期。

周小梅,《我国城市管道燃气价格改革研究——基于民营化发展的思考》,《价格理论与实践》,2012年05期。

林昌华,《新时代民营经济高质量发展的动力机制与战略导向探究》,《山东社会科学》,2022年06期。

孙涛,《新时代加强和改进民营经济领域意识形态工作路径探析》,《中共太原市委党校学报》,2022年06期。

郭占恒,《从“民营经济发展新飞跃”看“民营企业是自己人”》,《浙江经济》,2022年05期。

### 图书著作

《邓小平文选(第一卷)》,人民出版社,1994年版。

《邓小平文选(第二卷)》,人民出版社,1994年版。

《邓小平文选(第三卷)》,人民出版社,1993年版。

《江泽民文选(第一卷)》,人民出版社,1995年版。

《江泽民文选(第二卷)》,人民出版社,1995年版。

《江泽民文选(第三卷)》,人民出版社,1996年版。

国家统计局编,《中国统计年鉴》，中国统计出版社，1987—2021年（历年）。

国家统计局编,《中国统计摘要》，中国统计出版社，1987—2021年（历年）。

国家税务总局编,《税收收入月度快报》，中国税务出版社，1999—2021年（历年）。

《中华人民共和国国务院行政法规汇编（2000—2021年）》，人民出版社，2000—2021年版。

中华人民共和国商务部、国家统计局、国家外汇管理局编,《中国对外直接投资统计公报》，中国商务出版社，2003—2021年（历年）。

中国企业联合会、中国企业家协会编,《中国500强企业发展报告》，北京：企业管理出版社，2008—2021年版（历年）。

黄孟复主编,《中国民营经济史·大事记》，社会科学文献出版社，2009年版。

黄孟复主编,《中国民营经济史·纪事本末》，中华工商联合出版社，2010年版。

全国工商联研究室编,《中国改革开放30年民营经济发展数据》，中华工商联合出版社，2010年版。

胡德平著,《中国为什么要改革》，人民出版社，2011年版。

陈永杰著,《民营 民生 民富——关于民营经济发展的若干思考》，中国经济出版社，2011年版。

胡德平著,《改革放言录》，人民出版社，2013年版。

王钦敏主编,《民营经济蓝皮书：中国民营经济发展报告》，社会科学文献出版社，2014—2017年版（历年）。

陈永杰著,《民营企业发展与混合经济改革》，浙江大学出版社，

2016年版。

北京大成企业研究院编著,《民间投资与民营经济发展重要数据分析报告》，社会科学文献出版社，2016—2019年版（历年）。

《十八大以来历次中央全会资料汇编》，人民出版社，2017年版。

中华全国工商业联合会编,《中华全国工商业联合会简史》，中华工商联合出版社，2017年版。

庄聪生著,《中国民营经济四十年：从零到“五六七八九”》，民生与建设出版社，2018年版。

高云龙主编,《中国民营经济发展报告》，中华工商联合出版社，2018—2021年版（历年）。

北京大成企业研究院编著,《民营经济改变中国——改革开放四十年民营经济主要数据简明分析》，社会科学文献出版社，2018年版。

北京大成企业研究院编著,《中国民营经济70年大事记》，中华工商联合出版社，2019年版。

国务院发展研究中心编,《波澜壮阔40年 我国改革开放40年回顾、总结与展望》，中国发展出版社，2019年版。

张志勇著,《民营企业四十年》，经济日报出版社，2019年版。

国务院第四次全国经济普查领导小组办公室编,《中国经济普查年鉴2018》，中国统计出版社，2020年版。

北京大成企业研究院编著,《民间投资与民营经济发展重要数据分析报告》，中华工商联合出版社，2020—2022年版（历年）。

《改革开放简史》，人民出版社、中国社会科学出版社，2021年版。

北京大成企业研究院编著,《国有民营外资企业重要数据全景简明比较分析——基于第四次经济普查数据》，中华工商联合出版社，2021年版。

北京大成企业研究院编著,《走向共同富裕：民营企业向社会企业转变研究》，社会科学文献出版社，2022年版。

# 中国民营经济发展大事记

## 1978 年

2 月 26 日—3 月 5 日，五届全国人大一次会议讨论并同意国务院提出的《一九七六年到一九八五年发展国民经济十年规划纲要（草案）》。

12 月 18—22 日，党的十一届三中全会在北京举行。全会根据中央工作会议的精神，作出了把全党工作的重点转移到社会主义现代化建设上来的战略决策，指出实现现代化是一场广泛、深刻的革命，要求大幅度提高生产力，多方面改变同生产力发展不适应的生产关系和上层建筑，改变一切不适应的管理方式、活动方式和思想方式。

12 月 22 日，党的十一届三中全会公报指出："社员自留地、家庭副业和集市贸易是社会主义经济的必要补充部分，任何人不得乱加干涉。""社队的多种经营是社会主义经济，社员自留地、家庭副业和农村集市贸易是社会主义经济的正当补充；决不允许把它们当作资本主义经济来批判和取缔。……社员自留地、家庭副业和农村集市贸易，是社会主义经济的必要补充部分，不能当作所谓资本主义尾巴去批判。相反地，在巩固和发展集体经济的同时，应当鼓励和辅助农民经营家庭副业，增加个人收入，活跃农村经济。"

12 月 30 日，中共中央印发《关于进一步落实党对民族资产阶级若干政策的决定》。

## 1979 年

1 月 17 日，邓小平约请胡厥文、胡子昂、荣毅仁、古耕虞、周叔弢五位老工商业者座谈。邓小平指出：“现在搞建设，门路要多一点，可以利用外国的资金和技术，华侨、华裔也可以回来办工厂。”这是邓小平第一次提出要吸引外资，第一次提出希望原工商业者利用落实政策以后的资金办私人企业。

1 月 18 日—2 月 15 日，中共中央宣传部和中国社会科学院在北京召开理论工作务虚会前一阶段的会议。

1 月 22—24 日，中共中央统战部召开落实党对民族资产阶级政策问题座谈会。邀请北京、天津、上海三市和江苏、浙江、四川、广东等省工商界代表人士 100 多人参加座谈会。

1 月 31 日，中共中央批准交通部、广东省革委会的联名报告《关于我驻香港招商局在广东宝安建立工业区的报告》。

2 月 4 日—3 月 12 日，国家工商行政管理局召开了“文革”结束后的第一次全国工商行政管理局局长会议。会议提出，工商行政工作要从全局出发，按照客观经济规律办事，更好地着眼于支持工农业生产，促进商品流通、市场和方便群众的指导方针。

2 月 6 日，中共安徽省委鉴于该省肥西县山南公社已经出现包产到户，召开常委会专门讨论包产到户问题。

3 月 1 日，根据党的十一届三中全会提出的建议，国务院决定从三月份起，提高粮、油、猪等 18 种主要农副产品的收购价格。其中粮食统购价格从夏粮上市起提高 20%，超购部分在这个基础上再加 50%；18 种农副产品的收购价格平均提高 24.8%。这个措施使农民的收入得到大幅度增加，极大地调动了农民发展生产、交售农副产品的积极性。

3月12—24日，国家农委邀请广东、湖南、四川、江苏、安徽、河北、吉林七省农村工作部门和安徽全椒、广东博罗、四川广汉三县的负责人召开座谈会，讨论建立健全农业生产责任制问题。

4月5—28日，中共中央召开工作会议，主要讨论经济调整问题，论述了调整经济的必要性，提出了“调整、改革、整顿、提高”的八字方针。

6月15日，邓小平在全国政协五届二次会议的《新时期的统一战线和人民政协的任务》的开幕词中，深刻分析了中国社会阶级状况的根本变化，指出：我国的资本家阶级原来占有的生产资料早已转到国家手中，定息也已停止十三年之久。他们中有劳动能力的绝大多数人已经改造成为社会主义社会中的自食其力的劳动者。我国的各民主党派现在都已经成为各自所联系的一部分社会主义劳动者和一部分拥护社会主义的爱国者的政治联盟，都是在中国共产党领导下为社会主义服务的政治力量。对于邓小平的讲话，广大工商联成员无不欢欣鼓舞，称之为邓小平同志为我们“脱帽”（脱资产阶级的帽子）“加冕”（加劳动者之冕）。

6月18日—7月1日，五届全国人大二次会议在北京举行。会议通过了全国工作重点转移和对国民经济实行调整、改革、整顿、提高八字方针的重大决策。大会审议和通过了《全国人民代表大会和地方各级人民代表大会选举法》《中华人民共和国刑法》《中华人民共和国中外合资经营企业法》等七部法律。其中，《中华人民共和国中外合资经营企业法》，是新中国第一部有关吸收外商投资的法律，于7月8日公布实施。

7月3日，国务院颁发了《关于发展社队企业若干问题的规定（试行草案）》。这是新中国成立以来第一个关于发展社队企业的指导性文件。规定阐述了发展社队企业具有重大意义，同时对社队企业的发展方针、经营范围、资金来源以及国家对社队企业的优惠扶持政策、企业内部基本规章制度、管理机构的建立等都作了明确的规定。

7月5日，薛暮桥应邀到中央党校向当时正在中央党校学习的省部级领导干部做了题为《对于劳动就业问题的一点意见》的报告。在报告中，他重申恢复和发展个体经济的主张。

7月8日，国务院批准成立中国国际信托投资公司。中国国际信托投资公司的主要任务是：接受各部门、各地方的委托，根据中华人民共和国中外合资经营企业法和有关法令，主要是引进外国资本和先进技术、设备，共同举办合资企业。

7月15日，中共中央、国务院批转广东省委和福建省委《关于对外经济活动实行特殊政策和灵活措施的两个报告》。中共中央和国务院决定：对广东、福建两省的对外经济活动给以更多的自主权，以充分发挥两省的优越条件，扩大对外贸易，抓紧当前有利的国际条件，先走一步，把经济尽快搞上去。原则上同意两省试行在中央统一领导下大包干的经济管理办法，在计划、物资供应、物价政策等方面也实行新的经济体制和灵活政策。同时决定，先在深圳、珠海两市划出部分地区试办出口特区，待取得经验后，再考虑在汕头、厦门设置特区。

8月24日，中共中央、国务院着力解决城市知识青年就业问题，将北京市《关于安排城市知识青年就业问题的报告》批转全国。

9月22日，上海市工商界爱国建设公司成立。

9月25—28日，党的十一届四中全会在北京举行。会议讨论通过了《中共中央关于加快农业发展若干问题的决定》。该决定提出了加快农业发展的25项政策，指出：社员自留地、自留畜、家庭副业和农村集市贸易，是社会主义经济的附属和补充，不能当作所谓资本主义尾巴去批判。相反地，在保证巩固和发展集体经济的同时，应当鼓励和扶持农民经营家庭副业，增加个人收入，活跃农村经济。

9月26日，中央统战部、中央组织部、国家计委党组、国家劳动局党组、全国总工会党组制定了《关于对原工商业者的若干具体政策的规定》。提出：不在原工商业者中具体划分谁是自食其力的劳动者，谁是拥护社会主义的爱国者；今后不再称呼他们“资本家”“私方人员”“资产阶级工商业者”；对于在职的原工商业者，政治上应与干部、工人一视同仁，可以参加工会，可以担任各级领导职务，可以评定相应的职称；担任各种职务的，在工作中要有职、有权、有责。

10月4日，中国国际信托投资公司在北京正式宣告成立，荣毅仁出任第一任董事长。

10月11—22日，民建第三次全国代表大会和工商联第四次全国代表大会在北京同时举行。会议贯彻执行党的十一届三中全会的“解放思想，开动机器，实事求是，团结一致向前看”的方针，遵循实践是检验真理的唯一标准的思想路线。实事求是，理论联系实际，贯彻民主集中制的原则，坚持“三不”“三自”，知无不言，言无不尽，增进团结，鼓足干劲，弄清新情况，研讨新问题。

11月12日，中共中央批转中央统战部等六部门提出的《关于把原工商业者中的劳动者区别出来问题的请示报告》。

12月6日，邓小平在会见日本首相大平正芳时提出“小康”的概念。他指出，我们要实现的四个现代化，是中国式的四个现代化，不是像你们那样的现代化概念，而是“小康之家”，即到20世纪末，达到第三世界中比较富裕一点的国家的水平，实现国民生产总值人均一千美元。

# 1980 年

1 月 11 日—2 月 2 日，国家农委在北京召开全国农村人民公社经营管理会议。是否允许包产到户又一次引起与会代表的热烈讨论。安徽省代表以《联系产量责任制的强大生命力》为题介绍了安徽农村实行包产到户的情况和好处。

4 月 3 日，全国工商行政管理局长会议召开。会议指出，要进一步把集市贸易管好搞活。对转手贩卖农副产品要区别对待：集体商业和有证商贩，可以按其经营范围，到农村采购农副产品；社队集体可以收集本社队、社员的产品进城出售，但不准搞转手贩卖活动；对于从事掮客和欺行霸市活动的要坚决取缔；国营农场的三类产品，在履行收购合同后，可以在农村集市和城市农副产品市场出售；对工业品上市也不要一律禁止，国家允许自销的和完成国家计划收购任务以后的多余部分，持主管部门的证明，可以在集市上出售。

4 月 10 日，中国第一家中外合资企业——北京航空食品有限公司被批准成立，5 月 1 日公司在北京正式挂牌。首批被批准的中外合资企业还有中国迅达电梯有限公司、新疆天山毛纺织品有限公司、北京建国饭店、北京长城饭店、天津王朝葡萄酒公司等。

5 月 16 日，中共中央和国务院批准《广东、福建两省会议纪要》，决定在广东省的深圳市、珠海市、汕头市和福建省的厦门市，各划出一定范围的区域，试办经济特区。

8 月 2—7 日，中共中央在北京召开全国劳动就业工作会议。会议提出：必须逐步做到允许城镇劳动力在一定范围内流动；在解决劳动就业问题上，打破由国家全包的老框框，实行在国家统筹规划和指导下，劳动部门介绍就业、自愿组织起来就业和自谋职业相结合的方针。大力扶持兴办各种类型的自筹资金、自负盈亏的合作社；鼓励和扶持个体经济适当发展，一切守法的个体劳动者应当受到社会的尊重。8月17日，中共中央转发了这次会议议定的文件《进一步做好城镇劳动就业工作》。

8月21—26日，五届全国人大常委会十五次会议举行。会议正式批准国务院提出的在粤、闽4市设立经济特区的建议，同时批准《广东省经济特区条例》，完成了设立经济特区的立法程序。这标志着中国经济特区正式诞生。

9月14—22日，中共中央召开各省、市、自治区党委第一书记座谈会，印发国务院体制改革办公室《关于经济体制改革的初步意见》，提出：我国现阶段的社会主义经济，是生产资料公有制占优势、多种经济成分并存的商品经济。

9月16日，民建中央、全国工商联召开联席会议，通过了《关于协助党和政府做好对原工商业者的安排使用工作的决议》。

9月27日，中共中央印发《关于进一步加强和完善农业生产责任制的几个问题》的通知，指出，要充分发挥各类手工业者、小商小贩和各行各业能手的专长，组织他们参加社队企业和各种集体副业生产；少数要求个体经营的，经过有关部门批准，与生产队签订合同，持证外出劳动和经营。

10月23日，以中科院物理所研究员陈春先为首的一批科技人员，创办了第一个民办科技机构——北京等离子体学会先进技术发展服务部。服务部实行“不要国家编制，不要国家投资，自筹资金，自负盈亏，自担风险”的原则，内部分工、管理按着公司模式运作。

12月11日，19岁的温州姑娘章华妹从温州市工商行政管理局领到了一份特殊的营业执照——工商证字第10101号，这张营业执照成为改革开放以来中国第一份个体工商业营业执照，章华妹则成为改革开放以来中国第一个工商个体户。

## 1981 年

4 月 24 日，工商行政管理总局制定了《中外合资经营企业登记审批程序》，指导开展中外合资经营企业登记管理工作。《中外合资经营企业登记审批程序》对中外合资经营企业申请登记时所应提交的文件、核准登记的程序、办理变更和注销登记的要求等做出具体规定。

5 月 4 日，国务院作出《关于社队企业贯彻国民经济调整方针的若干规定》，指出社队企业已成为农村经济的重要组成部分，符合农村经济综合发展的方向。

5 月 27 日—6 月 14 日，中共中央、国务院在北京召开广东、福建两省和经济特区工作会议，从理论到实践系统地对特区过去两年的工作加以总结。

6 月 22 日，国家工商行政管理总局、商业部、粮食部、供销合作总社、国家物资总局、国家劳动总局发出《关于对城镇个体工商业户货源供应等问题的通知》。对有城镇正式户口、领有营业执照的个体工商业户所需要的原材料和货源，当地国营商业、粮食、供销、物资等部门，应当根据批准的商品经营范围积极供应，并同国营和集体单位一样享受批发价格。

6 月 27 日，国务院批转《工商行政管理总局向国务院的汇报提纲》，指出，城镇集体和个体经济是我国多种经济成分的组成部分，恢复和发展个体经济，是搞活经济的一项重大措施，是社会的需要，是一项长期的经济政策，也是安排城市就业的一个途径。

6 月 27—29 日，党的十一届六中全会在北京举行，全会审议并通过《关于建国以来党的若干历史问题的决议》。该决议就个体经济的问题进一步指出，社会主义生产关系的变革和完善必须适应于生产力的状况，有利于生产的发展。国营经济和集体经济是我国基本的经济形式，一定范围的劳动个体经济是公有制经济的必要补充。必须实行适合于各种经济成分的具体的管理制度和分配制度。

7 月 7 日，国务院发布《关于城镇非农业个体经济若干政策性规定》，明确规定了城镇个体经济的性质、经营范围及扶持与保护城镇个体经济发展的政策。

10 月 4—21 日，中央召开农村工作会议，讨论起草放宽农业政策的文件。

10 月 17 日，中共中央、国务院作出《关于广开门路，搞活经济、解决城镇就业问题的若干规定》，肯定了 1980 年中央召开的全国劳动就业工作会议上提出的“在国家统筹规划和指导下，实行劳动部门介绍就业、自愿组织起来就业和自谋职业相结合”的方针，指出，今后要着重开辟在集体经济和个体经济中的就业渠道，并增加自谋职业的渠道，要不断地调查研究，总结经验，在一段时期内，逐步形成一套有利于发展国民经济和改善人民生活的劳动就业制度。

## 1982 年

1 月 1 日，中共中央批转《全国农村工作会议纪要》。

1 月 8 日，全国工商联、民建中常会联合向中共中央办公厅、国务院办公厅报送《关于贯彻执行〈中共中央、国务院关于广开门路，搞活经济，解决城镇就业问题的若干决定〉的请示报告》。

1 月 15 日，中共中央、国务院批转《沿海九省、市、自治区对外经济贸易工作座谈会纪要》，并发出通知。沿海九省、市、自治区座谈会提出：沿海地区要在内外统筹安排的原则下，努力增加出口比重；抓住当前有利时机，大胆利用外资；加强国际经济合作和技术交流；积极地、有步骤地改革经济贸易管理体制，为全国提供经验。

4月3日，全国工商行政管理局长会议在北京闭幕。会议指出：要继续办好城乡集市贸易，凡国家规定准许上市的商品，要允许上市，不要乱加限制；要正确贯彻允许社队和社员贩运农副产品的政策，集市的设置应当从便利群众出发，合理安排；城市农副产品市场的网点，应当纳入城市建设规划，搞好市场建设和市场服务工作，要办好大牲畜、日用小商品等专营市场；要特别鼓励和支持个体工商户经营那些群众需要而国营和集体没有经营或经营不足的行业，如饮食业、服务业、修理业和有特殊工艺技术的行业，对那些行业可以放宽一些，准许带帮工，准许多带几个徒弟，以满足社会需要。

4月13日，中共中央、国务院公布《关于打击经济领域中严重犯罪活动的决定》，指出打击经济领域的严重犯罪活动，进行反对腐化变质的斗争，关系到我国社会主义现代化建设的成败，关系到我们党和国家的盛衰兴亡，这场斗争必然是长期的、持久的。坚持党的对外实行开放和对内搞活经济的政策，同坚决打击经济领域中的严重犯罪活动是并行不悖的。我们决不能因为实行对外开放和对内搞活经济的政策就忽视、放松和不敢进行这场斗争，也决不能因为进行这场斗争而对已经被实践证明是正确的政策发生动摇。

7月28日，经国务院批准，国家工商行政管理局设立个体经济司。

10月16日，国家工商行政管理局在武汉召开全国小商品市场现场会，推广武汉市汉正街小商品市场的经验。以个体商贩为主的经营日用小商品的汉正街市场，因经营品种多、进货渠道多、商品适销对路、价格灵活而吸引了大量顾客，在全国影响较大。

10月20日—11月10日，全国商业工作会议在北京召开。会议决定进一步放宽政策，把流通领域搞活。

11 月 25 日，义乌县委、县政府召开了农业专业户、重点户代表会议，县委书记谢高华在讲话中提出了“四个允许”，即允许农民经商、允许从事长途贩运、允许开放城乡市场、允许多渠道竞争。此后义乌先后几次扩建市场，到 1990 年底已形成占地面积 5.7 万平方米，设有固定摊位 8503 个、临时摊位 1500 多个的全国最大的小商品专业批发市场。

12 月 3 日，中共中央、国务院批转《当前试办经济特区工作中若干问题的纪要》，肯定了试办特区 3 年来的成绩。

12 月 4 日，五届全国人大五次会议通过的宪法修正案第 11 条规定：“在法律规定范围内的城乡个体劳动者经济，是社会主义公有制经济的补充。国家保护个体经济的合法权利和利益。国家通过行政管理，指导、帮助和监督个体经济。”

## 1983 年

1 月 2 日，中共中央印发《当前农村经济政策的若干问题》，指出党的十一届三中全会以来，我国农村发生了许多重大变化。其中，影响最深远的是，普遍实行了多种形式的农业生产责任制，而联产承包制又越来越成为主要形式。联产承包制采取了统一经营与分散经营相结合的原则，使集体优越性和个人积极性同时得到发挥。

3 月 14 日，鲁冠球以自家自留地里价值 2 万元的苗木作抵押，承包当时的萧山万向节厂，与公社经联社签订了为期 3 年的承包合同，合同由萧山县司法局公证处公证。承包第一年，万向节厂超额完成任务 154 万元；3 年承包期内，工厂年年超额完成任务。万向节厂快速发展，1988 年，鲁冠球又从当时企业 1500 万元的净资产中划出了 750 万元归镇政府，向宁围镇政府买断万向节厂股权，企业实质上成了民营企业。

3月15日，哈尔滨市个体户白士明加入中国共产党，成为首个入党的个体户。这一天，各大报纸刊登了同一则新闻——《个体户白士明入党》。3月下旬，白士明又成为首个当选全国人大代表的个体户。

4月13日，国务院发布《关于城镇劳动者合作经营的若干规定》和《〈关于城镇非农业个体经济若干政策性规定〉的补充规定》。次日，国务院又发布《关于城镇集体所有制经济若干政策问题的暂行规定》。

4月15日，中科院物理所陈春先等11名科技人员在北京等离子体学会先进技术发展服务部的基础上创办了北京市华夏新技术开发研究所。

5月4日，海淀区和中科院联合创办了科海新技术开发公司，这是中关村第一家高科技企业。

7月25日，国家工商行政管理局发布《关于城镇合作经营组织和个体工商业户在登记管理中若干问题的规定》，对企业和组织的登记管理进行了详细规定。

7月28日，王洪德等8名科技人员和海淀区联社联合，创办了中国第一家民营计算机机房公司——北京京海计算机机房技术开发公司。

8月12日，国家工商行政管理局发出《关于工商行政管理部门向个体工商业户收费问题的通知》。通知指出，各地工商行政管理部门向个体工商业户收取的费用，按照国家规定，有“个体工商业户管理费”和“市场管理费”两种。

9月20日，国务院发布《中华人民共和国中外合资经营企业法实施条例》。该条例共十六章一百一十八条，对外国投资者和合资企业内各个方面普遍关心的一些政策做了具体而明确的规定。该条例的公布，使中外合资企业遇到的政策、法规诸方面的问题，大体上得到了解决。

12月26日，中国人民银行发出通知，决定自1984年1月1日起，对个体经济的贷款利率比照集体经济执行。

## 1984年

1月1日，中共中央发出《关于1984年农村工作的通知》。该通知指出，1984年农村工作的重点是：在稳定和完善生产责任制的基础上，提高生产水平，梳理流通渠道，发展商品生产。

1月24日—2月17日，邓小平在视察南方的过程中，特地视察了深圳、珠海、厦门三个特区并分别题词。给深圳的题词是“深圳的发展和经验证明，我们建立经济特区的政策是正确的”；给珠海的题词是“珠海经济特区好”；给厦门的题词是“把经济特区办得更快些更好些”。

2月25日，国务院发布《关于合作商业组织和个人贩运农副产品若干问题的规定》。

2月27日，国务院发布《关于农村个体工商业的若干规定》。该规定明确指出：国家鼓励农村剩余劳动力经营社会急需的行业；农村个体工商业户的经营方式可以灵活多样；可以请一两个帮手，带两三个、最多不超过五个徒弟；可凭营业执照或临时营业执照到外地采购货源和原材料；可以起字号、刻图章、开立账户、申请贷款；可以加入本县、市的个体劳动者协会；国家保护农村个体工商业户的合法权利和利益。

3月26日—4月6日，根据中共中央书记处和国务院的决定，沿海部分城市座谈会在北京召开。会议确定：进一步开放由北至南14个沿海港口城市即大连、秦皇岛、天津、烟台、青岛、连云港、南通、上海、宁波、温州、福州、广州、湛江和北海，作为我国实行对外开放的一个新的重要步骤。会议着重讨论了这些沿海城市如何放开步伐，更好地引进外资和先进技术以及有关的政策问题，并提出了一些建议。

7月20日，北京天桥百货股份有限公司成立，这是改革开放以后建立的第一家股份有限公司，即可以公开发行股票募集社会资金的股份制企业。

7月，武汉市在全国率先放开蔬菜市场，变统购包销为多渠道经营，变计划上市为市场调节，变计划价格为浮动价格，将蔬菜收购站改为交易站，零售菜场货源由分配式或采购式变为产销直接见面，对手成交。

8月6日，国务院批转中国农业银行《关于改革信用合作社管理体制的报告》。该报告指出，恢复信用社合作金融的性质，变“官办”为“民办”；加强信用社经营上的灵活性；信用社实行浮动利率，实行独立经营、独立核算、自负盈亏；建立信用合作社的县联社。

8月10日，上海市人民政府文件批准中国人民银行上海市分行《关于发行股票的暂行管理办法》，规定向社会公开发行股票集资一般应由银行代理发行。这是新中国有关证券方面的第一个地方政府规章。

8月16日，由海淀区海淀街道办事处与中国科学院声学所、北京大学无线电系联合建立的海声软件开发公司开业。这是首家街道与科研单位、大学联营的科技企业。

8月25日，由清华大学教师、校友和北京海淀区合办的“海华新技术发展中心”成立。

8月28日，上海市和杭州市政府同时发布我国最早的民办科技机构管理规定，即《上海市民办科学研究和技术服务机构管理规定（试行）》和《关于杭州市民办科技机构有关问题的规定》。

10月20日，党的十二届三中全会在北京举行。全会一致通过《中共中央关于经济体制改革的决定》，指出：我们现在的个体经济是与社会主义公有制相联系的，不同于资本主义私有制相联系的个体经济，它对于发展社会生产、方便人民生活、扩大劳动就业具有不可替代的作用，是社会主义经济必要的有益的补充，是从属于社会主义经济的。

当前要注意为城市和乡镇集体经济和个体经济的发展扫除障碍，创造条件，并给予法律保护。特别是在以劳务为主和适宜分散经营的经济活动中，个体经济应该大力发展。同时，要在自愿互利的基础上广泛发展全民、集体、个体经济相互之间灵活多样的合作经营和经济联合，有些小型全民所有制企业还可以租给或包给集体或劳动者个人经营。

11 月 1 日，中国科学院计算所高级工程师柳传志，领头创办了集计算机研究、开发、生产、经营、服务于一体的“计算所公司”。这是联想集团的前身。

11 月 14 日，经人民银行上海分行批准，由上海飞乐电声总厂、飞乐电声总厂三分厂、上海电子元件工业公司、工商银行上海市分行信托公司静安分部发起设立上海飞乐音响股份有限公司，向社会公众及职工发行股票。总股本 1 万股，每股面值 50 元，共筹集 50 万元股金，其中 35%由法人认购，65%向社会公众公开发行。飞乐音响公司这次发行的股票，没有期限限制，不能退股，可以流通转让，可以说是我国改革开放新时期第一只真正意义上的股票。

## 1985 年

1 月 1 日，中共中央、国务院发布《关于进一步活跃农村经济的十项政策》，指出，打破集体经济中的“大锅饭”以后，农村的工作重点是，进一步改革农业管理体制，改革农产品统购派购制度，在国家计划指导下，扩大市场调节，使农业生产适应市场需要，促进农村产业结构的合理化，进一步把农村经济搞活。

同日，邓小平《建设有中国特色的社会主义》一书在全国发行。

2 月 18 日，中共中央、国务院批转《长江、珠江三角洲和闽南厦漳泉三角地区座谈会纪要》并发出通知，指出，这三个经济开放区应逐步形成贸—工—农型的生产结构，建立以外向型为主的经济。这一决策的实施，使我国的对外开放形成了从经济特区到沿海开放城市再到沿海经济开放区的多层次、由外向内逐步推进的新格局。

3 月 13 日，国务院发布《关于坚决制止就地转手倒卖活动的通知》，规定重要生产资料和紧俏耐用消费品的批发业务，只能由国营商业、物资供销部门、供销合作社和生产该种商品的企业经营，不准其他单位和个人经营，不准经纪人牵线挂钩从中渔利；不准从零售商店套购紧俏商品就地转手加价倒卖，不准倒卖计划供应票证。

3 月 28 日，国务院批转《关于广东、福建两省继续实行特殊政策、灵活措施的会议纪要》，指出，五年来的实践证明，中共中央、国务院关于广东、福建两省在对外经济活动中实行特殊政策、灵活措施的决定是完全正确的。在新的形势下，让广东、福建两省继续实行特殊政策、灵活措施，使两省的经济建设搞得更快些、更好些。

4 月 13 日，改革开放后中国第一个私企执照以国务院特批形式颁发。

6 月 29 日，国务院批复福建省人民政府《关于报审厦门经济特区实施方案的报告》，批准把厦门经济特区的范围扩大到厦门全岛和鼓浪屿全岛，并在该特区逐步实行自由港的某些政策。

8 月 20 日，国务院发出《关于进一步清理和整顿公司的通知》。通知强调必须贯彻政企分开的原则。党政机关和党政机关干部办的公司，要实行政企分开，并使公司在经济上与党政机关脱钩；党政机关干部担任公司职务的，要辞去一头。

10 月 23 日，邓小平会见美国时代公司组织的美国高级企业家代表团，邓小平在会谈时指出，社会主义和市场经济之间不存在根本矛盾。问题是用什么方法才能更有力地发展社会生产力。我们过去一直搞计划经济，但多年的实践证明，从某种意义上说，只搞计划经济会束缚生产力的发展。把计划经济和市场经济结合起来，就更能解放生产力，加速经济发展。

## 1986年

1月1日，中共中央、国务院发出《关于1986年农村工作的部署》，指出我国农村已开始走上有计划发展商品经济的轨道。农业和农村工业必须协调发展，把“无工不富”和“无农不稳”有机地结合起来。

1月5日，全国经济特区工作会议在深圳结束。会议提出，经济特区在“七五”计划期间要更上一层楼，朝着建立外向型经济的目标奋力前进，确实成为“技术的窗口、管理的窗口、知识的窗口、对外政策的窗口”。

3月20日，国务院科技领导小组向各省、自治区、直辖市及计划单列市人民政府，国务院各有关部委、直属机构、中国科学院、中国科协转发了国家科委“关于明确技术成果转让的政策界限的请示”报告。这个报告的发布，稳定了当时的民办科研机构队伍。

3月28日，邓小平会见新西兰总理朗伊。邓小平在会见时指出：我们的政策是让一部分人、一部分地区先富起来，以带动和帮助落后的地区，先进地区帮助落后地区是一个义务。我们坚持走社会主义道路，根本目标是实现共同富裕，然而平均发展是不可能的。

6月6日，招商局收购在香港上市的友联银行，成为第一家利用股票市场收购上市公司的中资企业，也成为第一家拥有银行的非金融性企业。

8月21日，北京大学新技术公司成立，由北京大学科技研发部主办，投资30万元。北京大学新技术公司是北大方正集团的前身。

8月27日，我国首家民营金融企业——上海爱建金融信托投资公司正式成立。这家经中国人民银行和国家外汇管理局分别批准经营金融和外汇业务的企业，是由上海市工商界爱国建设公司投资创办的。业务对象主要是工商企业，并逐步建立对外金融联系网络，加强国内外同业的合作。公司经营的业务主要有人民币和外币的信托存款、信托投资和信托贷款；在境外发行和代理发行外币有价证券，在国内代理发行人民币债券，以及租赁、担保、咨询等。

9 月 26 日，中国工商银行上海信托投资公司静安区业务部（上海申银证券公司的前身）正式挂牌买卖股票。

9 月 28 日，党的十二届六中全会在北京举行。全会通过《关于社会主义精神文明建设指导方针的决定》，指出："我国还处在社会主义的初级阶段，不但必须实行按劳分配，发展社会主义的商品经济和竞争，而且在相当长的历史时期内，还要在公有制为主体的前提下发展多种经济成分，在共同富裕的目标下鼓励一部分人先富起来。"这是在中央文件中首次提到"多种经济成分"。

10 月 11 日，国务院发布《关于鼓励外商投资的规定》，鼓励外国投资者在中国境内举办中外合资经营企业、中外合作经营企业和外资企业。规定共 22 条，简称"外商投资 22 条"。

12 月 3—5 日，全国个体劳动者第一次代表大会暨全国先进个体劳动者表彰大会在人民大会堂隆重举行，中国个体劳动者协会同时正式成立。

12 月 5 日，国务院颁布了《关于深化企业改革增强企业活力的若干规定》，指出各地可以选择少数有条件的全民所有制大中型企业，进行股份制试点。

同日，由全国个体工商户、个人独资企业、合伙企业的个体劳动者组成的联合性社会团体——中国个体劳动者协会在北京宣告成立，城乡个体劳动者从此有了自己的全国性组织。

12 月，中央召开全国乡镇企业出口创汇工作会议，确定建立“贸工农”联合出口商品基地。会后多个部委联合下发了《关于推动乡镇企业出口创汇若干政策的规定》。

## 1987 年

1 月 1 日，国美电器有限公司成立，是一家以经营各类家用电器为主的全国性家电零售连锁企业。

1 月 20 日，国务院发布《关于进一步推进科技体制改革的若干规定》，提出进一步放活科研结构，进一步改革科技人员管理制度，放宽放活对科技人员的政策。

1 月 22 日，中共中央发出《把农村改革引向深入》的通知。通知明确指出，对农村各类自营专业户、个体经营者要实行长期稳定的方针，保护其正当经营和合法权益。要尊重他们选择经营形式的自由，不可任意强制改变他们的生产方式。

1 月 28 日，中共中央发出《关于当前反对资产阶级自由化若干问题的通知》。该通知指出，搞资产阶级自由化，即否定社会主义制度、主张资本主义制度，核心是否定党的领导。这一斗争关系到党和国家的命运，关系到社会主义事业的前途。各级党组织必须充分认识反对资产阶级自由化斗争的重要性和长期性。

2 月 10—13 日，中国科协召开全国民办科技实业家座谈会。

4 月 8 日，中国第一家由企业投资创办的综合性银行——招商银行在蛇口开业。

5 月 3 日，中国民办科技实业家协会在北京召开了成立大会暨第一届理事会，“中国民办科技实业家协会”首届理事会第一次会议讨论和通过了协会章程。

8月5日，国务院发布《城乡个体工商业户管理暂行条例》，共28条，自1987年9月1日起施行。该条例规定：个体工商户的合法权益受国家法律保护，任何单位和个人不得侵害；国家工商行政管理局和地方各级工商行政管理局对个体工商户履行行政管理职能。

10月25日—11月1日，中国共产党第十三次全国代表大会在北京举行。报告指出，改革中出现的股份制形式，包括国家控股和部门、地区、企业间参股以及个人入股，是社会主义企业财产的一种组织方式，可以继续试行。一些小型全民所有制企业的产权，可以有偿转让给集体或个人。

11月7日，温州市人民政府正式颁发了《关于农村股份合作企业若干问题的暂行规定》。这是全国第一个关于股份合作制企业的比较系统的地方行政性的规定。它对股份合作企业的经济性质、财产归属、收益分配、组织管理、信贷税收、劳动制度以及入股、退股、开业、歇业等方面的问题都作了初步的具体规定。

12月1日，深圳市举行首次土地使用权的公开拍卖。

12月6日，新华社报道，轻工业部发布一项新的经济政策：长期亏损、经营不善、资不抵债的小型集体企业和地处偏僻、严重亏损、无人承包与租赁的小型国营企业，可以由工厂职代会或管委会讨论通过公开拍卖的方式，转让承包经营责任制，向行业以至全社会招标，择优选聘经营者。

12月8—11日，国务院在海口市召开了由海南省筹建组、国务院所属16个部门、广东省、新华社香港分社和香港中资集团负责人参加的专门会议讨论建立海南经济特区问题。会议形成五点共识：第一，立足开发岛内资源，大力发展生产，扩大出口，逐渐建立有自己特色的外向型经济；第二，在对外经济贸易活动方面，建议国家允许外商投资者在海南成片开发土地，租用土地使用权延长至70年，对矿产资源和自然资源实行有偿开发，国营、集体企业可进行承包、参股和投标购买；第三，建议国家和国内其他地区的群众以个人集资或合股的方式兴办工业生产企业和零售业、社会服务业，给个体、私营经济以较大的发展空间；第四，允许海南和国内其他地区的群众，以个人集资或合股的方式举办工业生产企业和零售商业以及其他社会服务业，给个体、私营经济以较大的发展空间；第五，考虑到海南底子薄，建议国家在财政、信贷、税收等方面，在五年内给予支持，从海南征收的能源建设基金全部留给海南安排建设。

12月11日，国家工商行政管理局发出关于处理个体、合伙经营及私营企业领有集体企业营业执照问题的通知。

12月18日，中央召开了全国乡镇企业出口创汇工作会议，确定建立“贸工农”联合出口商品基地。会后由多个部委联合下发了《关于推动乡镇企业出口创汇若干政策的规定》。从此，把乡镇企业的出口创汇推向了一个新阶段。

## 1988年

2月25日，由中共中央办公厅调研室牵头，国家科委、国家教委、中国科协、中国科学院及北京市和海淀区等单位组成的联合调查组，完成了对中关村电子一条街的调查，提出《中关村电子一条街调查报告》，肯定了电子一条街的成绩。建议国家建立中关村新技术产业开发区或科学工业园区，并给予资金、人才等方面的优惠政策，把知识分子引入商品生产和市场经济的竞争中，以推动我国高科技产业的发展。

3月15日，国务院原则批准广东省《关于深化改革扩大开放加快经济发展的请示》。广东省作为综合改革的试验区，改革、开放继续先行一步。

3月18日，国务院发出《关于进一步扩大沿海经济开放区范围的通知》，决定适当扩大沿海经济开放区。新划入沿海经济开放区140个市、县，包括杭州、南京、沈阳等省会城市，人口增加到1.6亿人。

4月12日，七届全国人大一次会议通过的宪法修正案的第一条，对宪法第十一条作了修改，规定："国家允许私营经济在法律规定的范围内存在和发展。私营经济是社会主义公有制经济的补充。国家保护私营经济的合法的权利和利益，对私营经济实行引导、监督和管理。"这是我国宪法首次赋予私营经济在社会主义经济制度中的合法地位。

4月13日，七届全国人大一次会议通过了国务院关于建立海南经济特区的议案，决定划定海南岛为海南经济特区。

4月26日，海南经济特区正式挂牌成立。

5月3日，国务院发布《关于深化科技体制改革若干问题的决定》，提出要"以积极推行各种形式的承包经营责任制为重点，进一步加快和深化科技体制改革"。

5月10日，国务院正式批准发布《北京市新技术产业开发试验区暂行条例》，规定以中关村地区为中心，在北京市海淀区划出100平方公里左右的区域，建立外向型、开放型的新技术产业开发试验区。

5月27日，"平安保险公司"成立，为中国第一家股份制保险企业。

6月25日，国务院颁布《中华人民共和国私营企业暂行条例》，该条例对私营企业作了质的规定："私营企业是指企业资产属于私人所有，雇工在8人以上的营利性的经济组织。"

8月5日，"北京市新技术产业开发试验区新闻发布会"在人民大会堂召开，宣布第一个国家级高新技术产业开发区成立。

9月14日，全国首届“科技实业家创业奖”颁奖仪式在人民大会堂举行。在41位金奖、银奖获得者中，民办科技实业家占70%。宋健代表党中央、国务院讲话，称科技实业家的事业代表体制改革的方向。与会者有科技界、新闻界共200多人。

9月26—30日，党的十三届三中全会在北京举行。全会确定了把1989年、1990年改革和建设的重点突出地放到治理经济环境和整顿经济秩序的方针。全会原则通过了《关于价格、工资改革的初步方案》，建议国务院在今后五年或较长一些时间内，根据严格控制物价上涨的要求，并考虑各方面的实际可能，逐步地稳妥地组织实施。

9月，通过招标程序，科海高技术（集团）公司承包了海淀区建筑工程公司，这是中关村第一个民办企业承包国营企业的案例。

10月3日，中共中央、国务院作出《关于清理整顿公司的决定》。该决定指出，这次清理整顿的重点是1986年下半年以来成立的公司，特别是综合性、金融性和流通领域的公司。

10月18日，北京新火花机床公司成立（当时注册为“祥云火花”），这是全国首家民办科技机床公司。

11月27日—12月3日，中华全国工商业联合会第六次会员代表大会在北京举行。中共中央向大会致了贺词，指出，工商联的工作，对促进我国的对外开放、发展社会主义商品经济和建设社会主义民主政治，将继续发挥重要的作用。工商联要继续发挥自己的积极性、主动性和创造精神，团结推动全体会员为贯彻落实党中央、国务院为治理经济环境、整顿经济秩序和全面深化改革而制定的各项政策和措施，做出更大的成绩。

12月6日，王文京创办的用友财务软件服务社成立，这是一家个体从事计算机软件的科技企业（后来转为私营科技企业——用友财务技术有限公司）。

## 1989 年

1 月 12 日，内蒙古自治区首家综合性科技金融机构——内蒙古科技信用社在呼和浩特市正式成立。该信用社在科技部门的帮助下开展业务，业务方面接受中国人民银行的指导，实行独立核算、自主经营。

1 月 25 日，海南首家股份制企业——海南农垦华侨经济实业开发公司向社会发行股票 1000 万元。

3 月 4 日，国务院批准国家体改委《关于 1989 年经济体制改革要点》。该要点指出要把深化企业改革、提高经济效益作为首要任务，具体包括：完善和发展企业承包经营责任制；深化企业内部配套改革；积极推进企业兼并；重点扶植和培育若干大型企业集团；稳步试行以公有制为主的股份制；有计划、有步骤地拍卖小企业。

6 月 2 日，“深华源A”在深圳交易所挂牌上市。这是中国第一家不存在国家股的上市公司。

7 月 28 日，国家工商行政管理局发出了《关于对个体工商户和私营企业加强管理的通知》。该通知要求各地工商行政管理机关会同有关部门对个体工商户和私营企业进行一次全面的清理和检查。

8 月 30 日，《国务院关于大力加强城乡个体工商户和私营企业税收征管工作的决定》颁布实施。该决定指出，必须坚持以法治税，大力加强城乡个体工商户和私营企业税收征管工作。要按照国家有关法规，保障个体工商户和私营企业的正当经营活动和合法收入，坚决制止乱摊派、乱收费。同时，要对个体经济和私营经济加强引导、监督和管理。

9 月 21 日，为了加强私营企业的劳动管理，保障经营者和职工的合法权益，促进私营企业健康发展，劳动部发布了《私营企业劳动管理暂行规定》。

9月29日，庆祝中华人民共和国成立四十周年大会举行，会议指出，在我国经济发展中，我们要继续坚持以公有制为主体、发展多种经济成分的方针，发挥个体经济、私营经济以及中外合资、合作企业和外资企业对社会主义经济的有益的、必要的补充作用。坚持这个方针，是为了更好地发挥社会主义经济的优越性，促进我国经济的更快发展，绝不是要削弱或取消公有制经济的主体地位，更不是要实行经济“私有化”。

11月6—9日，党的十三届五中全会在北京召开，全会审议并通过《中共中央关于进一步治理整顿和深化改革的决定》。

11月14日，以研究、开发、推广应用计算机产品为宗旨的北京联想计算机集团公司在北京成立。

11月23日，中国民营企业第一只股票——海南新能源股份有限公司股票在深圳证券所异地挂牌上市交易。

## 1990年

2月12日，农业部发布《农民股份合作企业暂行办法》，规定：农民股份合作企业是指，由三户以上劳动农民，按照协议，将资金、实物、技术、劳力等作为股份，自愿组织起来从事生产经营活动，接受国家计划指导，实行民主管理，以按劳分配为主，又有一定比例的股金分红，有公共积累，能独立承担民事责任，经依法批准建立的经济组织。农民股份合作企业是劳动农民的合作经济，是社会主义劳动群众集体所有制经济，是乡镇企业的重要组成部分和农村经济的重要力量。

3月14日，国家科委和国家工商行政管理局颁发了《关于加强科技开发企业登记管理的暂行规定》。该规定共11条，明确规定积极鼓励、扶持和发展以公有制为主体的开发企业，并重点对科技开发企业的经济性质做出了若干规定，对明确各类科技开发企业，包括民办科技企业的经济性质、维护其合法权益、加强登记管理等方面起到了积极作用。

4 月 18 日，中共中央、国务院同意上海市加快对浦东地区的开发，在浦东实行经济技术开发区和某些经济特区的政策。

8 月 16 日，芜湖市新芜区清理整顿公司领导小组将傻子瓜子公司关门歇业。

11 月 23 日，庆祝北京民办科技实业创业十周年暨首届“科技之光”奖颁奖大会在人民大会堂隆重召开。

11 月 26 日，经国务院授权、中国人民银行批准，上海证券交易所正式成立。

12 月 12 日，第二届全国科技实业家创业奖颁奖大会在人民大会堂召开。党和国家领导人出席并向获奖者颁奖。在 43 名获奖者中，民办科技实业家 20 名，占 46.5%。

## 1991 年

1 月 18—23 日，全国农业工作会议在北京举行。会议提出：以家庭联产承包为主的责任制是党在农村的基本政策，应在稳定的前提下逐步加以完善。完善的主要途径应是发展多形式、多层次的服务，并逐步形成社会化服务体系。

1 月 28 日—2 月 18 日，邓小平在视察上海时同上海市负责同志谈话，阐述了有关改革开放的一些重要问题。

2 月 23 日，国家税务局发出《关于对私营企业若干税收政策规定的通知》。该通知对《中华人民共和国私营企业所得税暂行条例》《国务院关于征收私营企业投资者个人收入调节税的规定》发布实施后需要明确的问题作出了具体规定。

4 月 15 日，全国个体劳动者第二次代表大会和第二次全国先进个体劳动者表彰大会召开。

4 月 17 日，全国个体劳动者第二次代表大会通过《中国个体劳动者协会章程》。

6 月 17 日，中央统战部向中共中央提交了《关于工商联若干问题的请示》，认为在社会主义初级阶段，非公有制经济成分作为公有制经济的有益补充，将在社会主义商品经济中长期存在，适当发展。现在亟须有一个党领导下的主要做非公有制经济代表人士政治思想工作的人民团体，对私营企业主、个体工商户和“三胞”投资者介绍党的方针、政策，进行爱国、敬业、守法的教育，并维护他们的合法权益，反映他们的正确意见。

7 月 1 日，中共中央举行庆祝中国共产党成立 70 周年大会。有中国特色社会主义的经济，必须坚持以生产资料社会主义公有制为主体，允许和鼓励其他经济成分的适当发展，既不能脱离生产力发展水平搞单一的公有制，又不能动摇公有制经济的主体地位，不能搞私有化。

7 月 3 日，深圳证券交易所正式开业。

7 月 28 日，一架“安 24”型民航客机从长沙起飞，平稳地降落在温州机场。25 岁的王均瑶首开中国民航史私人包机的先河，承包了长沙至温州的航线，成为中国私人包机第一人。此后，王均瑶成立了中国第一家民营包机公司——温州天龙包机有限公司。

11 月 25—29 日，党的十三届八中全会在北京举行。全会审议并通过《中共中央关于进一步加强农业和农村工作的决定》。

# 1992 年

1 月 6—10 日，国务院在北京召开全国经济体制改革工作会议。会议指出，治理整顿的任务基本完成。通过治理整顿，为改革创造了一个比较宽松的环境，并且使改革有所前进。在这种形势下，要加快改革的步伐，适当加大改革的分量。改革的方向，是建立起社会主义有计划的商品经济新体制和计划经济与市场调节相结合的运行机制。

1 月 18 日—2 月 21 日，邓小平在视察武昌、深圳、珠海、上海等地时，发表著名的南方谈话。

3 月 9 日，国务院正式批准设立洋浦经济开发区。

4 月 28 日，国务院发出关于批转国家体改委、国务院生产办公室《关于股份制企业试点工作座谈会情况的报告》的通知，指出股份制企业试点工作是一项政策性强、涉及面广的重要改革，因此必须加强领导，既要大胆试验，又要稳步推进，严格按照规范化的要求进行。

5 月 15 日，国家经济体制改革委员会发出关于印发《股份制企业试点办法》的通知。

同日，国家经济体制改革委员会发出关于印发《股份有限公司规范意见》和《有限责任公司规范意见》的通知。

同日，四通公司被批准为北京新技术产业开发试验区第一家实行股份制的企业。

5 月 26 日，国家科委发布《1992—1993 年科技体制改革要点》，规定促进和引导以集体所有制为主体的民办科技实业的发展，是我国的长期政策。要保障民办科技机构按照自筹资金、自愿结合、自主经营、自负盈亏的原则从事科技活动，鼓励民办科技机构实行技工贸、技农贸一体化经营，大胆试行股份制，逐步形成一批具有规模经济效益的大型科技企业和企业集团。集体所有制民办科技机构可以承担国家科技计划项目。要制定相应管理办法和扶持政策，明确各类民办科技机构的法律地位，保障其平等参与竞争。要理顺资产关系和责权利关系，引导民办科技机构沿着法制轨道健康发展。

6 月 22 日，山东第一家民办科技企业集团“山东通达经济技术集团公司”成立。该公司拥有技术人员 400 多人，股本金 8000 多万元，资金上亿元，并在青岛、济南、海南、深圳等地设立了分公司。

6 月，方正第一家海外分支机构——方正（香港）有限公司成立，方正从此开始走入海外市场。

7 月 20 日，云南省人民政府决定建立云南民办科技园，这是我国建立的第一个民办科技园。

8 月 27 日，国家科委、国家体改委发布《关于分流人才、调整结构、进一步深化科技体制改革的若干意见》，规定要坚持以公有制为主体、多种经济成分并存的格局发展科技企业。实行集体经济、合作经济和个体经济的民办科技机构，是我国科技战线的重要力量，也是人才分流的主要渠道之一。要本着鼓励人民群众兴办各种社会主义事业的精神，从政策上进一步宽松民办科技机构的发展环境，保障扶持和促进民办科技实业的政策长期不变。正确评价民办科技企业家的业绩和创新精神，维护这一部分社会主义劳动者的合法权益，同时引导民办科技机构提高队伍的整体素质，健全管理制度，使之在新形势下有一个较大发展。

10 月 12—18 日，中国共产党第十四次全国代表大会在北京举行。十三届中央委员会作《加快改革开放和现代化建设步伐，夺取有中国特色社会主义事业的更大胜利》的报告。报告明确提出了我国经济体制改革的目标是建立社会主义市场经济体制。

12月5—8日，国家科委体改司在厦门召开我国首次民办科技统计工作会议，并于12月14日向各省、自治区、直辖市和计划单列市科委印发了《全国民办科技统计工作会议纪要》。这次会议明确民办科技统计的对象是：以科技人员为主体组成的，以“两不”“四自”为原则组建，主要从事“四技”活动及其新产品的开发、生产和销售活动的集体、个体、私营经济组织；以集体、个体、私营为主联营或与外商合资创办的经济组织；集体、个体、私营股占51%的各类股份制经济组织。

12月12日，北大方正集团公司成立。

12月19日，国家统计局、国家工商行政管理局发布《关于经济类型划分的暂行规定》，将我国经济成分划分为国有经济、集体经济、私营经济、个体经济、联营经济、股份制经济、外商投资经济、港澳台投资经济、其他经济九种类型。

## 1993年

2月14日，国务院印发《关于加快发展中西部地区乡镇企业的决定》。

3月15—31日，八届全国人大一次会议在北京举行。大会通过《中华人民共和国宪法修正案》。

4月28日，国家工商行政管理局发布了《关于促进个体私营经济发展的若干意见》。

6月12日，国家科委、国家体改委发布了《关于大力发展民营科技型企业若干问题的决定》。

9月2日，八届全国人大常委会三次会议通过《中华人民共和国反不正当竞争法》，旨在保障社会主义市场经济健康发展，鼓励和保护公平竞争，制止不正当竞争行为，保护经营者和消费者的合法权益。

10月13—17日，中华全国工商业联合会第七届会员代表大会在北京举行。这次会员代表大会是在邓小平南方谈话和建立社会主义市场经济体制目标确定以后，全国改革开放进入一个新的阶段，民营经济获得极大发展机会的形势下召开的。

11月11—14日，党的十四届三中全会在北京举行。全会审议并通过《中共中央关于建立社会主义市场经济体制若干问题的决定》。该决定指出：社会主义市场经济体制是同社会主义基本制度结合在一起的。

12月28日，南德集团投资的航向1号卫星在俄罗斯的拜科努尔发射场发射成功，是全球第一颗直播电视卫星，技术优良。

12月29日，八届全国人大常委会五次会议通过《中华人民共和国公司法》。

## 1994年

2月14日，联想股票在中国香港上市。

2月25日，爱特信正式推出“搜狐”产品，并更名为搜狐公司。

3月4日，劳动部、公安部、全国总工会联合发出《关于加强外商投资企业和私营企业劳动管理切实保障职工合法权益的通知》，要求：“企业必须按照国家劳动法规和政策规定招聘（用）职工；企业不得向职工收取货币、实物等作为‘入厂押金’，也不得扣留或者抵押职工的居民身份证、暂住证和其他证明个人身份的证件；企业职工的工资水平，不得低于国家和当地政府的规定；企业应严格执行国家规定的工时和休假制度；企业必须严格执行国家关于社会保险和职工福利的法规、政策，按规定为职工缴纳养老、待业、医疗、工伤、生育等项社会保险基金，为职工提供必须的生活福利设施；企业应根据《工会法》规定，支持职工组织并参加工会，应为工会开展活动提供条件。”

4月23日，在全国工商联七届二次常委会闭幕会上，发出了《让我们投身到光彩事业中来》的倡议书。

7月5日，八届全国人大常委会八次会议通过《中华人民共和国劳动法》，自1995年1月1日起施行。《中华人民共和国劳动法》正式确立了劳动合同制度，全国路线开始推行全员劳动合同制度。

8月18日，中央统战部下发《关于大力推动光彩事业的意见》，指出，光彩事业是非公有制经济人士响应党中央、国务院号召，落实“国家八七扶贫攻坚计划”的具体行动，是一项惠及当前、功在千秋的宏伟事业，既体现了中华民族扶贫济困的传统美德，又符合新时期统一战线为经济建设服务的指导思想的需要。

12月6日，中共中央统战部和中华全国工商业联合会在北京成立了“光彩事业推动委员会”。

## 1995年

5月6日，《中共中央、国务院关于加速科学技术进步的决定》发布。该决定明确指出，民营科技企业是发展我国高技术产业的一支有生力量，要继续鼓励和引导其健康发展。

7月26—31日，由中华全国工商业联合会和中国工业经济协会共同主办的首届全国民营企业商品博览会在北京展览馆举行，这是新中国成立以来第一次，也是规模最大的一次全国民营企业综合展览活动。

8月28日，昆明温州总商会获准成立，这是新中国第一个合法登记的异地民间商会。

9月10日，八届全国人大常委会十三次会议通过的《中华人民共和国商业银行法》正式发布并实施。旨在保护商业银行、存款人和其他客户的合法权益，规范商业银行的行为，提高信贷资产质量，加强监督管理，保障商业银行的稳健运行，维护金融秩序，促进社会主义市场经济的发展。

10 月 25 日，中国光彩事业促进会在北京成立。

12 月 21 日，方正（香港）有限公司在香港联合交易所挂牌上市。

## 1996 年

1 月 12 日，中国民生银行在北京正式成立。这是我国首家主要由非公有制企业入股的全国性股份制商业银行。中国民生银行是按照现代企业制度设立的新机制之下的新银行，是自主经营、自担风险、自负盈亏、自我约束的独立法人。

5 月 4 日，劳动部、国家工商行政管理局、中国个体劳动者协会发布《关于私营企业和个体工商户全面实行劳动合同制度的通知》。

7 月 13—14 日，全国农村金融体制改革工作会议在北京召开。

8 月，张朝阳依靠风险投资创办“爱特信信息技术有限公司”，成为中国第一家以风险投资资金建立的互联网公司。

10 月 20 日，农业部、国家计委联合向各地印发《关于促进大中型乡镇企业发展的意见》，提出“九五”期末大中型乡镇企业力争达到一万家的发展目标。

10 月 29 日，八届全国人大常委会二十二次会议通过《中华人民共和国乡镇企业法》。

12 月，海尔印尼有限公司正式成立，这是海尔集团在国外建立的第一家分公司。

## 1997 年

2 月 23 日,《中华人民共和国合伙企业法》经八届全国人大常委会二十四次会议审议通过，自 8 月 1 日起施行。

6 月，丁磊创办的网易公司正式成立，推出全中文搜索引擎服务。同年 11 月，推出中国第一个双语电子邮件系统。

9 月 12—18 日，党的十五大在北京举行。第十四届中央委员会向大会作《高举邓小平理论伟大旗帜，把建设有中国特色社会主义事业全面推向 21 世纪》的报告。

11 月 3—7 日，第八届全国工商联会员代表大会在北京召开。大会的主旨是贯彻党的十五大精神，推进非公经济发展，倡导光彩事业。

## 1998 年

1 月 24 日，中共中央、国务院发布《关于一九九八年农业和农村工作的意见》。

2 月 12 日，四川新希望农业股份有限公司获准在深圳证券交易所对社会公众发行人民币普通股 4000 万股，3 月 11 日正式上市交易。

3 月 5—19 日，九届全国人大一次会议在北京举行。国务院向大会作《政府工作报告》。该报告明确指出继续调整和完善所有制结构，在推进国有经济改革和发展的同时，积极发展城乡多种形式的集体经济，继续鼓励和引导个体、私营等非公有制经济共同发展。

3 月 24 日，财政部、国家工商行政管理局、国家经贸委、国家税务总局发出《关于印发〈清理甄别“挂靠”集体企业工作的意见〉的通知》。

6月9日，中共中央、国务院发出了《关于切实做好国有企业下岗职工基本生活保障和再就业工作的通知》。

6月20日，中国人民银行发布了《关于进一步改善对中小企业金融服务的意见》。该意见指出：为进一步支持中小企业发展，商业银行和信用社要积极调整信贷结构，改进金融服务，加强信贷管理，把对中小企业的金融服务提高到一个新水平。

7月7日，为进一步贯彻落实北京市政府1997年制定的《关于鼓励民营科技企业的若干规定》，由北京市科委、北京市计委、北京市财政局、北京市国税局、北京市地税局、北京市房屋管理局、北京市人事局、北京市证监会共同制定了《关于鼓励民营科技企业若干规定的实施办法》。经北京市政府同意，以京政办发正式转发。

8月8日，吉利集团有限公司自主研发的第一台轿车——吉利豪情二厢轿车在浙江省临海市正式下线，采取低价策略进入汽车市场。

9月2日，国家统计局印发《关于统计上划分经济成分的规定》。经济成分被划分为两大类别，共五种成分类型。第一大类为公有经济，其中包括国有经济和集体经济两种成分类型；第二大类为非公有经济，其中包括私有经济、港澳台经济、外商经济三种成分类型。

10月1日，为深化外贸体制改革，保持和引导非公有制经济健康发展，积极推动私营生产企业或科研院所参与国际竞争，对外贸易经济合作部发布了《关于赋予私营生产企业和科研院所自营进出口权的暂行规定》。

10月12—14日，党的十五届三中全会在北京举行，会议审议通过了《中共中央关于农业和农村工作若干重大问题的决定》。

# 1999 年

1 月 1 日，《关于赋予私营生产企业和科研院所自营进出口权的暂行规定》正式出台。规定对私营企业外贸进出口权作了明确规定，提出摈弃所有制观念，大力扶持私营企业发展，采取多种措施帮助私营企业开拓国际市场。

1 月 4 日，国家首批 20 家私营生产企业获得自营进口权，这是非公有制经济在全国范围内首次获得直接从事对外贸易的权利。

2 月 17 日，“侨兴环球”股票在美国纳斯达克上市，开创了中国民营企业在美国上市的先河。

8 月 20 日，《中共中央、国务院关于加强技术创新，发展高科技，实现产业化的决定》发布。该决定明确指出：民营科技企业是发展我国高新技术产业的一支新生力量，在我国经济和科技发展中起到越来越重要的作用。

8 月 26 日，清华紫光股份有限公司A股股票在深圳交易所上市，成为国务院《关于加快建设中关村科技园区的批复》颁布后中关村第一家发行新股的高科技企业。

8 月 30 日，九届全国人大常委会十一次会议通过《中华人民共和国个人独资企业法》，明确指出国家依法保护个人独资企业的财产和其他合法权益。

9 月 9 日，马云带领的 18 位创始人在杭州正式成立了阿里巴巴集团，集团的首个网站是英文全球批发贸易市场阿里巴巴。同年阿里巴巴集团推出专注于国内批发贸易的中国交易市场（现称“1688”）。

9 月 19—22 日，党的十五届四中全会在北京举行，全会审议通过了《中共中央关于国有企业改革和发展若干重大问题的决定》。

# 2000 年

1 月 13 日，国家工商行政管理局颁布《个人独资企业登记管理办法》。

1 月，李彦宏创建百度公司，推出独立搜索门户baidu.com。

10 月 9—11 日，党的十五届五中全会在北京举行，会议审议通过了《中共中央关于制定国民经济和社会发展第十个五年计划的建议》。

10 月 11 日，我国第一部地方创业投资规章——《深圳市创业资本投资高新技术产业暂行规定》由深圳市政府颁布并正式实施。规定明确指出：各级人民政府应当采取积极措施，拓宽市场准入渠道，鼓励企业、金融机构、个人、外商等各类投资者参与创业投资事业的发展。

10 月 24 日，中国保监会下发《关于同意筹建民生人寿保险股份有限公司的批复》，正式批复民生人寿保险有限公司筹建。

11 月 14 日，深圳经济特区建立 20 周年庆祝大会在深圳举行。经济特区要带头加快体制创新，率先为全国建立比较完善的社会主义市场经济体制积极探索和实践；要带头大力推进科技创新，在加快结构调整和产业优化升级、实现经济增长方式的根本转变上创造新鲜经验。

12 月 4—6 日，全国统战工作会议在北京举行。会议指出，非公有制经济是社会主义市场经济的重要组成部分，它在满足人民多样化的需要、增加就业、促进国民经济的发展中起着积极的作用。

12 月 12 日，为推动中小企业的发展工作，根据《国务院办公厅转发国家经贸委关于鼓励和促进中小企业发展的若干政策意见的通知》精神，由国家经贸委牵头，科技部、财政部、中国人民银行、税务总局等部门参加，成立全国推动中小企业发展工作领导小组，办公室设在国家经贸委。

12 月 19 日，中国民生银行A股股票（600016）在上海证券交易所挂牌上市。

# 2001 年

1 月 18 日，“天通股份（600330）”在上海证券交易所挂牌上市，成为国内首家自然人直接控股的A股上市公司。

3 月 10 日，由全国工商联主办的首届“民营企业科技创业创新成果汇展”在北京展览馆开幕。此次汇展是改革开放以来，民营企业在我国实施科教兴国战略和科技创新、体制创新中发挥独特作用的第一次全面展示，有近 300 家民营企业参展，涉及电子信息、生物、医药、环保、新能源等高新领域。

7 月 1 日，庆祝中国共产党成立八十周年大会举行，会议指出，改革开放以来，我国的社会阶层构成发生了新的变化，出现了民营科技企业的创业人员和技术人员、受聘于外资企业的管理技术人员、个体户、私营企业主、中介组织的从业人员、自由职业人员等社会阶层。而且，许多人在不同所有制、不同行业、不同地域之间流动频繁，人们的职业、身份经常变动。这种变化还会继续下去。在党的路线方针政策指引下，这些新的社会阶层中的广大人员，通过诚实的劳动和工作，通过合法经营，为发展社会主义社会的生产力和其他事业作出了贡献。他们与工人、农民、知识分子、干部和解放军指战员团结在一起，也是中国特色社会主义事业的建设者。

7 月 10 日，对外贸易经济合作部发布《关于进出口经营资格管理的有关规定》，以加快外贸经营体制改革，促进和规范各类企业从事进出口业务。同年 9 月，第一家私营流通公司绍兴县炎中贸易公司获得进出口经营权。

8 月 28 日，万向集团正式收购美国纳斯达克上市公司UAI，开创中国乡镇企业收购海外上市公司的先河。

9 月 17 日，第六届世界华商大会在南京开幕。

11 月 9 日 和 12 月 26 日，JL6360、HQ6360、MR6370、MR7130 四款车登上国家经贸委发布的中国汽车生产企业产品公告，吉利集团成为中国首家获得轿车生产资格的民营企业。

11 月 10 日，在卡塔尔首都多哈举行的世界贸易组织（WTO）第四届部长级会议以全体协商一致的方式，审议并通过了中国加入WTO的决定，标志着中国长达 15 年复关和加入WTO进程的结束。

11 月 11 日，中国代表团团长、外经贸部部长石广生向世贸组织总干事穆尔递交《中国加入世贸组织批准书》，并签署中国加入WTO议定书。在中国政府代表签署议定书递交批准书 30 天之后，中国正式成为WTO第 143 个成员。

12 月 10 日，总部设在绍兴的浙江玻璃股份有限公司在香港联交所成功上市，并成为内地第一家在香港主板市场发行H股的民营企业。

12 月 11 日，国家计委发出了《国家计委关于印发促进和引导民间投资的若干意见的通知》。

## 2002 年

1 月 8 日，第一届中国民营企业发展（香港）论坛在香港海逸酒店举行。300 多位来自内地民营企业以及中国香港、中国台湾和海外的工商界人士共聚一堂，探讨中国入世后民营企业的发展大计，以及加强内地与香港企业相互合作的新途径。

3 月，侨兴集团有限公司斥资 3.2 亿元收购中国电子信息产业集团属下公司中电通信科技有限责任公司 65%的股份进入移动通信领域，成为国内首家拥有GSM、CDMA两张手机生产牌照的民营企业。

4 月 18 日，民生人寿保险股份有限公司召开创立大会。

6月29日,《中华人民共和国中小企业促进法》由九届全国人大常委会二十八次会议通过，该法自2003年1月1日起施行。

8月1日，中国人民银行发布了《关于进一步加强对有市场、有效益、有信用中小企业信贷支持的指导意见》。

8月13日，劳动和社会保障部、中华全国总工会、中国企业联合会、中国企业家协会联合发出了《关于建立健全劳动关系三方协调机制的指导意见》。

8月18日，中国东方航空武汉有限责任公司正式挂牌成立。这是我国首家吸纳民营资本和高科技产业加盟的新型航空股份公司。

11月23—27日，中华全国工商业联合会第九届会员代表大会在北京召开。这次代表大会是在我国民营经济取得巨大发展和党的十六大对非公有经济政策取得重大突破的情况下召开的。大会的主旨是学习党的十六大精神，毫不动摇地贯彻党关于非公有制经济的一系列重要论述，开创工商联工作新局面，促进非公有制经济健康发展。

## 2003年

1月11日，重庆力帆实业（集团）董事长、重庆市工商联会长尹明善当选为重庆市政协副主席，成为改革开放以来首位进入省级政协领导班子的民营企业家。

1月28日，规划年产30万台轿车的台州吉利轿车工业城总装厂竣工。

3月1日，国务院制定的《无照经营查处取缔办法》正式开始实施。

3月24日，主营吉利集团汽车产业发展的浙江吉利控股集团有限公司成立。

6月14日，新疆广汇实业投资（集团）有限公司液化天然气（LNG）项目一期工程在吐鲁番鄯善火车站镇奠基。广汇实业斥巨资实施的这一项目是当时尚不允许民营企业涉足的石油与天然气两大资源之间的“缝隙”。

6月18日，民生人寿保险股份有限公司举行了开业揭牌仪式。民生人寿是中国第一家以民营资本为投资主体的全国性专业寿险公司，由全国工商联牵头组建，万向集团公司、中国泛海控股有限公司、中国有色金属建设股份有限公司等国内21家企业共同发起创立。

6月30日，中共深圳市民营经济工作委员会成立大会暨揭牌仪式举行。中共深圳市民营经济工作委员会是统一领导和协调深圳市民营经济和民间组织党的工作的市委派出机构。

8月21日，中共中央组织部在北京召开全国非公有制企业党建工作经验交流会。这次会议深入学习贯彻“三个代表”重要思想，认真贯彻落实党的十六大和全国组织工作会议精神，系统总结了改革开放以来非公有制企业党建工作的新进展新经验，对当前和今后一个时期进一步加强和改进非公有制企业党建工作作出了安排和部署。

9月1日，《民办教育促进法》正式实施。

9月25—29日，全国工商联50周年暨光彩事业成果展在北京举行。

9月29日，中华全国工商业联合会在京举行成立50周年纪念大会。

10月11—14日，党的十六届三中全会在京举行。全会审议通过了《中共中央关于完善社会主义市场经济体制若干问题的决定》。

12月1日，首份民营经济发展分析报告问世。全国工商联首次中国民营经济发展形势分析会在河南郑州隆重举行。

# 2004年

1月2日，河北省委、省政府批转了河北省政法委于2003年12月31日出台的《关于政法机关为完善社会主义市场经济体制创造良好环境的决定》。

1月31日，《国务院关于推进资本市场改革开放和稳定发展的若干意见》（“国九条”）颁布。

3月，上海复星集团出资与南京钢铁集团成立南京钢铁联合公司。上海复星集团持有60%股权，这是我国民企并购国企的成功案例。

3月5—14日，十届全国人大二次会议举行。会议审议并通过了《中华人民共和国宪法修正案》。

3月26日，联想集团作为第一家与国际奥委会签署合作协议的中国企业，成为国际奥委会全球合作伙伴。

5月19日，深圳证券交易所公布了《中小企业板块交易特别规定》《中小企业板块上市公司特别规定》和《中小企业板块证券上市协议》，为中小企业板市场的建立进行积极准备。5月27日，深圳证券交易所举行中小企业板块启动仪式。

5月26日，中国民航总局正式批复同意奥凯航空公司开展航空运输企业筹建工作并委托民航华北管理局对奥凯航空的运行资格进行审定。

6月8日，春秋航空公司在上海召开新闻发布会，宣布由春秋旅行社和春秋包机公司共同组建春秋航空。

6月10日，蒙牛正式于香港联交所主板上市（股票代码2319HK），成为第一家在海外上市的中国乳制品企业。

7月24—25日，国务院在青岛召开促进非公有制经济发展座谈会，中共中央政治局常委、国务院总理温家宝作出重要批示。

8月18日，由13家民营企业持有高达85%的股份的浙商银行开业。浙商银行提出以生产制造型小企业为主要目标，同时积极开拓商贸型小企业业务。2006年6月，成立的杭州城西支行，被称为中国第一家小企业专营支行。

10月18日，文化部下发了《文化部关于鼓励、支持和引导非公有经济发展文化产业的意见》，从10个方面鼓励、支持和引导非公有经济发展文化产业。

10月26日，全国工商联、中国民营科技实业家协会联合主办的第二届“中国优秀民营科技企业、优秀民营科技企业家表彰大会暨中国民营科技实业家论坛”在北京人民大会堂召开，来自全国各地的数百名优秀民营企业、企业家代表汇聚人民大会堂，参加此次论坛。全国有385家民营企业获得“中国优秀民营科技企业”称号，415名企业家被评为“中国优秀民营科技企业家”。

12月8日，联想董事长柳传志与IBM副总裁John Joyce正式签约，联想集团正式收购IBM全球PC业务。

12月24日，100名非公经济人士在北京接受中共中央统战部等五部委的联合表彰，被授予“中国特色社会主义事业优秀建设者”称号。这是我国首次对为改革开放和社会主义现代化建设作出贡献的非公有制经济人士进行表彰。

## 2005年

1月17日，国务院法制办公室和中华全国工商业联合会联合下发了《关于做好非公有制企业民商事纠纷仲裁工作意见》，从5个方面对非公有制企业民商事纠纷仲裁做了规定，以保障非公有制企业的合法权益。

2月17日，民航总局批复同意向奥凯航空公司颁发了公共航空运输企业经营许可证。3月4日，民航华北管理局向奥凯航空有限公司颁发了《航空承运人运行合格证》。

2月24日，《国务院关于鼓励支持和引导个体私营等非公有制经济发展的若干意见》正式发布。

3月5日，十届全国人大三次会议明确鼓励、支持和引导非公有制经济发展。

3月11日，一架印有“奥凯航空”标志的飞机从天津滨海国际机场起飞，标志着中国民航第一家民营航空运输企业——奥凯航空正式开通了首次航班。

3月21日，国家工商总局下发《关于发挥工商行政管理职能作用促进个体私营等非公有制经济发展的通知》，从工商行政管理职能的角度，对促进个体私营等非公有制经济发展做了规定。

4月11日，国资委出台《企业国有产权向管理层转让暂行规定》，文件中强调：“大型国有及国有控股企业及所属从事该大型企业主营业务的重要全资或控股企业的国有产权和上市公司的国有股权不向管理层转让。”同年12月，国资委又出台了《国务院办公厅转发国资委关于进一步规范国有企业改制工作实施意见》，指出要“严格控制企业管理层通过增资扩股持股”。

4月18日，国务院减轻企业负担部际联席会议发布了《关于治理向个体私营等非公有制企业乱收费、乱罚款和各种摊派等问题的通知》。

4月24日，国内首个民营征信公司——成都融诚资信有限公司正式挂牌。融诚资信有限公司是一家专业从事资信调查、评估的独立法人机构，通过广泛的信息征集，向政府职能部门、金融机构、社会中介组织等行政、企事业单位，提供企业和个人的信用报告、信用风险评级、信用数据增值服务、信用风险控制解决方案等征信产品的服务，最终实现以市场化方式运作的、综合性的信用服务体系。

5月1日，全国劳动模范和先进工作者表彰大会召开，33位私营企业主首次被选为全国劳模。

同日，联想与IBM共同宣布，联想完成了对IBM全球PC业务的收购，国际化新联想正式扬帆起航。

5月27日，国防科工委颁布《武器装备科研生产许可实施办法》。

6月6日，国内首家民营专业航空管理公司——上海凯旋航空管理有限公司成立。

6月29日，首家全国性民营石油企业——长联石油控股公司在北京正式成立。该公司由湖北天发集团联合全国30家私营石油企业共同参股成立。这是我国私营石油企业从单打独斗走向联合的一个有益尝试。

7月18日，作为国内首家以低成本、低票价为目标的民营航空公司——春秋航空公司的首个航班，编号为B-6250的空中客车A320飞机，满载180名旅客从上海虹桥机场直飞山东烟台。

7月22日，铁道部下发《关于鼓励支持和引导非公有制企业参与铁路建设经营的实施意见》，出台七项措施为非公有资本进入铁路提供政策法规支持和保障。

7月28日，中国银行业监督管理委员会下发《银行开展小企业贷款业务指导意见》。

8月5日，中国搜索引擎企业——百度正式在美国纳斯达克股票交易市场挂牌上市。

8月8日，国务院颁布《国务院关于非公有资本进入文化产业的若干决定》，明确要逐步形成以公有制为主体，多种所有制经济共同发展的文化产业格局。该决定对非公有资本进入文化产业，分成了鼓励、限制和禁止三种情况，明确规定了鼓励和支持非公有资本进入的领域和不允许民营资本进入的领域，对于非公有资本进入文化产业有很强的导向性。

8 月 10 日，商务部和中国出口信用保险公司联合下发《商务部中国出口信用保险公司关于实行出口信用保险专项优惠措施支持个体私营等非公有制企业开拓国际市场的通知》。

8 月 11 日，阿里巴巴公司和雅虎公司同时在北京宣布，阿里巴巴收购雅虎中国全部资产，同时得到雅虎 10 亿美元投资，并享有雅虎品牌在中国的无限期使用权，雅虎获得阿里巴巴 35%的投票权和 40%的经济收益权。这是中国互联网历史上最大的一起并购。

8 月 15 日，《国内投资民用航空业规定（试行）》开始实施。在这份文件中，包括非公有制投资主体在内的各种投资主体，被允许投资除空中交通管制系统外的所有民用航空领域，包括公共航空运输企业、通用航空企业、民用机场、服务保障及其他民用航空相关项目。

9 月 12 日，第六十一届德国法兰克福车展上，浙江吉利控股集团的吉利轿车向世界各国参观者第一次正式亮相，实现了近百年来中国汽车自主品牌参加世界顶级车展历史性突破。

9 月 26 日，商务部出台《关于促进中小流通企业改革和发展的指导意见》，明确提出要支持创办中小流通企业，放宽市场准入限制；完善中小流通企业融资体系，切实解决融资难问题；积极支持中小流通企业进行科技创新和技术改造；健全中小流通企业服务体系，提供人才培训、信息服务。

10 月 8—11 日，党的十六届五中全会在北京举行，全会审议通过了《中共中央关于制定国民经济和社会发展第十一个五年规划的建议》。

10 月 26 日，民生银行成功完成股权分置改革，成为国内首家完成股权分置改革的商业银行，为中国资本市场股权分置改革提供了成功范例。

11月30日，全国首条民资参股干线铁路——衢（州）常（山）铁路在浙江省常山县举行开工仪式。

12月1日，深交所正式对外发布中小企业板指数。该指数以2005年6月7日为基日，基日指数为1000。

12月15日，无锡尚德太阳能电力有限公司在纽约证券交易所成功上市，成为中国内地首家在纽约证券交易所挂牌上市的民营高科技企业。

12月28日，中国光彩事业基金会正式成立，业务主管单位为中共中央统战部。中国光彩事业基金会的宗旨是：促进光彩事业发展，支持社会扶贫和西部开发，培育扶贫开发示范项目，为参与光彩事业遇到困难的企业家排忧解难。中国光彩事业基金会的成立是中国光彩事业发展史上一个带有标志性的事件，它为光彩事业长期、稳定、健康发展提供了一个重要的支撑平台。

12月29日，国务院法制办公室和国家发展改革委联合下发《关于开展清理限制非公有制经济发展规定的通知》，明确了清理范围及重点、清理原则、清理工作的组织和实施。

## 2006年

1月8日，2006北美国际车展在美国底特律举行，吉利汽车被邀请参展，实现了北美车展1998年来首次有中国汽车参展的历史性突破。

2月13日，新中国首批正式获批的民间小额信贷公司“日升隆”和“晋源泰”在平遥开业。

3月28日，联想以全票通过正式加入国际可信计算标准组TCG（Trusted Computing Group），成为TCG组织核心成员（TCG Promoter）。

4月4日，中国银监会下发《关于进一步做好小企业贷款的通知》，强调要巩固和扩大小企业贷款所取得的成果。

7月18日，中国人民银行下发《关于开展中小企业信用体系建设试点工作的通知》，提出要建立中小企业信用体系，明确了中小企业信用信息征集工作的主要内容和有关要求。

7月28日，浙江省首个由民营资本控股的通用机场——建德千岛湖通用机场竣工试飞。

8月27日，十届全国人大常委会二十三次会议通过《中华人民共和国企业破产法》，自2007年6月1日起施行，旨在规范企业破产程序，公平清理债权债务，保护债权人和债务人的合法权益，维护社会主义市场经济秩序。

9月28日，全国工商联、全国总工会联合表彰“全国关爱员工优秀民营企业家”、“全国热爱企业优秀员工”和“全国双爱双评先进企业”，来自全国非公有制经济领域的87位企业家和86位员工以及115家企业共同分享了这一荣誉。

10月11日，党的十六届六中全会通过《中共中央关于构建社会主义和谐社会若干重大问题的决定》，指出要把扩大就业作为经济社会发展和调整经济结构的重要目标，实现经济发展和社会就业良性互动。大力发展劳动密集型产业、服务业、非公有制经济、中小企业，多渠道、多方式增加就业岗位。实行促进就业的财税金融政策，积极支持自主创业、自谋职业。

10月23日，奥康集团正式决定聘请“反倾销第一律师”蒲凌尘向欧盟一审法院提起诉讼，状告欧盟理事会发布的征收16.5%的反倾销税的法规不符合欧盟的相关法律。

## 2007年

1月8日，据新华社发布的消息，非公有制企业党建工作是党的先进性建设的一个新领域、新课题。经过全国各级党组织的共同努力，目前全国已向非公有制企业选派了逾 33 万名党建工作指导员。

2 月 9 日，据中共中央统战部、全国工商联、国家工商总局和中国民（私）营经济研究会等部门联合发布的《第七次全国私营企业抽样调查报告》表明，经过多年的发展，中国私营企业主阶层和私营企业已经发生了历史性的重大变化，私营企业主高学历化、专业化和精英化的趋势明显。机关干部、企业经营管理人员、专业技术人员总的比例从上次调查的 33.8%上升为 67%。

2 月 27 日，国防科工委发布《关于非公有制经济参与国防科技工业建设的指导意见》，从 11 个方面鼓励、支持和引导非公有制经济参与国防科技工业建设。

同日，2006 年度国家科技奖揭晓。国家科技奖励办公室统计显示，2006 年度，非公企业参与完成的项目占整个国家科技进步奖项目的 20%以上，占技术开发类项目的比例高于 30%，更较往年有了明显的提高。

3 月 1 日，我国首家村镇银行——四川省仪陇县惠民村镇银行挂牌开业。同年 12 月在湖北省随州市开业的汇丰村镇银行，是在我国设立的第一家外资农村金融机构。

3 月 5 日，十届全国人大五次会议提出要鼓励、支持和引导个体私营等非公有制经济发展。

3 月 16 日，十届全国人大五次会议审议通过了《物权法》和《企业所得税法》。《物权法》保护包括个人在内的所有物权人的合法物权，这使私营企业能够更加放心地去创造财富，为社会主义市场经济贡献力量。

3 月 20 日，作为国内首家开航的民营航空公司，奥凯航空在起飞两年后进行了公司战略的重大调整。国际快递巨头美国联邦快递

（FEDEX）公司正式宣布与奥凯航空合作，奥凯将为联邦快递提供国内航空运输服务。

5月10日，商务部等4部委联合下发《关于鼓励支持和引导非公有制企业对外投资合作的若干意见》，从5个方面推进非公有制企业实施“走出去”战略。

5月13日，国务院办公厅下发《关于加快推进行业协会商会改革和发展的若干意见》，提出了行业协会改革的指导思想和总体要求；积极拓展行业协会的职能；大力推进行业协会的体制机制改革；加强行业协会的自身建设和规范管理；完善促进行业协会发展的政策措施。

5月24日，浙江蓝野酒业告倒全球知名饮料公司美国百事公司，浙江省高级人民法院于当日二审判决：上海百事可乐饮料有限公司侵权事项成立，赔偿蓝野酒业300万元，并在媒体刊登声明，澄清事实、消除影响。这一案例堪称我国中小企业一改被动挨打局面而维护自己知识产权的典范。

7月18日，我国首个国家级创业投资引导基金正式启动，中央财政今年将安排1亿元资金建立引导基金，支持科技型中小企业创业投资。

同日，中国银监会今日发布了《银行开展小企业授信工作指导意见》，以推进小企业贷款工作，进一步改善小企业贷款政策环境。

8月30日，十届全国人大二十九次会议会议通过《中华人民共和国反垄断法》，于2008年8月1日起施行。

9月28日，我国首条由民营资本参与建设的铁路衢常铁路（衢州至常山）正式投入运营。衢常铁路全长42.613千米，总投资额为8.013亿元。由上海铁路局、常山县国有资产经营有限责任公司、民营企业常山水泥有限公司和浙江省铁路投资集团有限公司四方合资兴建。民营企业常山水泥有限公司占衢常铁路18.8%的股份。

11月6日，阿里巴巴在香港联交所挂牌上市，开盘价达到30港元，较发行价13.5港元上涨122%，融资15亿美元，创下了中国互联网公司融资规模之最。

11月17—19日，中华全国工商业联合会第十次会员代表大会在北京召开。本届会员代表大会是在中国民营经济发展进入新的阶段，新社会阶层进一步成长的背景下召开的。

12月6日，全国个体劳动者第三次代表大会暨全国文明诚信个体工商户表彰大会召开。人事部、国家工商总局、中央文明办、中国个体劳动者协会等部门共同表彰了首批100名“全国文明诚信个体工商户”。

12月14日，国家工商总局下发《关于推进个体私营经济监管工作信息化建设的指导意见》，制定了经济监管工作信息化建设的总体目标，明确了主要任务，提出了工作要求。

## 2008年

1月1日，《中华人民共和国企业所得税法》正式施行。新企业所得税法，彻底统一了多元化的企业所得税制，革除了长期以来内、外资企业适用不同所得税制度导致的负担不公平等诸多弊端，体现了平等、公平的原则。

3月3日，全国政协十一届一次会议在京开幕，在步入人民大会堂的2200余名新一届政协委员中，有160多位委员来自非公有制企业。

3月28日，宁波市副市长、杭州湾大桥工程指挥部总指挥王勇在北京宣布，世界上最长的跨海大桥——杭州湾跨海大桥，总投资118亿元。这是国内第一家以地方民营企业为主体，投资超百亿元的国家特大型交通基础设施项目。大桥资本金38.5亿元，其中民营资本占了50%以上，共有17家浙江省内民营企业凭着日益增强的经济实力进行投资入股。

5月21日，国务院法制办和全国工商联联合下发《关于进一步做好非公有制企业民商事纠纷仲裁工作的意见》，强调了开展非公有制企业民商事纠纷仲裁工作的重要性，明确了非公有制企业民商事纠纷仲裁工作的主要内容，提出了做好非公有制企业民商事纠纷仲裁工作的要求。

8月1日，《中华人民共和国反垄断法》正式施行。

8月8—24日，第29届奥林匹克运动会在北京举行，多家中国民营企业积极参与本次北京奥运会。

9月1日，经国务院批准，全国工商行政管理系统从9月1日起停止征收个体工商户管理费和集贸市场管理费。对此，个体工商户普遍表示欢迎。社会各界盛赞这是我国社会治理方式向更加符合社会发展方向转变的重要变革。

9月26日，全国非公有制经济人士思想政治工作会议在北京召开。这是中共中央统战部和全国工商联共同组织召开的改革开放以来首次该领域的专题工作会议。

10月9—12日，党的十七届三中全会在北京召开。会议通过了《中共中央关于推进农村改革发展若干重大问题的决定》。

10月22日，第五届世界华商高峰会在澳门举行，来自27个国家和地区的华商代表近千人出席了这一年度盛会。本次会议就“两岸发展新形势与未来展望”“巩固华商合作平台、促进经济多元发展”“金融海啸对全球经济发展的影响”“中国民营企业与中国经济发展”等议题展开讨论。

11月14—15日，中共中央政治局常委、国务院总理温家宝到珠三角考察，深入广州、深圳、东莞、佛山等地，考察了深圳航盛电子、格兰仕、万和等民营企业，调研中小企业情况。

11月21—23日，中共中央政治局常委、国务院总理温家宝到浙江义乌、绍兴调研金融经济危机下民营企业的生存状况。温家宝所到之处都主持召开座谈会，听取民营企业家的意见，强调要加大对民营企业的支持力度，切实营造有利于民营经济发展的良好环境，真正解决民营企业市场准入难的问题，加快落实对民营企业的金融、财税支持政策，改善对民营企业的服务。同时，他也鼓励民营中小企业加大自主创新力度，掌握更多核心技术，积极开拓国内市场尤其是国内农村市场，实现市场多元化，提高竞争力。

12月13日，中国政府网发布了《国务院办公厅关于当前金融促进经济发展的若干意见》，“30条”中有五条以上都涉及中小企业。

## 2009年

2月1日，中国风险投资研究院通过对境内外402家投资机构的调研发布最新研究报告。报告显示，2008年中国风险投资市场上新募集的资金规模达1018.6亿元，按年增长14%。共有191家机构完成募集，每家机构平均新募集的风险资本规模为5.33亿元。另有99只基金于2008年成立，据统计，这些基金的募集金额将达到1321.73亿元。

2月13日，纪念改革开放30年中国民营科技创新发展总结大会暨2009年中国民营经济形势分析与预测高峰论坛，在北京人民大会堂举行。

3月19日，横店集团控股有限公司2009年度1年期短期融资券，在全国银行间成功发行。此前已有恒逸集团、雅戈尔、杉杉等民营企业进入短期融资券发行市场。

4月15日，山西省政府第34次常务会议审议并原则通过了《山西省煤炭产业调整和振兴规划》，其核心内容之一就是加快煤炭资源整合步伐，要求加快关闭小矿和兼并重组，推进大集团大基地建设，提高产业集中度。

5 月 1 日，我国《首次公开发行股票并在创业板上市管理暂行办法》正式生效，创业板的闸门将正式打开。

5 月 16—17 日，国内首届网商交易会在广州流花馆举行。交易会由广东省人民政府、广州市人民政府和阿里巴巴集团协同联合主办。

8 月 19 日，国务院总理温家宝主持召开国务院常务会议，研究部署促进中小企业发展。会议要求继续落实促进中小企业发展的政策措施，在此基础上进一步出台了六大利好扶持措施。

同日，光明食品集团与云南省最大的制糖企业英茂糖业在上海联合宣布，光明食品集团将控股英茂糖业 60%股权，涉及金额近 9 亿元。此举将造就国内规模最大的产销一体化糖业产业集团。

9 月 22 日，国务院《关于进一步促进中小企业发展的若干意见》正式出台。

10 月 21 日，工商总局发布《关于进一步促进个体私营经济发展的若干意见》。

10 月 23 日，证监会举行创业板开板仪式，宣布创业板市场正式启动。

11 月 11 日，阿里巴巴旗下淘宝商城与商家合作，首次举办全网络促销活动。“双十一”当天，交易额超过 5200 万元，共有 27 个品牌参与，高达平时交易额的 10 倍。

12 月 2 日，“浦东新区民营经济发展峰会”在浦东召开。海航集团、复星医药、盛大网络等二十六家中国知名民营企业与浦东新区政府集中签约投资订单，总投资规模达到 200 亿元。

12 月 23 日，吉利汽车集团宣布，已和福特汽车公司就收购沃尔沃轿车公司的所有重要商业条款达成一致。正式收购于 2010 年完成。

## 2010 年

1 月 5 日，腾讯控股股价持续上涨，创下 171.80 港元新高，股价连续上涨使得腾讯市值首次超过 400 亿美元，继续稳固市值全球第三大的互联网公司地位。当时的第一、第二分别为谷歌和亚马逊。

1 月 28 日，中国民营经济发展形势分析会在京举行。

3 月 4 日，先后创办校内网和饭否网的王兴，创办团购网站美团网。团购模式从美国扩散至中国后，广受追捧，截至 2011 年 8 月，超过 5000 家团购公司先后成立，但激烈的竞争过后，只有包括美团在内的少数几家龙头公司存活。

3 月 5 日，十一届全国人大三次会议在人民大会堂举行。会议提出本年度的经济发展主要预期目标是：国内生产总值增长 8%左右；城镇新增就业 900 万人以上，城镇登记失业率控制在 4.6%以内；居民消费价格涨幅 3%左右；国际收支状况改善。要做到优化信贷结构。落实有保有控的信贷政策，加强对重点领域和薄弱环节的支持，有效缓解农户和小企业融资难问题，严格控制对“两高”行业和产能过剩行业的贷款。强化贷后管理，确保信贷资金支持实体经济。

5 月 1 日—10 月 31 日，第 41 届世界博览会——中国 2010 年上海世界博览会（EXPO 2010）在中国上海市举行。本次世博会是由中国举办的首届世界博览会，主题为：城市，让生活更美好（Better City, Better Life）。

5 月 13 日，国务院发布《国务院关于鼓励和引导民间投资健康发展的若干意见》，简称“新 36 条”。“新 36 条”明确提出，鼓励和引导民间资本进入交通电信能源基础设施、市政公用事业、国防科技工业、保障性住房建设等领域，兴办金融机构，投资商贸流通产业，参与发展文化、教育、体育、医疗和社会福利事业。

6月9日，阿里巴巴集团联合复星集团、银泰集团、万向集团在杭州宣布成立浙江阿里巴巴小额贷款股份有限公司，以扶持小企业和创业者。

8月2日，吉利控股集团以13亿美元现金外加2亿美元票据的支付方式，正式完成对福特汽车公司旗下沃尔沃轿车公司的全部股权收购。该项并购是目前为止中国汽车行业最大的一次海外并购，而吉利则成为中国第一家汽车跨国公司，跻身全球企业500强之列。

9月16日，中共中央、国务院出台《关于加强和改进新形势下工商联工作的意见》。

11月1日，民航局印发《关于鼓励和引导民间投资健康发展的若干意见》。提出了要鼓励和引导民间资本参与民航强国建设；鼓励和支持民间资本宽领域、多方式投资民航业；发挥民营航空企业在民航产业结构调整中的积极作用，推动民营航空企业加强自主创新，提高运营能力等实施意见。

## 2011年

1月11日，全国工商联主办，中国民（私）营经济研究会和中国民生银行协办的“2011—2012年中国民营经济发展形势分析会”在北京举行。

1月21日，腾讯公司正式推出为智能终端提供即时通信服务的免费应用程序——微信。随着此后微信朋友圈和公众号平台的先后上线，微信用户数量持续增长，成为移动互联网时代最重要的自媒体平台之一。

1月27日，财政部、国家税务总局联合下发了《关于继续实施小型微利企业所得税优惠政策的通知》，明确自2011年1月1日至2011年12月31日，对年应纳税所得额低于3万元（含3万元）的小型微利企业，其所得减按50%计入应纳税所得额，按20%的税率缴纳企业所得税。

3月1日，国务院正式批复《浙江省义乌市国际贸易综合改革试点总体方案》，这是全国首个由国务院批准的县级市综合改革试点。

4月16日，国务院正式发布《个体工商户条例》，并废除1987年的《城乡个体工商户管理暂行条例》。新条例自2011年11月1日起施行。

6月7日，银监会发布《关于支持商业银行进一步改进小企业金融服务的通知》，出台多项约束性措施鼓励商业银行给小企业贷款。

8月16日，雷军投资创办的小米，于北京市798艺术区正式向公众发布小米手机，公布小米手机细节，同时举行小米旗下手机操作系统MIUI一周年“粉丝”庆典。

## 2012年

2月1日，浙江省工商局出台的《浙江省小额贷款公司融资监管暂行办法》共十五条，主要内容包括：文件时效、适用对象、报备融资信息所需提供的数据材料、报备程序、监督管理的内容和要求等。管理办法出台后，小额贷款公司融资经营将全程纳入工商日常监管之中。这是我国出台的首个小额贷款公司融资监管办法。

2月15日，国务院常务会议指出要完善和落实促进非公有制经济发展的各项政策措施，鼓励民间资本进入铁路、市政、金融、能源、电信等领域。

2月19日，最高人民法院下发《关于当前形势下加强民事审判切实保障民生若干问题的通知》，明确要求维护合法有序的民间借贷关系。

3月1日，十一届全国人大五次会议明确提出要完善和落实促进非公有制经济发展的各项政策措施。

3月23日，中国几大互联网电商巨头之一的唯品会在美国纽约证券交易所（NYSE）上市，发行价为6.5美元，发行1118万ADS（每ADS=2股普通股）。

3月28日，国务院常务会议决定设立温州市金融综合改革试验区。批准实施《浙江省温州市金融综合改革试验区总体方案》，要求制定规范民间融资的管理办法，鼓励和支持民间资金参与地方金融机构改革等。

4月13日，交通运输部印发《关于鼓励和引导民间资本投资公路水路交通运输领域的实施意见》。明确鼓励民间资本参与公路、港口码头、航道等建设、养护、运营和管理，参与综合运输枢纽、物流园区、运输站场等建设、运营和管理；鼓励民间资本投资从事道路运输、水路运输业务，引导民间资本投资经营公路货运中介服务、机动车维修、驾驶员培训以及无船承运、船舶代理等运输辅助业务，支持民间资本以适当方式进入城市公交和农村客运等公共事业领域并建立相应的财政奖励补贴制度；支持民间资本参与交通运输领域新技术、新工艺、新材料的研发和推广应用，支持民间资本参与交通运输物流公共信息平台、公众出行信息服务系统、高速公路联网不停车收费、城市交通智能系统等研发、建设和运营管理业务；支持和引导民间资本参与公路、港口、航道等工程建设和运营管理的节能减排、环境保护技术的研发和推广，鼓励民间资本参与太阳能、风能等新能源在交通运输领域的应用和推广。

4月26日，国务院办公厅发布《关于进一步支持小型微型企业健康发展的意见》，提出包括对金融机构与小型微型企业签订的借款合同免征印花税，提高增值税和营业税起征点等一系列扶持政策。

5月16日，国家铁路局印发《铁道部关于鼓励和引导民间资本投资铁路的实施意见》。

5月23日，国务院常务会议指出，要把稳增长放在更加重要的位置，鼓励民间投资参与铁路、市政、能源、电信、教育、医疗等领域建设。

5月26日，银监会印发《关于鼓励和引导民间资本进入银行业的实施意见》，支持民间资本参与村镇银行发起设立或增资扩股，并将村镇银行主发起行的最低持股比例由20%降低到15%。

6月4日，工商总局印发《关于充分发挥工商行政管理职能作用鼓励和引导民间投资健康发展的意见》，明确提出包括为进一步拓宽民间投资领域和范围营造公平公正的市场主体准入环境；为民间资本重组、联合、转型提供优质高效的登记管理服务；充分运用工商行政管理职能帮助解决民间投资市场主体融资难题等实施意见。

6月5日，国家旅游局印发《关于鼓励和引导民间资本投资旅游业的实施意见》。该意见坚持旅游业向民间资本全方位开放、鼓励民间资本投资旅游业、提高民营旅游企业竞争力、为民间旅游投资创造良好环境、加强对民间投资的服务和管理5部分28条。

6月8日，住房城乡建设部印发《关于进一步鼓励和引导民间资本进入市政公用事业领域的实施意见》。提出进一步鼓励引导民间资本参与市政公用事业建设，落实政府责任，促进民间投资健康发展。

6月15日，国土资源部印发《关于进一步鼓励和引导民间资本投资国土资源领域的意见》。明确鼓励和引导民间资本参与矿产资源勘查开发；鼓励和引导民间资本参与油气资源勘查开采；鼓励和引导民间资本参与土地整治和矿山地质环境恢复治理。

6月18日，教育部印发《关于鼓励和引导民间资金进入教育领域促进民办教育健康发展的实施意见》，鼓励和引导民间资金以多种方式进入教育领域。

同日，商务部印发《关于鼓励和引导民间资本进入商贸流通领域的实施意见》。要求鼓励和引导商贸流通领域民间投资又好又快发展；继续发挥好民间资本在发展现代流通方式中的重要作用；引导民间资本进入商贸流通领域特种行业等。

同日，国家能源局印发《关于鼓励和引导民间资本进一步扩大能源领域投资的实施意见》。支持民间投资全面进入新能源和可再生能源的各个领域、各个环节，建立公开透明的项目开发权获得机制，保障民营企业平等获得项目开发权，在设备制造、产业体系建设、分布式能源开发、开拓国际市场等方面提出具体支持措施。

6 月 19 日，水利部发布《关于印发鼓励和引导民间资本参与农田水利建设实施细则的通知》和《关于印发鼓励和引导民间资本参与水土保持工程建设实施细则的通知》，鼓励和引导民间资本投入水利相关行业。

6 月 20 日，工信部印发《关于鼓励和引导民间资本进入国防科技工业领域的实施意见》。该意见提出，允许民营企业按有关规定参与承担武器装备科研生产任务；鼓励民间资本进入国防科技工业投资建设领域；引导和支持民间资本有序参与军工企业的改组改制等。

6 月 27 日，工信部印发《关于鼓励和引导民间资本进一步进入电信业的实施意见》，就鼓励和引导民间资本进入电信业提出了相关意见。

7 月 9 日，新闻出版总署正式公布《2011 年新闻出版产业分析报告》。报告显示，民营经济比重进一步提高。

7 月 24 日，民政部印发《关于鼓励和引导民间资本进入养老服务领域的实施意见》，鼓励和引导民间资本进入养老服务领域。

10 月 10 日，国务院常务会议指出，要通过特许经营、战略投资、信托投资、股权融资等多种形式，吸引和鼓励社会资金参与公共交通基础设施建设和运营。

## 2013 年

1 月 1 日，全国中小企业股份转让系统（新三板）在北京金融街正式揭牌，新三板由区域性试点转变为面向全国的正式运行。

1 月 31 日，新华社受权发布《中共中央 国务院关于加快发展现代农业进一步增强农村发展活力的若干意见》，指导农业工作，包括改革农村集体产权制度，有效保障农民财产权利；改进农村公共服务机制，积极推进城乡公共资源均衡配置；完善乡村治理机制，切实加强以党组织为核心的农村基层组织建设等内容。

5 月 28 日，由阿里巴巴集团牵头的“中国智能物流骨干网”项目正式启动。阿里巴巴携手银泰百货集团、复星集团、富春集团、顺丰速运（集团）有限公司、上海申通物流有限公司、圆通、中通、韵达快递成立新公司，定名为“菜鸟网络”。新公司注册资本 50 亿元，股东全部是民营企业。

6 月 1 日，支付宝平台正式上线由天弘基金担任基金管理人的理财产品　　余额宝。因为其 1 元起购且曾 ·度年化收益率甚至接近 7%，吸引了大量流动资金，到 2013 年底时，余额宝的客户数已经达到 4303 万人，规模为 1853 亿元。

7 月 5 日，国务院发布《关于金融支持经济结构调整和转型升级的指导意见》，被称为金融“国十条”，正式提出了“尝试由民间资本发起设立自担风险的民营银行”。中央政府首次表态允许民营资本合法进入银行业。

7 月 30 日，国家工商总局发布《全国内资企业生存时间分析报告》，为我国企业绘制了一份“生命曲线图”。

8月12日，国务院办公厅发布《关于金融支持小微企业发展的实施意见》，指出小微企业是国民经济发展的生力军，在稳定增长、扩大就业、促进创新、繁荣市场和满足人民群众需求等方面，发挥着极为重要的作用。加强小微企业金融服务，是金融支持实体经济和稳定就业、鼓励创业的重要内容，事关经济社会发展全局，具有十分重要的战略意义。并为进一步做好小微企业金融服务工作，全力支持小微企业良性发展提出八条实施意见。

11月9—12日，党的十八届三中全会在北京召开，会议通过《中共中央关于全面深化改革若干重大问题的决定》。

12月23日，全国工商联发布文件，决定授予研祥智能科技股份有限公司、浙江吉利控股集团有限公司、江苏豪森药业股份有限公司等企业的93个项目2013年中华全国工商业联合会科技进步奖；授予四川科创制药集团有限公司、精功集团有限公司、上海复星医药（集团）股份有限公司等38家企业为2013年中华全国工商业联合会科技创新企业奖。

12月26日，中国工业和信息化部正式给11家民营企业颁发了首批虚拟运营商牌照，包括京东、迪信通在内的11家企业，从移动、联通、电信三大传统运营商处购买通信服务后，重新包装品牌，增加服务，再销售给用户。这意味着民间资本进入传统垄断领域获新突破。

## 2014年

1月6日，深圳市人民政府发布《关于充分发挥市场决定性作用全面深化金融改革创新的若干意见》，文件提出促进创新金融产品和服务模式，规范互联网金融发展。文件提出，将会支持设立民营银行，规范发展互联网金融，争取设立互联网银行、互联网金融公司及互联网保险公司，积极利用前海平台，打造国际财富管理中心，以及率先承担利率市场化改革内容，深化深港两地金融合作等。

1 月 7 日，第四届中国小额信贷机构联席会年会在重庆举行。年会主题为“小微金融，富民强国”。

1 月 9 日，民政部和全国工商联联合下发《关于鼓励支持民营企业积极投身公益慈善事业的意见》，引导广大民营企业通过参与公益慈善事业，积极履行社会责任，在解决社会问题、缩小收入差距、促进社会公平和谐中作出新贡献。

2 月 7 日，中国人民银行发布《关于加快小微企业和农村信用体系建设的意见》，明确了健全信用信息征集体系、完善信用评级（评分）和信息发布与应用制度的工作目标以支持农村金融服务的发展。

2 月 19 日，中国石油化工股份有限公司（中国石化）第五届董事会第十四次会议以书面议案方式召开，公司全体董事审议并一致通过了《启动中国石化销售业务重组、引入社会和民营资本实现混合所有制经营的议案》。

3 月 1 日，我国首部地方金融法规、同时也是首部规范民间融资的法规《温州市民间融资管理条例》正式施行。该条例施行后，对民间借贷的主要监管方式，是大额强制备案制度。该条例首次规定，贷款金额达到一定额度或者累计出借人数超过一定数量的（单笔借款金额三百万元以上的；借款余额一千万元以上的；向三十人以上特定对象借款的）就当备案，不在要求备案范围的，借款人也可自愿报送备案。

3 月 11 日，银监会公布了首批民营银行试点名单，天津、上海、浙江和广东四个地区 10 家民企将试点首批 5 家民营银行，由阿里巴巴、万向、腾讯、百业源、均瑶、复星、商汇、华北、正泰、华峰等民营资本参与试点工作，试点采取共同发起人制度，每个试点银行至少有

2个发起人。

5月18日，经国务院同意，国家发改委公布《关于发布首批基础设施等领域鼓励社会投资项目的通知》，提出为加快投融体制改革，推进投资主体多元化，进一步发挥社会资本的积极作用，决定80个涵盖基础设施和能源化工等多方面的项目，鼓励和吸引社会资本特别是民间投资以合资、独资、特许经营等方式参与建设及营运。

5月22日，京东集团正式在纳斯达克挂牌。

6月1日，由全国工商联组织调研编制的我国首份《中国民营企业社会责任研究报告》出版发行。这是我国第一次较为全面、系统编制发布的民营企业社会责任报告，也是以全国工商联首次向社会展示中国民营企业近20年来为履行社会责任所进行的探索和取得的成绩。

8月18日，由全国工商联主办，工业和信息化部和国家工商总局支持，中国民生银行协办的2014中国民营企业500强发布会在京召开。

8月21日，由全国工商联牵头组织、59家知名民营企业发起设立的中国民生投资股份有限公司在上海正式揭牌，成为中国首家“中字头”民营大型投资公司。公司注册资本500亿元，59家参股股东均为大型民营企业，涉及机械制造、冶金、信息科技、资产管理、环保、新能源、电力、电子商务等领域，参股或控股多家上市公司，参股企业资产总额近1万亿元。

9月19日，阿里巴巴集团正式登陆美国纽交所挂牌交易，股票代码为BABA，发行价格为68美元/股，首日市值2314美元。

9月29日，银监会同意浙江网商银行和上海华瑞银行两家民营银行筹建。至此，包括此前获筹的前海微众银行、天津金城银行、温州民商银行，首批试点的5家民营银行已全部获准筹建。试点的民营银行将突出特色化业务、差异化经营，以完善多层次的银行业的金融服务体系。

10月17日，全国工商联、中国光彩会下发《关于组织引导民营企业进一步加大社会扶贫力度的通知》，要求各地工商联及所属商会、光彩事业促进会贯彻落实全国社会扶贫工作电视电话会议精神，进一步加大扶贫力度，组织引导广大民营企业积极参与社会扶贫，弘扬“扶贫济困、人心向善”的社会风气。

11月19—21日，由国家互联网信息办公室和浙江省人民政府共同主办，由浙江省网信办、浙江省经信委、桐乡市政府和中国互联网络信息中心联合承办的，以“互联互通 共享共治”为主题的首届世界互联网大会在浙江嘉兴乌镇举办。

11月20日，国务院发布《关于扶持小型微型企业健康发展的意见》，从资金支持、财税优惠、创业基地建设、促进企业信息互联互通等方面提出一系列政策措施，扶持小微企业（含个体工商户）健康发展。

11月26日，国务院印发《关于创新重点领域投融资机制鼓励社会投资的指导意见》，该意见提出，为充分调动社会投资积极性，切实发挥好投资对经济增长的关键作用，要进一步打破行业垄断和市场壁垒，切实降低准入门槛，建立公平开放透明的市场规则，营造权利平等、机会平等、规则平等的投资环境。

11月27日，最高人民法院、全国工商联召开为非公有制经济健康发展提供司法保障座谈会，就“人民法院为非公有制经济健康发展提供司法保障”有关情况作了说明。

11月31日，国家主席习近平在亚太经合组织工商领导人峰会上指出，我们全面深化改革，就要激发市场蕴藏的活力。市场活力来自人，特别是来自企业家，来自企业家精神。

# 2015年

1月4日，国务院总理李克强到访首家互联网民营银行——深圳前海微众银行，并敲下电脑回车键，由此卡车司机徐军就拿到了3.5万元贷款。这是微众银行作为国内首家开业的互联网民营银行完成的第一笔放贷业务。该银行既无营业网点，也无营业柜台，更无须财产担保，而是通过人脸识别技术和大数据信用评级发放贷款。

1月8日，中国保监会会同工业和信息化部、商务部、中国人民银行、银监会等部门联合印发了《大力发展信用保证保险服务和支持小微企业的指导意见》，旨在引导保险行业加快发展信用保证保险，运用保险特有的融资增信功能，支持实体经济发展，促进经济提质增效升级，对缓解小微企业融资难、融资贵问题具有重要意义。

1月21日，春秋航空正式登陆上海证券交易所，成为中国第一家上市的低成本航空公司和民营航空。根据招股说明书，春秋航空共发行1亿新股，拟募集25.3亿元资金。

3月5日，十二届全国人大三次会议在北京开幕，国务院总理李克强作政府工作报告。报告指出："非公有制经济是我国经济的重要组成部分。必须毫不动摇鼓励、支持、引导非公有制经济发展，注重发挥企业家才能，全面落实促进民营经济发展的政策措施，增强各类所有制经济活力，让各类企业法人财产权依法得到保护。"

3月7日，国务院批复设立中国（杭州）跨境电子商务综合试验区。

4月25日，国家税务总局民营企业家座谈会在上海西郊宾馆召开，座谈会主题为"经济新常态下税制改革思路"。

5月4日，国务院印发《关于大力发展电子商务加快培育经济新动力的意见》。

5月7日，国务院印发《关于大力发展电子商务加快培育经济新动力的意见》，部署进一步促进电子商务创新发展，明确，法无禁止的市场主体即可为，法未授权的政府部门不能为，最大限度减少对电子商务市场的行政干预。

5月10日，国务院出台《关于取消非行政许可审批事项的决定》，将“非行政许可审批”彻底清出历史舞台。

5月26日，为落实《国务院关于创新重点领域投融资机制鼓励社会投资的指导意见》，进一步鼓励和引导社会资本参与重大水利工程建设，发展改革委、财政部、水利部日前联合发出通知，部署开展社会资本参与重大水利工程建设运营第一批试点工作。

6月26日，国务院办公厅印发《关于促进民营银行发展指导意见的通知》，该通知从准入条件、许可程序、稳健发展、加强监管等方面，对进一步推动民间资本依法发起设立中小型银行等金融机构做出部署，标志着民营银行受理全面开闸，民间资本进入银行业的渠道和机构类型已全部开放。

7月4日，国务院印发《关于积极推进“互联网+”行动的指导意见》。该意见提出发展目标：到2018年，互联网与经济社会各领域的融合发展进一步深化，基于互联网的新业态成为新的经济增长动力，互联网支撑大众创业、万众创新的作用进一步增强，互联网成为提供公共服务的重要手段，网络经济与实体经济协同互动的发展格局基本形成。

7月17日，习近平总书记在长春召开部分省区党委主要负责同志座谈会，听取对振兴东北地区等老工业基地和“十三五”时期经济社会发展的意见和建议。

9月24日，国务院印发《关于国有企业发展混合所有制经济的意见》。该意见作为《中共中央 国务院关于深化国有企业改革的指导意见》的配套文件，明确了国有企业发展混合所有制经济的总体要求、核心思路、配套措施，并对组织实施提出具体安排。鼓励非公有资本参与国企混改，有序吸引外资参与国企混改，鼓励国有资本以多种方式入股非国有企业；分类、分层推进国企混改；电力、石油、天然气、铁路、民航、电信、军工等领域改革，开展放开竞争性业务、推进混改试点示范。

10 月 17 日，中国第二个“扶贫日”，全国工商联、国务院扶贫办和中国光彩会在京举行“万企帮万村”精准扶贫行动启动仪式。

10 月 19—20 日，中国光彩事业促进会第五次会员代表大会暨五届一次理事会在京召开。

10 月 20 日，国家发展改革委、全国工商联在京共同召开政府和社会资本合作（PPP）项目推介会。

11 月 10 日，习近平总书记主持召开中央财经领导小组第十一次会议，研究经济结构性改革和城市工作。

11 月 27—28 日，中央召开扶贫开发工作会议。会后《中共中央、国务院关于打赢脱贫攻坚战的决定》颁布，明确提出工商联系统组织民营企业开展“万企帮万村”精准扶贫行动。

12 月 16 日，第二届世界互联网大会在浙江省乌镇开幕。国家主席习近平出席开幕式并发表主旨演讲，强调互联网是人类的共同家园，各国应该共同构建网络空间命运共同体，推动网络空间互联互通、共享共治，为开创人类发展更加美好的未来助力。

12 月 18—21 日，中央经济工作会议在北京举行。习近平总书记在会议上提出，企业家在推动经济发展中发挥着重要作用，要为企业家营造宽松环境，用透明的法治环境稳定预期。

# 2016 年

1 月 12 日，万达集团并购美国传奇影业公司签约仪式在北京举行。万达集团宣布以不超过 35 亿美元现金（约 230 亿元人民币）收购美国传奇影业公司，这是迄今中国企业在海外的最大一桩文化并购。传奇影业董事会主席兼CEO托马斯·图尔将留任，继续负责公司的日常经营，并且将更加积极地参与万达的成功发展。

1 月 15 日，海尔公告显示，海尔拟通过现金方式购买通用家电，交易金额为 54 亿美元。此后，双方就交易金额进行了调整，最终金额定为 55.8 亿美元（约合人民币 366 亿元）。6 月 7 日，海尔发表声明称二者已完成交割，通用家电正式成为海尔一员。该笔收购是中国家电业最大一笔海外并购。

1 月 18 日，全国工商联、国务院扶贫办、中国光彩会联合下发《关于推进“万企帮万村”精准扶贫行动的实施意见》。根据该意见，组织民营企业开展“万企帮万村”精准扶贫行动。

2 月 19 日，最高人民检察院发布《关于充分发挥检察职能依法保障和促进非公有制经济健康发展的意见》，旨在为贯彻落实中央关于鼓励、支持、引导非公有制经济发展的部署要求。

3 月 4 日，习近平总书记看望了参加全国政协十二届四次会议的民建、工商联委员，发表讲话并参加联组会，听取委员们的意见和建议。

4 月 12 日，国务院办公厅印发并实施《互联网金融风险专项整治工作实施方案》，方案指出要规范各类互联网金融业态，优化市场竞争环境，扭转互联网金融某些业态偏离正确创新方向的局面，遏制互联网金融风险案件高发频发势头，提高投资者风险防范意识，建立和完善适应互联网金融发展特点的监管长效机制，实现规范与发展并举、创新与防范风险并重，促进互联网金融健康可持续发展，切实发挥互联网金融支持大众创业、万众创新的积极作用。

6月22日，国务院常务会议听取民间投资政策落实专项督查工作汇报，要求要不断深化改革调动民间投资积极性。

7月4日，国务院办公厅发布《关于进一步做好民间投资有关工作的通知》。该通知表示，针对近期民间投资增速有所回落的情况，为促进民间投资健康发展，国务院部署开展了促进民间投资政策落实专项督查和第三方评估调研。

8月1日，滴滴出行宣布与Uber（优步）全球达成战略协议，滴滴出行将收购优步中国的品牌、业务、数据等全部资产在中国大陆运营。双方达成战略协议后，滴滴出行和Uber全球将相互持股，成为对方的少数股权股东。收购完成后，滴滴成为唯一一家BAT共同投资的企业。

8月3日，工业和信息化部印发《促进中小企业国际化发展五年行动计划（2016—2020年）》，将联合中国银行以及相关机构搭建“政银企”对接网络平台，推进各地中小企业主管部门和中国银行各分支机构建立“政银企”合作机制，发挥中国银行“中小企业跨境撮合服务平台”的作用，改善金融服务，缓解中小企业融资难问题，促进中小企业融入全球市场，利用全球要素。

8月24日，银监会、工信部、公安部和国家网信办联合发布《网络借贷信息中介机构业务活动管理暂行办法》，规定网络借贷信息中介机构不得从事自融，不得为出借人提供担保或保本保息；不得将融资项目拆分，不得发售银行理财、券商管理、基金、保险或信托产品等金融产品；不得从事股权众筹或实物众筹等业务；不得吸收公众存款；网贷机构具体金额应当以小额为主；对网贷业务活动实行负面清单管理，不得开展类资产证券化等形式的债权转让等行为。

10月7日，由福耀集团投资的全球最大汽车玻璃单体工厂正式在美国俄亥俄州竣工投产。该项目投资6亿美元，是该州历史上最大的一笔中国投资。

10月18日，国家发展改革委投资司、全国工商联经济部共同在京召开2016民营企业PPP投资项目推介会。推介会上重点向民营企业推介了668个、总投资约1.14万亿元的传统基础设施领域PPP项目。

11月27日，中国政府网公布《中共中央 国务院关于完善产权保护制度依法保护产权的意见》。

## 2017年

1月13日，北京蓝箭空间科技有限公司与丹麦GomSpace公司在杭州举行火箭发射服务签约仪式。这是中国国内民营商业航天企业承接的第一笔国际市场商业火箭发射服务订单，标志着中国商业航天取得新进展。

1月21日，万科发布公告称，公司股东华润股份及其全资子公司中润国内贸易有限公司拟以协议转让的方式将其合计持有的公司A股股份转让给地铁集团。转让完成后，华润股份和中润贸易将不再持有公司股份。

2月22日，国务院常务会议部署放宽社会领域投资管理、更好激活力补短板惠民生的事项。

3月5日，李克强在十二届全国人大五次会议上作政府工作报告，报告在“2017年重点工作任务”方面指出：更好激发非公有制经济活力。深入落实支持非公有制经济发展的政策措施。积极构建新型政商关系。鼓励非公有制企业参与国有企业改革。坚持权利平等、机会平等、规则平等，进一步放宽非公有制经济市场准入。凡法律法规未明确禁入的行业和领域，都要允许各类市场主体平等进入；凡向外资开放的行业和领域，都要向民间资本开放；凡影响市场公平竞争的不合理行为，都要坚决制止。

3月16日，国务院办公厅发布《关于进一步激发社会领域投资活力的意见》。

5月3日，全国“万企帮万村”精准扶贫行动片区座谈会在贵州省织金县召开，其间，19家民营企业与织金县签署了项目投资协议，合同及意向协议投资总额54.28亿元，全联医药业商会等7家单位向织金县捐赠精准帮扶资金及公益帮扶物资。

5月11日，北京大成企业研究院、社会科学文献出版社在京共同发布《2016年民营经济发展与民间投资重要数据分析报告》。

7月14—15日，全国金融工作会议在北京举行。习近平总书记出席会议并发表重要讲话。

7月27日，国务院发布《关于强化实施创新驱动发展战略进一步推进大众创业万众创新深入发展的意见》，进一步系统性优化创新创业生态环境，强化政策供给，突破发展瓶颈，充分释放全社会创新创业潜能，在更大范围、更高层次、更深程度上推进大众创业、万众创新。

8月4日，工业和信息化部、中国国际贸易促进委员会联合印发《关于开展支持中小企业参与“一带一路”建设专项行动的通知》，旨在促进我国中小企业加强与“一带一路”沿线各国的经济技术合作和贸易投资往来，支持中小企业“走出去”“引进来”。

8月20日，中国联通公布了27条公告，正式披露了混改方案相关文件。证监会发表声明，表示将中国联通混改涉及的非公开发行股票事项作为个案处理。

9月8日，中共中央、国务院印发《关于营造企业家健康成长环境弘扬优秀企业家精神更好发挥企业家作用的意见》。

9月11日，由复星集团牵头的民营联合体与浙江省政府正式签署“杭绍台铁路PPP项目”投资合同，这是中国首条民营控股高铁项目、首条采用PPP模式建造运营的高铁项目，其中复星集团牵头的民营联合体占股为51%，开民资控股中国高铁先河。

9月15日，国务院办公厅发布《关于进一步激发民间有效投资活力促进经济持续健康发展的指导意见》。为增强民间投资动力，激发市场新活力，培育发展新动能，针对政策落实不到位、营商环境待改善以及融资难、融资贵等问题，该意见提出了十方面的政策措施，进一步激发民间有效投资。

9月25日，中共中央、国务院发布《关于营造企业家健康成长环境弘扬优秀企业家精神更好发挥企业家作用的意见》。该意见明确提出，为营造依法保护企业家合法权益的法治环境，要依法保护企业家财产权，针对因政府规划调整、政策变化造成的企业合法权益受损，研究建立依法依规补偿救济机制。

10月18日，党的十九大在北京召开。习近平总书记代表第十八届中央委员会向大会作了题为《决胜全面建成小康社会夺取新时代中国特色社会主义伟大胜利》的报告。

11月20日，工信部、发改委、证监会等16部门联合印发《关于发挥民间投资作用推进实施制造强国战略的指导意见》，提出了八项提升民营制造业转型升级的主要任务，鼓励支持制造业民营企业提升创新发展能力、两化融合水平、工业基础能力和质量品牌水平，推动绿色制造升级、产业结构布局优化、服务化转型以及国际化发展，指出了民营企业转型升级的方向任务和工作措施。五个方面的保障措施，包括改善制度供给，完善公共服务体系，健全人才激励体系，提升企业管理水平，加大财税支持力度以及创新金融支持方式，全方位提升对民营企业的服务水平，推动形成公平竞争的市场环境，促进制造业民营企业持续健康发展。

11 月 28 日，国家发展改革委发布《关于鼓励民间资本参与政府和社会资本合作（PPP）项目的指导意见》，提出了十个方面的政策措施和要求，以鼓励民间资本规范有序参与基础设施项目建设。

## 2018 年

3 月 28 日，国务院常务会议确定深化增值税改革的措施，统一增值税小规模纳税人标准，让更多企业享受按较低征收率计税的优惠，进一步减轻市场主体税负；决定设立国家融资担保基金，推动缓解小微企业和“三农”等融资难题。

5 月 30 日，科技部、全国工商联印发《关于推动民营企业创新发展的指导意见》的通知，旨在实施创新驱动发展战略，深化供给侧结构性改革、激发市场活力、加快建设创新型国家和实现经济社会持续健康发展，支持民营企业提高科技创新能力。

6 月 20 日，国务院常务会议部署进一步缓解小微企业融资难融资贵问题，持续推动实体经济降成本。

6 月 25 日，中国人民银行、银保监会等五部门联合印发《关于进一步深化小微企业金融服务的意见》。该意见从货币政策、监管考核、内部管理、财税激励、优化环境等方面提出 23 条短期精准发力、长期标本兼治的具体措施，督促和引导金融机构加大对小微企业的金融支持力度，缓解小微企业融资难融资贵，切实降低企业成本，促进经济转型升级和新旧动能转换。

7 月 2 日，全国工商联智库成立大会在京举行。

7 月 26 日，成立于 2015 年 9 月的第三方社交电商平台——拼多多在上海和纽约两地同时敲钟，以股票代码“PDD”在纳斯达克上市。发行价19美元，总估值约240亿美元。

9月28日，李克强总理在浙江台州主持召开座谈会，听取企业家关于实体经济发展的意见建议。参会的22位企业家，民营企业家占据一半以上。

10月20日，习近平总书记给“万企帮万村”行动中受表彰的民营企业家回信，对民营企业踊跃投身脱贫攻坚予以肯定，勉励广大民营企业家坚定发展信心，踏踏实实办好企业。

10月24日，全国工商联举行新闻发布会，发布由中央统战部、全国工商联共同推荐宣传的“改革开放40年百名杰出民营企业家”名单。

10月31日，中共中央政治局召开会议，分析研究当前经济形势，部署当前经济工作。

11月1日，习近平总书记在京主持召开民营企业座谈会并发表重要讲话。

11月5日，首届中国国际进口博览会在上海开幕。国家主席习近平出席开幕式并发表题为《共建创新包容的开放型世界经济》的主旨演讲。

11月7—9日，第五届世界互联网大会在乌镇举行。国家主席习近平在致第五届世界互联网大会的贺信中强调，各国应该深化务实合作，以共进为动力、以共赢为目标，走出一条互信共治之路，让网络空间命运共同体更具生机活力。

11月8日，国务院办公厅发布《关于聚焦企业关切进一步推动优化营商环境政策落实的通知》。

11月10日，司法部出台《关于充分发挥职能作用为民营企业发展营造良好法治环境的意见》，该意见共20条，主要围绕减轻民营企业负担、解决民营企业发展难题、营造公平竞争环境、完善政策执行方式、保护企业合法权益等方面，提出了加快推进相关法律法规立改废释、严格规范公正文明执法、创新拓展公共法律服务、引导民营企业依法经营依法治企等 4 个方面 20 项具体措施，努力为支持和促进民营经济发展壮大营造良好的营商环境、法治环境。

11 月 16 日，国家税务总局印发《关于实施进一步支持和服务民营经济发展若干措施的通知》，提出“认真落实和完善政策，促进民营企业减税降负”“持续优化营商环境，增进民营企业办税便利”“积极开展精准帮扶，助力民营企业纾困解难”“严格规范税收执法，保障民营企业合法权益”“切实加强组织实施，确保各项措施落实见效”5 个方面共 26 条具体措施。

11 月 19 日，国家税务总局正式发布《关于实施进一步支持和服务民营经济发展若干措施的通知》。

12 月 7 日，知识产权局正式发布《关于知识产权服务民营企业创新发展若干措施的通知》，就知识产权服务民营企业创新发展有关事宜进行明确。

12 月 14 日，上海证券交易所市场首单民营企业债券融资支持工具正式落地。

12 月 18 日，庆祝改革开放 40 周年大会在人民大会堂举行。习近平总书记发表重要讲话。

12 月 19—21 日，中央经济工作会议在北京举行。会议确定，2019 年要支持民营企业发展，营造法治化制度环境，保护民营企业家人身安全和财产安全。要以金融体系结构调整优化为重点深化金融体制改革，发展民营银行和社区银行，推动城商行、农商行、农信社业务逐步回归本源。

12 月 24 日，国务院常务会议部署加大对民营经济和中小企业的支持，增强市场主体活力和发展信心。会议指出，落实中央经济工作会议精神，加力支持民营企业和中小企业发展，有利于增强经济发展内生动力、推动创业创新和就业扩大。

12 月 28 日，国家税务总局决定取消 20 项税务证明事项。涉及 168 项具体办税事项，切实精简企业和个人办税需提供的有关证明，展现了税务部门支持民营经济发展的决心。取消的 20 项税务证明事项涉及税款征收 1 项、税收优惠 19 项。取消涉及税收优惠类的 19 项证明，涵盖了 167 个具体办税事项，包括 35 个办税事项所需的“单位性质证明”、91 个办税事项所需的“房屋、土地权属证明”、9 个办税事项所需的“土地用途证明”、5 个办税事项所需的“个人身份证明”，以及其他 27 个办税事项所需的产品合格证明、中介机构专项报告等。

## 2019 年

1 月 14 日，最高人民法院、全国工商联联合印发《关于发挥商会调解优势推进民营经济领域纠纷多元化解机制建设的意见》。该意见指出，培育和发展中国特色商会调解组织，发挥司法在商会化解纠纷中的引领、推动、保障作用，建立健全商会调解机制与诉讼程序有机衔接的纠纷化解体系，促进民营经济健康发展。

1 月 29 日，国家税务总局发布《关于建立小微企业涉税诉求和意见快速响应机制的通知》。该通知指出，税务总局决定在普遍适用的纳税人需求管理基础上，建立小微企业涉税诉求和意见快速响应机制。

1 月 30 日，住房和城乡建设部办公厅发布《关于支持民营建筑企业发展的通知》，提出从开展建筑市场监管地方性法规、地方政府规章及规范性文件专项清理工作、推进统一建筑市场体系建设、优化招投标竞争环境、推行银行保函替代保证金、加强诚信评价体系建设、畅通民营建筑企业沟通渠道 7 个方面，支持民营建筑企业发展。

2 月 14 日，中共中央办公厅、国务院办公厅印发《关于加强金融服务民营企业的若干意见》，该意见提出，完善普惠金融定向降准政策，增加再贷款和再贴现额度；抓紧推进在上交所设立科创板并试点注册制；加快民营企业首发上市和再融资审核进度；支持资管产品、保险资金参与化解处置民营上市公司股票质押风险；研究取消保险资金开展财务性股权投资行业范围限制；抓紧完善进一步支持创投基金发展的税收政策；新发放公司类贷款中民营企业贷款比重应进一步提高。

同日，国务院办公厅发布《关于有效发挥政府性融资担保基金作用切实支持小微企业和“三农”发展的指导意见》，该意见强调，要以习近平新时代中国特色社会主义思想为指导，全面贯彻党的十九大和十九届二中、三中全会精神，按照高质量发展要求，坚持以供给侧结构性改革为主线，规范政府性融资担保基金运作，弥补市场不足，降低担保服务门槛，着力缓解小微企业、“三农”等普惠领域融资难、融资贵，支持发展战略性新兴产业，促进大众创业、万众创新。

2 月 25 日，中国银保监会下发《关于进一步加强金融服务民营企业有关工作的通知》，要求商业银行抓紧建立“敢贷、愿贷、能贷”的长效机制，每年年初制定民营企业服务年度目标，在内部绩效考核机制中提高民营企业融资业务权重。对服务民营企业的分支机构和相关人员，重点对其服务企业数量、信贷质量进行综合考核，提高不良贷款考核容忍度。

3 月 2 日，最高人民检察院、全国工商联共同出台《关于建立健全检察机关与工商联沟通联系机制的意见》，该意见共 13 条具体举措，主要包括日常联系机制、联合调研机制、民主监督机制、信息互通共享机制、联合开展宣传培训和明确责任部门6个部分。强调检察机关在办理涉及民营企业和民营企业家的案件中，坚决防止将经济纠纷当作犯罪处理，保护好民营企业财产权及其经营者的合法权益。

4月7日，中共中央办公厅、国务院办公厅印发了《关于促进中小企业健康发展的指导意见》，该意见从营造良好发展环境、破解融资难融资贵问题、完善财税支持政策、提升创新发展能力等多方面提出共计23项具体举措。在营造良好发展环境方面，该意见提出，进一步放宽市场准入。坚决破除各种不合理门槛和限制，在市场准入、审批许可、招标投标、军民融合发展等方面打造公平竞争环境。

4月22日，工业和信息化部办公厅、财政部办公厅联合印发《关于发布支持打造大中小企业融通型和专业资本集聚型创新创业特色载体工作指南的通知》，提出着力支持引导创新创业特色载体向专业化精细化方向升级、支持打造“龙头企业+孵化”的大中小企业融通型载体、支持打造“投资+孵化”的专业资本集聚型载体三大重点任务，从搭建国家级资源服务对接平台、行业协会资源服务对接平台、地方有关资源服务对接平台三方面提供保障措施，进一步明确了打造大中小企业融通型和专业资本集聚型创新创业特色载体的目标和路径，着力提升各类载体市场化专业化服务水平，推动地方构建各具特色的创新创业生态环境，助力中小企业专业化高质量发展。

4月24日，司法部会同全国工商联研究形成了《关于深入开展民营企业“法治体检”活动的意见（征求意见稿）》，向公众公开征求意见。

4月29日，国务院减轻企业负担部际联席会议印发《2019年全国减轻企业负担工作实施方案》，明确要确保主要行业税负有明显降低，让市场主体特别是小微企业有明显感受。

5月15日，美国商务部发表声明，全面限制华为购买采用美国软件和技术生产的半导体，包括那些处于美国以外，但被列为美国商务管制清单中的生产设备，要为华为和海思生产代工前，都需要获得美国政府的许可证。

5 月 16 日，美国将华为列入实体清单，在未获得美国商务部许可的情况下，美国企业将无法向华为供应产品。

7 月 16 日，财政部联合科技部、工业和信息化部、人民银行、银保监会发布《关于开展财政支持深化民营和小微企业金融服务综合改革试点城市工作的通知》。

8 月 5 日，科技部对外公布了《关于新时期支持科技型中小企业加快创新发展的若干政策措施》。

9 月 12 日，国家发展改革委、银保监会发布《关于深入开展“信易贷”支持中小微企业融资的通知》。该通知提出建立健全信用信息归集共享查询机制、建立健全中小微企业信用评价体系、支持金融机构创新“信易贷”产品和服务、创新“信易贷”违约风险处置机制、鼓励地方政府出台“信易贷”支持政策、加强“信易贷”管理考核激励 6 方面重点工作任务。

10 月 22 日，《优化营商环境条例》公布。该条例重点针对我国营商环境的突出短板和市场主体反映强烈的痛点难点堵点问题，对标国际先进水平，从完善体制机制的层面作出相应规定。该条例的正式公布，标志着法治化营商环境建设进入新的阶段。

10 月 21 日，中共中央统战部在北京召开纪念光彩事业发起实施 25 周年座谈会。

10 月 28—31 日，党的十九届四中全会在北京召开。会议审议通过了《中共中央关于坚持和完善中国特色社会主义制度、推进国家治理体系和治理能力现代化若干重大问题的决定》。

11 月 8 日，为稳妥有序推进混合所有制改革，国务院国资委结合央企混改实践，发布了《中央企业混合所有制改革操作指引》。

11 月 14 日，全国工商联绿色发展委员会成立大会在河南郑州召开。

12 月 4 日，中共中央在中南海召开党外人士座谈会，就 2019 年经济形势和 2020 年经济工作听取各民主党派中央、全国工商联负责人和无党派人士代表的意见和建议。习近平总书记主持座谈会并发表重要讲话。

12 月 13 日，国务院促进中小企业发展工作领导小组第四次会议在北京召开。

12 月 16 日，国家电投黄河项目增资引战签约仪式在北京举行。国家电投与中国人寿、工银投资、农银投资、国新建信、央企扶贫基金、浙能集团、云能资本、金石投资八家战略投资者签约，共募资 242 亿元，这是 2019 年度央企混改“引战”第一大项目，也是国内能源电力领域第一大股权融资项目，共释放 35%股权。

12 月 22 日，《中共中央 国务院关于营造更好发展环境支持民营企业改革发展的意见》公布。该意见坚持公平竞争原则，围绕营造市场化、法治化、制度化的长期稳定发展环境作出一系列安排部署，为进一步激发民营企业活力和创造力、促进民营经济发展注入强劲推动力。

12 月 28 日，新修订的《证券法》在十三届全国人大常委会十五次会议上表决通过。新修订的《证券法》明确全面推行注册制。将发行股票应当“具有持续盈利能力”的要求，改为“具有持续经营能力”，同时，大幅度简化公司债券的发行条件，取消发行审核委员会制度。新证券法出炉标志着中国资本市场在市场化、法治化的道路上又迈出至关重要的一步。

# 2020 年

1 月 1 日，国务院颁布的《优化营商环境条例》正式施行。该条例将近年来各部委改善营商环境的政策举措上升为行政法规，是深化改革开放、促进公平竞争、增强市场活力和经济内生动力、建设现代化经济体系、推动高质量发展的重要法规。

2 月 25 日，国务院常务会议确定按市场化、法治化原则加大对中小微企业复工复产的金融支持力度，确定鼓励金融机构对中小微企业贷款给予临时性延期还本付息安排，并新增优惠利率贷款。

3 月 5 日，全国工商联会同中国个体劳动者协会、中国银行业协会、中国商业联合会、中国物流与采购联合会、中国汽车流通协会，与互联网民营银行网商银行共同发起“无接触贷款助微计划”，推出了 10 项“无接触贷款”举措，将联合全国数百家金融机构、县域政府及品牌企业，在半年内，全力支持全国约 1000 万家小微企业、个体经营者及农户有序复工复产、扩大生产。

3 月 25 日，全国工商联扶贫工作领导小组全体会议在北京召开。

3 月 30 日，中共中央、国务院发布《关于构建更加完善的要素市场化配置体制机制的意见》。

4 月 7 日，阿里巴巴宣布，时隔 11 年再次启动扶助中小企业的特别行动——“春雷计划”，发挥阿里巴巴数字化能力，帮助中小企业不仅渡过眼前的“危”，更要找到面向未来的“机”。

4 月 10 日，为全面科学评价商业银行小微企业金融服务工作情况，更好地发挥监管激励和引导作用，进一步提升商业银行服务小微企业质效，中国银保监会发布《商业银行小微企业金融服务监管评价办法（试行）》（征求意见稿），面向社会公开征求意见。监管部门拟从信贷投放情况、体制机制建设情况、重点监管政策落实情况、产品及服务创新情况和监督检查情况等五个方面，对商业银行小微金融服务情况进行监管评价。

4 月 30 日，在“五一”国际劳动节来临之际，习近平总书记给郑州圆方集团全体职工回信，向他们并向全国各族劳动群众致以节日的问候。

5 月 11 日，中共中央、国务院发布《关于新时代加快完善社会主义市场经济体制的意见》。

6 月 15 日，民政部、全国工商联发布《关于加强乡镇、街道商会登记管理工作的通知》。该通知明确规定，做好乡镇、街道商会登记工作，推动乡镇、街道商会党的组织和工作全覆盖，发挥乡镇、街道商会职能作用。这一文件对于促进乡镇、街道商会规范健康发展具有十分重要的意义。

7 月 11 日，国务院第 99 次常务会议通过《保障中小企业款项支付条例》，规定机关、事业单位和大型企业不得要求中小企业接受不合理的付款期限、方式、条件和违约责任等交易条件，不得违约拖欠中小企业的货物、工程、服务款项。中小企业应当依法经营，诚实守信，按照合同约定提供合格的货物、工程和服务。

7 月 21 日，习近平总书记主持召开企业家座谈会并发表重要讲话，就保护和激发市场主体活力、弘扬企业家精神等提出明确要求，展现了特殊时期党中央面对各种风险挑战，统筹国内国际局势，毫不动摇深化改革、扩大开放的坚定决心，为各类市场主体实现更好发展注入强大信心和动力，为扎实做好“六稳”工作、全面落实“六保”任务提供了重要遵循。

8 月 2 日，国务院办公厅发布《关于促进平台经济规范健康发展的指导意见》。

8 月 24 日，创业板注册制首批 18 家首发企业上市交易。这意味着创业板正式迈入注册制时代。创业板实行注册制，不但意味着中国资本市场又一划时代改革正式落地，也无疑将极大地促进民营企业特别是创新创业型企业发展，对于更好地服务实体经济高质量发展具有重要意义。

9 月 10 日，由全国工商联主办的 2020 中国民营企业 500 强峰会在北京举行。会议发布了《2020 中国民营企业 500 强调研分析报告》及“2020 中国民营企业 500 强”榜单。

9 月 11 日，国务院办公厅印发《关于深化商事制度改革进一步为企业松绑减负激发企业活力的通知》。

9 月 15 日，中共中央办公厅印发《关于加强新时代民营经济统战工作的意见》，这是改革开放以来党中央出台的第一份关于民营经济统战工作的文件，是指导开创民营经济统战工作新局面的纲领性文献。

10 月 23 日，国家发展改革委、科技部、工信部、财政部、人社部、人民银行等六部委联合发布《关于支持民营企业加快改革发展与转型升级的实施意见》，包括 38 条政策。

11 月 23—24 日，全国工商联商会工作会议在南京举行，旨在大力推动工商联所属商会改革发展。会议要求，以促进“两个健康”为工作主题，以“四会建设”为总体要求，以培育“四好商会”为载体，统筹推进商会的思想政治建设、组织体系建设、服务能力建设和制度机制建设，切实履行工商联指导、引导、服务商会职能，标志着商会改革发展进入一个新阶段。

12 月 11 日，中央政治局召开会议，首次提出“强化反垄断和防止资本无序扩张”。

12 月 15 日，国务院办公厅印发《关于建设第三批大众创业万众创新示范基地的通知》，部署开展第三批大众创业万众创新示范基地建设工作。

## 2021 年

2 月 1 日，中共中央办公厅、国务院办公厅印发了《建设高标准市场体系行动方案》，并发出通知，要求各地区各部门结合实际认真贯彻落实。

2 月 5 日，为提升市场主体活跃度，国务院常务会议部署完善企业特别是中小微企业退出相关政策，并提出三方面举措解决企业“退出难”。

2 月 7 日，国务院反垄断委员会《关于平台经济领域的反垄断指南》发布，强调《反垄断法》及配套法规规章适用于所有行业，互联网平台不是反垄断法外之地。

5 月 20 日，中共中央、国务院发布《关于支持浙江高质量发展建设共同富裕示范区的意见》。

7 月 7 日，中共中央办公厅、国务院办公厅印发了《关于依法从严打击证券违法活动的意见》，并发出通知，要求各地区各部门结合实际认真贯彻落实。

7 月 13 日，国务院办公厅发布《关于加快发展外贸新业态新模式的意见》。该意见提出，新业态新模式是我国外贸发展的有生力量，也是国际贸易发展的重要趋势。

7 月 16 日，全国工商联、农业农村部、国家乡村振兴局、中国光彩会、中国农业发展银行、中国农业银行在山东省潍坊市共同召开全国“万企兴万村”行动启动大会。

7 月 21 日，国务院办公厅印发《全国深化“放管服”改革着力培育和激发市场主体活力电视电话会议重点任务分工方案》，对深化“放管服”改革优化营商环境工作作出部署。

7月27日，国务院印发《中华人民共和国市场主体登记管理条例》，自2022年3月1日起施行。

8月17日，习近平总书记主持召开中央财经委员会第十次会议，研究扎实促进共同富裕问题，研究防范化解重大金融风险、做好金融稳定发展工作问题。

8月18日，中央统战部印发《关于深入推进新时代光彩事业创新发展的意见》。

10月26日，由全国工商联、市场监管总局、上海市人民政府联合主办的民营经济标准创新大会在上海举行。会上，全国工商联与国家标准委联合发布了《标准化促进民营经济高质量发展行动计划（2022—2023年）》，全国工商联发布了《全国工商联商会团体标准体系建设方案》。

10月27日，国务院印发《2030年前碳达峰行动方案》。该方案围绕贯彻落实党中央、国务院关于碳达峰碳中和的重大战略决策，按照《中共中央 国务院关于完整准确全面贯彻新发展理念做好碳达峰碳中和工作的意见》工作要求，聚焦2030年前碳达峰目标，对推进碳达峰工作作出总体部署。

11月11日，国务院办公厅印发《关于鼓励和支持社会资本参与生态保护修复的意见》，鼓励和支持社会资本参与生态保护修复项目投资、设计、修复、管护等全过程，明确社会资本通过自主投资、与政府合作、公益参与等模式参与生态保护修复，并明晰了参与程序，鼓励社会资本重点参与自然生态系统保护修复、农田生态系统保护修复、城镇生态系统保护修复、矿山生态保护修复、海洋生态保护修复，并探索发展生态产业。

11 月 15 日，北京证券交易所（简称“北交所”）正式开市。

11 月 23 日，国务院办公厅印发《关于进一步加大对中小企业纾困帮扶力度的通知》。

11 月 26 日，国务院印发《关于开展营商环境创新试点工作的意见》，部署在北京、上海、重庆、杭州、广州、深圳 6 个城市开展营商环境创新试点，聚焦市场主体关切，加快打造市场化法治化国际化的一流营商环境，更大力度利企便民。

12 月 15 日，国务院常务会议决定，将普惠小微企业贷款延期还本付息支持工具转换为普惠小微贷款支持工具，并从 2022 年起将普惠小微信用贷款纳入支农支小再贷款支持计划管理。这两种方式“量价并举”，契合小微企业和个体工商户实际需求。相关部门还可进一步探索将个体工商户贷款在普惠小微贷款中单列统计，单独考核，引导金融机构加大支持和服务力度。

12 月 17 日，工信部、国家发展改革委、科技部、财政部、全国工商联等十九部门发布《“十四五”促进中小企业发展规划》。

同日，各民主党派、工商联、无党派人士为全面建成小康社会作贡献评选表彰大会召开。100 个先进集体、96 名先进个人、50 项建言献策优秀成果、50 项社会服务优秀成果受到表彰。出席大会的全体代表发出了《各民主党派、工商联和无党派人士为全面建设社会主义现代化国家作贡献倡议书》。

**图书在版编目（CIP）数据**

民营经济发展 / 陈永杰主编. -- 北京 : 中国工人出版社, 2024. 6. -- ISBN 978-7-5008-8017-2

Ⅰ. F121.23

中国国家版本馆CIP数据核字第20243Y3D78号

民营经济发展

| | |
|---|---|
| **出 版 人** | 董　宽 |
| **责任编辑** | 李滢洁 |
| **责任校对** | 张　彦 |
| **责任印制** | 栾征宇 |
| **出版发行** | 中国工人出版社 |
| **地　　址** | 北京市东城区鼓楼外大街 45 号　邮编：100120 |
| **网　　址** | http://www.wp-china.com |
| **电　　话** | （010）62005043（总编室） |
| | （010）62005039（印制管理中心） |
| | （010）62382916（工会与劳动关系分社） |
| **发行热线** | （010）82029051　62383056 |
| **经　　销** | 各地书店 |
| **印　　刷** | 北京印刷集团有限责任公司 |
| **开　　本** | 710 毫米 × 1000 毫米　1/16 |
| **印　　张** | 20.5 |
| **字　　数** | 237 千字 |
| **版　　次** | 2024 年 10 月第 1 版　2024 年 10 月第 1 次印刷 |
| **定　　价** | 82.00 元 |


**本书如有破损、缺页、装订错误，请与本社印制管理中心联系更换**